Paul Hawkins

Die nerven, die Briten!

Die etwas andere Gebrauchsanleitung
für ein seltsames Volk

Ein Landsmann packt aus

Aus dem Englischen
von Bettina Spangler

W0196640

GOLDMANN

Sollte diese Publikation Links auf Webseiten Dritter enthalten, so übernehmen wir für deren Inhalte keine Haftung, da wir uns diese nicht zu eigen machen, sondern lediglich auf deren Stand zum Zeitpunkt der Erstveröffentlichung verweisen.

Verlagsgruppe Random House FSC® N001967

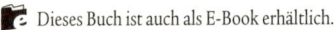 Dieses Buch ist auch als E-Book erhältlich.

1. Auflage
Originalausgabe Januar 2018
Copyright © 2017 Wilhelm Goldmann Verlag, München,
in der Verlagsgruppe Random House GmbH,
Neumarkter Str. 28, 81673 München
Illustrationen: Paul Hawkins
Umschlag: Uno Werbeagentur, München
Umschlagillustrationen: Paul Hawkins
Satz und Layout: Buch-Werkstatt GmbH, Bad Aibling
Druck und Bindung: GGP Media GmbH, Pößneck
Printed in Germany
KW · Herstellung: IH
ISBN 978-3-442-17725-7
www.goldmann-verlag.de

Besuchen Sie den Goldmann Verlag im Netz:

INHALT

KAPITEL 8

Die britische Weltsicht

Rache serviert man am besten höflich

Am Morgen des 24. Juni 2016 wachte ich zutiefst deprimiert auf. War ich doch am Abend zuvor bis tief in die Nacht hinein aufgeblieben, um mit wachsendem Grauen und zunehmender Fassungslosigkeit zuzusehen, wie man im Vereinigten Königreich, meiner Heimat, über den Austritt aus der EU, wo ich zu Hause bin, abstimmte. Als ich neben meiner deutschen Freundin in unserer Berliner Wohnung die Augen aufschlug, fühlte ich mich plötzlich in meinen Grundfesten erschüttert, als die Erkenntnis ganz allmählich durchsickerte: Bald schon würde ich kein Bürger der Europäischen Union mehr sein. Noch schlimmer: Ich würde nicht mehr Bürger des Landes sein, in dem der Ort lag, wo ich all meine Unterhosen hatte.

Wie so viele Briten war ich nicht auf diese Variante der Realität vorbereitet. Zumindest nicht so, wie ich es hätte sein sollen. Tatsächlich war die »Brexit-Party«, an der ich teilnahm – und die sich immer mehr wie ein »Brexit-Zeitlupen-Begräbnis« anfühlte –, eine Kostümparty. Weil ich davon ausging, dass es eine spaßige, unterhaltsame Angelegenheit werden würde, und weil ich offensichtlich viel zu sicher war, dass man allen Grund zum Feiern haben würde (danke, ihr nichtsnutzigen Meinungsforscher), fiel meine Wahl bedauerlicherweise auf eine Verkleidung, die als das schlimmste Klischee für jeden liberal denkenden Menschen gelten kann: Ich war bedauerlicherweise als »Little Englander« verkleidet, dem schlimmsten nationalistischen Stereotyp, den man sich als weltoffener Bürger vorstellen kann. Ich trug Feinrippunterhemd und Baseballkappe und hatte mir auf den ganzen Körper Tattoos gemalt, die zu Recht überall auf der Welt gefürchtet sind bei Menschen, die an ruhigen, freundlichen und relativ unentdeckten Orten leben – dazu Englandfahnen, UKIP-Anstecker und das so gern bemühte Mantra sämtlicher Idioten: »Britannien muss wieder britisch werden.«

Leider zog sich das humoristische Element meiner Verkleidung im Laufe der folgenden sechs emotional zermürbenden Stunden beschämt in eine Ecke zurück und verendete dort qualvoll. Um 6:15 Uhr mitteleuropäischer Zeit stand das Ergebnis fest. Die ganzen Mädchen auf der Party fingen an zu weinen, und kurz darauf radelte ich heim durch den frischen jungen Morgen, mit nichts als einem Unterhemd am Leib – ein frierender, besoffener und trauriger Mann, der als Rassist verkleidet war.

Seit Prinz Harry auf einer Party im Nazikostüm aufkreuzte, war garantiert keine Verkleidung mehr so nach hinten losgegangen.

Am nächsten Tag, als ich mich verzweifelt abmühte, die Worte »Farage for King« wegzuschrubben, die ich mir mit Edding auf den Arm geschmiert hatte, erwartete ich eigentlich, dass die Neuigkeiten nach und nach sacken und man sich an den Gedanken gewöhnen würde. Vielleicht war ja alles halb so wild.

Die Dinge ändern sich. Das ist doch eigentlich okay, oder? So läuft das nun mal in der Politik.

Stattdessen musste ich feststellen, dass ich das Ganze immer weniger verstehen konnte, und dann kam die Wut.

Fast ist es mir peinlich. Da muss Großbritannien erst einmal für den Ausstieg aus der EU stimmen, damit ich checke, wie sehr ich mich selbst als Bürger Europas sehe und mich ganz damit identifiziere. Ich bin in der EU geboren, und ich bin den Großteil meines Erwachsenenlebens freizügig innerhalb der Grenzen der EU gereist und habe in verschiedenen europäischen Städten gearbeitet. Es fühlt sich an wie mein Land, in jeder Hinsicht. Und jetzt plötzlich soll es das nicht mehr sein, stattdessen werden die nationalen Grenzen wieder hochgezogen. Ich schien über Nacht mit einem Schlag tatsächlich 27 Staatsbürgerschaften verloren zu haben, und das nur wegen eines Haufens alter Leute, die auf einer Insel leben. Die würden nie einen Nutzen aus diesen Staatsbürgerschaften ziehen ... aber *ich* hatte das getan. Ich tue es im Moment. *Und ich würde es auch weiterhin gern tun.*

Die Europäische Union hat mir nie etwas getan, abgesehen davon vielleicht, dass sie mir das Leben erleichtert hat und meine Welt dank ihr größer ist. Die Briten aber schienen mir mit diesem Votum einen ganzen Kontinent voller Möglichkeiten gestohlen zu haben, und gleichzeitig wollten sie mir erzählen, ich solle stolz sein auf Dinge, die mich überhaupt nicht stolz machen.

Je mehr ich versuchte, meine emotionale Reaktion rational zu betrachten, desto weniger verstand ich das alles. Ich fühlte mich, als lebte ich in Kalifornien, und plötzlich teilte man mir mit, die Grenzen

13

der USA seien für mich fortan geschlossen, weil man das in Wyoming so entschieden habe. Es fühlte sich so dermaßen *falsch* an. Schließlich war ich doch EU-Bürger, oder nicht? Welches Recht haben andere Menschen – noch dazu Menschen, die *da drüben* leben, buchstäblich tausend Meilen entfernt –, mir das wegzunehmen? Auf meinem Ausweis steht »Europäische Union«, ganz oben in der ersten Zeile, in großen, fetten Goldlettern. Würden die von der EU mir helfen?

»Ähm, haha, nee«, lautete deren Antwort logischerweise. Das war vermutlich das erste Mal, dass ich allen Ernstes sagen konnte, eine politische Entscheidung hätte offensichtlich, erheblich und nachweislich Einfluss auf mich und mein Leben. Ich hatte soeben eine ganze Reihe von Rechten eingebüßt. Das war der Moment, in dem mir klar wurde, dass »Rechte keine Rechte sind, wenn sie einem weggenommen werden. Dann sind es lediglich *Privilegien*«, wie der leider verstorbene großartige Komiker George Carlin es einst formulierte.

Immer noch die »Independence Day«-Rede von Nigel Farage wie einen lästigen Tinnitus im Ohr, besuchte ich kurze Zeit später einen Freund in Spanien, der an einem Küstenabschnitt lebt, so voller britischer Nationalisten, dass ich die Gegend liebevoll als »Costa del Sonnenbrand« bezeichnen will. Hier gibt es überall englisches Frühstück, Pubs mit Namen wie *The Old Brown Cow* sowie sehr, sehr britische Menschen, die für Briten sehr, sehr typische Dinge sagen, so was wie »viel zu heiß hier«.

Und doch hatte fast jeder Brite, dem ich an der »Costa del Sonnenbrand« begegnete, für den Austritt aus der EU gestimmt, und das, obwohl sie doch so offensichtlich, erheblich und nachweislich das

Recht in Anspruch nahmen, in einer ganz anderen, viel sonnigeren Gegend der EU zu leben. Ein Mann beantwortete meine Frage, warum er für den Austritt gestimmt habe, ganz offen und ehrlich mit der recht verwunderlichen Aussage: »Wegen der Immigranten. Ganz einfach. Großbritannien muss britisch bleiben.«

Fassungslos starrte ich ihn an – diesen rotorangen Mann aus Roysdon, der im Land des Flamencos lebte – und wartete darauf, dass sich ihm die Ironie hinter seiner Aussage offenbarte. Aber Fehlanzeige, da kam nichts. Also wartete ich noch ein bisschen länger. Immer noch nichts. Das mit der Ironie schien heute ein wenig zu dauern. Vielleicht machte sie ja gerade Siesta.

Also bohrte ich beharrlich weiter, weil ich es ernsthaft wissen wollte. »Machen Sie sich keine Sorgen um Ihre Rente, Ihre Krankenversicherung, dass Sie ein Visum benötigen oder dergleichen?«

»Nö«, erwiderte er, »die Spanier brauchen uns.«

Das war nun also die zweite recht beachtliche Bemerkung von Barry, 68 Jahre alt, einem britischen Pensionär, der Teebeutel und Baked Beans ausschließlich von anderen britischen Rentnern kauft, der cash bezahlt für schwarze Taxis, die ausschließlich von anderen britischen Rentnern gefahren werden, einer, der sich langsam brutzeln lässt, bis er Linsentrübung und Melanome bekommt und die Farbe eines ausgeblichenen braunen Schuhs angenommen hat. Und dabei schien er vollkommen überzeugt, mehr als willkommen zu sein, weil er ja das spanische Bruttoinlandsprodukt in die Höhe treibt.

Vielleicht ist mir da ja was entgangen, aber ich konnte Barrys Sicht auf die Dinge beim besten Willen nicht nachvollziehen. Ganz gleich, wie fest ich die Augen zusammenkniff und ihn musterte, ich konnte in ihm nichts anderes sehen als einen, der absolut ertragsneutral ist, wenn nicht sogar eine Belastung für die Ressourcen des Landes, einen, den man hier in Spanien ungefähr so dringend »braucht« wie ein Fisch ein Akkordeon.

Und doch bekam man immer wieder ganz ähnliche Argumente von Leuten zu hören, die für den Austritt gestimmt hatten, und das aus den unterschiedlichsten Gründen: Die EU würde dem Vereinigten Königreich einen guten Deal anbieten, aus *Gründen*. In Zukunft würde alles viel besser werden für Großbritannien, glaubte man, wenn man sich erst einmal befreit hatte vom Mief der »gesichtslosen, namenlosen Eurokraten« in Brüssel (die allesamt über Wikipedia-Seiten verfügen und die man ganz einfach über eine verblüffende neue Technologie namens »das Internet« erreichen kann). Auch wenn man über die himmelschreiende Ironie hinwegsieht, dass Leute wie Barry von der Institution, der sie vorwerfen, den Blick für das Leben von Ottonormalverbraucher verloren zu haben und diesem völlig gleichgültig gegenüberzustehen, trotz allem ein großzügiges Entgegenkommen und Mitgefühl erwarten, entgeht ihnen ganz, dass sie selbst eindeutig Sand im Getriebe ihres Denkens haben.

Die Europäische Union – ob man sie nun als »gut« oder »schlecht« oder einfach nur wie ich als *neutral* betrachten will – stellt als Institution notwendigerweise ihre eigenen Interessen an oberste Stelle. Soll heißen, der Erhalt der eigenen Existenz steht über allem. Man hat sie mühsam aufgebaut. Hier arbeiten Menschen. Es gibt dort Räume, und diese Räume werden von Menschen benutzt, und sie bestellen Büromaterial, und dann benutzen sie dieses Büromaterial. Die EU tut Dinge. Wenn es für Großbritannien wirklich gut wäre, die EU zu verlassen, würden sich doch andere EU-Länder ein Beispiel nehmen, und dann könnte eine Art Dominoeffekt die Folge sein, was das Aus bedeuten würde für die EU. Mit anderen Worten: Die EU kann also nur wollen, dass der Brexit zu einem kläglichen, lange nachhallenden Desaster wird. Ob es so kommen wird oder nicht, kann ich nicht sagen. Ich mache mir nur ernsthaft Sorgen um meine Unterhosen. Trotzdem ist ganz klar, dass der eine Punkt, über den die EU im Rahmen dieses potenziell kläglichen, lange nachhallenden Desasters bestimmen kann, der Deal ist, den man mit dem Vereinigten Königreich bei seinem Austritt eingeht.

Dieses Buch soll die EU darin unterstützen, und man kann mich nun gerne als Verräter beschimpfen.

Auf den folgenden Seiten werde ich meine europäischen Mitbürger – meine Brüder und Schwestern im europäischen Geiste – darin unterstützen, die einzigartige, verquere Denkweise jenes Volkes nachzuvollziehen, das soeben beschlossen hat, ihnen den Rücken zu kehren.

Betrachten Sie mich gerne als Abtrünnigen – als Verräter mit besten Absichten –, der Sie, liebe Leser, in die unergründlichen Tiefen der Psyche meiner Landsleute führt und so offenlegt, wie man uns am besten nervt, manipuliert, reizt, betrügt, reinlegt und bestraft. Ich werde keine Schwäche unerwähnt lassen. Kein Geheimnis wird meinem strengen Blick entgehen.

Meine Landsfrauen und -männer haben mich verraten. Jetzt verrate ich sie.

Dieses Buch soll Verhandlungsführer wie Zivilisten gleicherma-
ßen mit dem grundlegenden Wissen ausstatten, das nötig ist, um
mit diesen übertrieben höflichen Umstandskrämern, diesen ständig
jammernden, grundlos nostalgischen, die Hälfte der Zeit besoffenen
Inselbewohnern umzugehen und Deals auszuhandeln. Ich biete Ihnen hiermit offiziell meine Dienste an als Berater in Sachen britischer Mentalität.

Als Doppelagent, der für das Land arbeitet, in dem ich wohne, gegen das Land, aus dem ich stamme, werde ich Sie, meine lieben Miteuropäer, mit allen nötigen Hilfsmitteln, Tipps und Tricks versorgen,
die Sie brauchen, um mit den Briten klarzukommen, wann immer,
wo immer und in welch komatös besoffenem Zustand auch immer
Sie ihnen begegnen. Sie erfahren, wie Sie sich die allgemeine Abneigung gegen die direkte Konfrontation zunutze machen, ebenso wie
die quälenden Auswirkungen betretenen Schweigens; wie Sie die berühmte britische Höflichkeit gegen uns einsetzen; und wie Sie sich
unsere lähmende Unfähigkeit, selbst die kleinste, unbedeutendste
Entscheidung zu treffen, ohne mindestens zwei Minuten lang umständlich herumzumachen, zunutze machen.

Und wenn ich meinen Job gut mache, lassen Sie mich vielleicht
bleiben.

Das kommt dabei heraus, wenn ein Brite sich nicht darauf »einigen will, uneins zu sein«.

Die Handschuhe werden abgestreift.

Die Ärmel werden hochgekrempelt.

Lasst uns Cricket spielen.

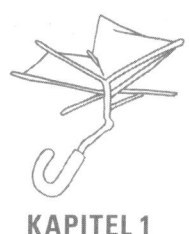

KAPITEL 1

Darf ich vorstellen –
die Briten

In den Wochen nach dem Referendum ertappte ganz Europa sich dabei, wie es die Briten in einem völlig neuen Licht sah. Als wären diese kleinen Inseln gleich hinter Frankreich eben erst aus dem Weltall hierhergebeamt worden.

Man war schockiert, verwirrt, überrascht und erkannte seine Inselnachbarn kaum wieder, und dabei ging fast allen die gleiche Frage durch den Kopf ... *Warum?* ... (Die Briten selbst bildeten da natürlich eine Ausnahme und stellten sich ganz andere Fragen. Am Tag nach Bekanntgabe des Ergebnisses war die häufigste Suchanfrage bei Google in ganz Großbritannien: »Was ist die EU?«)

Mit anderen Worten: Die Europäer sahen sich plötzlich einem Land gegenüber, das sein Kostüm abgestreift hatte und ganz neue, unbekannte Seiten präsentierte. Aber nicht im positiven Sinn, wie eine Stripperin auf deiner Geburtstagsparty, sondern auf recht unschöne Weise, also eher wie ein Exhibitionist bei Oma. *Was geht denn da drüben ab?*, wunderten sich die anderen 27 Länder in europäischer Einigkeit. *Wer* sind *diese Leute?*

Von meiner Warte aus, die mir den Blick von außen ermöglicht, waren viele Europäer richtiggehend perplex, als sie hörten, dass *andere Europäer* die EU verlassen wollen.

Von so wenig exotischen Orten wie Antwerpen oder Frankfurt am Main aus betrachtet hatten die Briten nicht so viel anders gewirkt als die Dänen oder Holländer – nur als Inselversion und ohne deren Talent für Fremdsprachen. Oder eine etwas verklemmtere Version der Franzosen oder Belgier – nur ohne deren Talent, Mahlzeiten zu kreieren, die aus mehr als zwei Farben bestehen. Möglicherweise sogar eine höflichere und weniger geradlinige Variante der Deutschen oder Polen – nur ohne deren Fähigkeit, sich bei E-Mails kurzzufassen.

Dieses Gefühl wurde jedoch nicht erwidert, als die Briten wiederum ihre Nachbarn ins Auge fassten. Ihr Blick blieb ungetrübt durch derartige Abstufungen. In Großbritannien, müssen Sie wissen, bedienen wir uns eines weit einfacheren Klassifizierungssystems für die Welt um uns herum: Da ist zum einen *das Vertraute* – eine gute Tasse Tee, das kleine Verschnaufpäuschen zwischendurch oder ein gelungener Nieser – und zum anderen *das Fremde* – also alles, was hinter Dover liegt.

Ein Inselleben

Die Briten sind Inselbewohner, das ist bekannt.

Tatsächlich aber erklärt dieser Faktor möglicherweise besser als alles andere, warum das Vereinigte Königreich schon immer eine außergewöhnlich anstrengende »Tun sie's oder tun sie's nicht«-Bezie-

hung zum Rest des Kontinents hatte. Nämlich eben weil es ein großes Stück Land ist, das dem Rest davongeschwommen ist.

Der »English Channel« oder Ärmelkanal mag zwar nur 21 Meilen
breit sein, doch seine psychologischen Auswirkungen auf die Seele
der Briten sind nicht zu unterschätzen. Physisch getrennt von den
Nachbarn, zu allen Seiten umschlossen von Meer – so etwas kann
seltsame Dinge anstellen mit der Kultur eines Landes. Wir sind ex-
zentrisch. Wir sind höflich. Wir sind ein klein wenig reserviert, bescheiden und schotten uns gerne ab. Auf jeder Speisekarte gibt es
Fisch, und mit Peinlichkeiten kommen wir nicht sonderlich gut klar.

Wir sind das Japan Europas.

Sie dürfen nicht vergessen, meine lieben Miteuropäer, dass wir
Briten den Großteil unserer Geschichte keiner anderen Kultur begegnen konnten, ohne hinzuschwimmen oder uns belagern zu lassen. Ich denke, dass die natürlichen geografischen Grenzen unseres
Landes auch zur Erklärung der für uns typischen Höflichkeit bei-
tragen – im Vereinigten Königreich kann man nur begrenzt Distanz
schaffen zwischen sich selbst und Leuten, mit denen man sich ge-
zofft hat. Früher oder später steht man knietief im Wasser. Im eigentlichen Europa stieg man früher auf seinen Esel und ritt einfach
los, im Grunde konnte man sich beliebig weit entfernen. Wenn man
von Calais aus ostwärts reist, kommt man nach Köln, Prag, Αθήνα,
Київ, ‫نارهت‬, 北京市 und กรุงเทพมหานคร. Fährt man von Dover aus in Richtung Westen, landet man in Devon.

In gewisser Weise war diese nautische Isolation schon immer ein
bisschen so, als hätten wir einen wirklich großen Zaun um den ei-

genen Garten. Wir Briten konnten uns relativ entspannt zurücklehnen in unserer vom Wasser geschützten Andersartigkeit, weil wir wussten, dass die Nachbarn nicht so einfach über den Gartenzaun linsen und uns in unseren praktischen Badeanzügen ertappen oder bei unseren lächerlichen Sportarten zusehen konnten. Die Isolation von unseren Nachbarn bedeutete aber auch, dass wir von ihrer konstruktiven Kritik und ihrem freundlichen Feedback abgeschnitten waren. Vielleicht liegt es also daran, dass wir so lange in unserem eigenen Saft geschmort haben – und immer nur einander begegnet sind, bevor Telefon, Fernsehen und Flugzeuge uns enger mit den Angelegenheiten Europas in Kontakt brachten. Und trotzdem scheinen wir Briten unsere einmalige abgeschottete Lage nach wie vor zu genießen, und genau aus dem Grund können wir, was ebenfalls einmalig in Europa ist, in den Urlaub »*nach Europa* fahren«.

Total tote Hose

Natürlich braucht auch Verschrobenheit einen gewissen grundlegenden Komfort, um gedeihen zu können. Man entwickelt nicht wie wir Briten einfach so irgendwelche Schrullen, ohne dass man es zunächst so gemütlich hat wie wir Briten.

Über Jahrhunderte war in Großbritannien, so sicher und geborgen in ruhiger See, alles »ganz gut« (oder zumindest »ja, nicht schlecht«). In erster Linie lag das wohl daran, dass unsere Standardlösung für die meisten Probleme folgendermaßen aussah: Wir fallen irgendwo ein und klauen anderen Völkern ihre Lösungen. Unser Nationalgetränk? Blätter aus China. Das beliebteste Gericht im modernen Großbritannien? Chicken Tikka Masala. Unsere Königsfamilie? Deutsche.

PROFI-TIPP:

Als kurz nach dem Referendum das Pfund abstürzte, wurden die Brexit-Befürworter nicht müde, die Vorteile »billigerer Exporte!« zu betonen. Was die höheren Importkosten betraf, verhielten sie sich hingegen ruhig; möglicherweise lag das daran, dass der Großteil der britischen »Kulturgüter« – Tee, Lager, Curry, Gin, Tonic und Baked Beans – über verschiedene Häfen ins Land gelangen, verpackt in riesengroße Kisten.

Okay, ich übertreibe vielleicht ein kleines bisschen. Nicht alles war gottgegebene Plünderei und Herrlichkeit. Es gab auch ein paar kurze historische Ausreißer – wie dieses eine Jahrhundert, in dem sämtliche Kinder als Kaminkehrer schuften mussten, oder diese Pest, oder der große Brand, oder dass wir uns in jeden Krieg einmischen mussten, und zwar wirklich jeden. Aber abgesehen davon hat es die jüngere Geschichte relativ gut gemeint mit uns Briten. Wir konnten eine lange Ära relativer Unbeschwertheit genießen, hübsch geborgen inmitten der grünen, angenehmen, zahmen, sicheren Kuschelhäschenlandschaft, abgeschirmt durch unseren kleinen Festungsgraben.

Im Rest der Welt ziehen giftige Spinnen, Riesenschlangen und andere gefährliche Tiere durch die Lande und stecken ihre Nase direkt ins Leben und in die Wohnzimmer der Leute. Dank der problemabweisenden Barriere gleich hinter Dover sehen wir Briten uns vonseiten der Natur keiner größeren Gefahr ausgesetzt als lästigen Pollen, wild gewordenen Wespen, der gelegentlichen fiesen Brennnessel, die unter einer Parkbank lauert und nackte Knöchel attackiert, oder dem einen oder anderen Igel, der von irgendeiner Dachrinne runterplumpst und in deinem Kapuzenpulli landet.

Die schlimmsten Schrullen von Mutter Natur verfolgen wir überwiegend im Fernsehen mit, während wir gemütlich auf dem Sofa sitzen, eine warme Tasse Tee in der Hand, missbilligend mit der Zunge schnalzen und murmeln: »Oje, oje, oje!« Unsere »Erdbeben« sind leicht mit dem Vibrieren eines Handys auf dem Tisch zu verwechseln, unsere Vulkane sind ungefähr so aktiv wie unser Sexleben, und unsere Tornados stören allerhöchstens jemanden, der am falschen Tag beschließt, sich in einer dürftig gebauten Hütte um Steuer und Briefmarkensammlung zu kümmern.

Im krassen Gegensatz dazu befindet sich Calais (wo das »richtige Europa« anfängt) auf einem durchgehenden Stück Land zusammen mit Löwen, Skorpionen, Taranteln, Tigern, Kobras, Krokodilen, Bären, Flusspferden, Malaria und dem IS. Wenn man Europa also als zusammenhängende Landmasse betrachtet, ist das kein Ort, an dem man sich als vernünftiger Brite freiwillig aufhält. Deswegen bleiben die meisten Briten auch allerhöchstens 40 Minuten in Calais, stopfen ihren Van schleunigst mit Wein und Zigaretten voll und rasen dann in Windeseile zurück auf ihre sichere Insel, bevor die Malayische Mokassinotter sie erwischt.

Das Wetter

Das Wetter mag bei uns Briten zwar Gesprächsthema Nummer eins sein, doch eigentlich ist das einzig Erstaunliche, wie unglaublich mild es ist. Dank des warmen Golfstroms fällt die Temperatur in der Regel in einen Bereich irgendwo zwischen »schon okay«/«kann nicht klagen«/«kein Grund zur Beanstandung«.

Die Russen lachen bloß über unsere Winter mit den paar kühleren Tagen. Und die Australier bemerken den lauen Sommer hier kaum. Weil wir aber keine andere Wahl haben, fängt die Flipflopsaison bereits an, sobald das Thermometer auf 18 Grad hochklettert (und ist dann zwanzig Minuten später schon wieder vorüber). Tatsächlich scheint die Unterscheidung »Frühling«, »Sommer« und »Herbst« eine unnötig wortreiche Beschreibung zu sein für etwas, das etwa drei Viertel des Jahres hier in Großbritannien beschreibt. Und das ist eine beständige, fortlaufend trübe Enttäuschung, eingehüllt in dichte Wolken.

Wenn man das weiß, fragt man sich vermutlich, weshalb die Briten den lieben langen Tag, jahrein, jahraus, über nichts anderes reden als über das örtliche und das landesweite Wetter, mit Landsleuten, mit Touristen und jedem, der es sich bereitwillig anhört. Fast als würde man nicht die Erklärung liefern für das örtliche oder das nationale Wetter, sondern für das Wetter als Gesamtkonzept. Anfangs denkt man vielleicht: »Hm, sonderbar ... die ganze Insel ist voller Leute, deren gesamte Kultur sich um den Austausch von Informationen dreht, die man sich genauso gut holen kann, indem man einfach zum Fenster rausschaut.«

Wenn ein britischer Landsmann zum Beispiel zu einem sagt: »Oh, schönes Wetter da draußen«, dann könnte man im ersten Moment tatsächlich so was denken wie: »Ich weiß ... ich hab auch so verglaste Gucklöcher an meinem Haus.«

Aber selbstverständlich sehen die Briten das ganz anders. Sie betrachten das Wetter nicht als ein gelegentliches harmloses Ärgernis, sondern als mächtigen, wankelmütigen Feind, der alle möglichen Pläne durchkreuzen kann. Wenn er über das Wetter spricht, beschwört der Brite in seinen Ausführungen ein romantisch verklärtes Bild von der kleinen, aber noblen Insel herauf, die gegen sämtliche Gewalten der Natur gleichzeitig ankämpft – gegen heftige Windböen, die von allen Seiten auf sie einstürmen, Wellen, die wie wütende Peitschen ans Ufer knallen, Wolken, die den Horizont in eine bedrohliche graue Decke hüllen, die jede Hoffnung im Keim erstickt.

Ach, und erwähnte ich schon den Regen? Oh, ihr grausamen und mächtigen Götter, der Regen! Oh weh, die göttlichen Mächte haben uns, und zwar ausschließlich uns, dazu auserkoren, dass wir den gesamten Inhalt des Himmels abbekommen. Endlose Regenfälle in unzähligen Ausprägungen – als Sprühregen, Schauer, Tröpfeln, als heftiges Schiffen mit Orkanböen, sodass es einen von der Seite trifft. Das Wetter mag alles tun, um uns kleinzukriegen ... wir lassen uns nicht von bloßem Wetter bezwingen! Wir mögen jammern – ständig, lautstark, ohne Ende –, aber wir bleiben standhaft und kämpfen uns durch. Auf keinen Fall verkriechen wir uns in irgendwelchen Hauseingängen oder sagen deswegen die Grillfeier ab, wie diese leicht zu unterjochenden Spanier es tun würden. Die wissen ja genau, dass die Sonne morgen auf jeden Fall wieder scheinen wird. Für uns Briten allerdings gibt es kein Mañana. Stattdessen heißt es jetzt oder nie. Wir grillen am Strand, auf grünen Wiesen und in den Straßen. Wir werden nicht aufgeben, koste es, was es wolle, die legendäre Heldentat zu vollbringen, im Freien eine Wurst zu braten.

Gejammer über Gejammer

Wie Sie sicher schon festgestellt haben, lieben wir Briten es, eine gewisse Dramatik in unser Leben zu bringen. Denn daran fehlt es uns offensichtlich. Nur leider bleibt uns im Vereinigten Königreich nicht viel Zeit für echte Dramen. Denn die Annehmlichkeit von flächendeckender Versorgung mit Supermärkten lässt wirklich wenig Spielraum für richtige Katastrophen: Egal wo man wohnt, immer ist ein Tesco express in höchstens fünf Minuten Fußweg erreichbar.

Dem Durchschnittsbriten allerdings ist es gelungen, diese grausame Einschränkung, die uns das Leben in einem Erste-Welt-Staat auferlegt, geschickt zu umgehen, indem er selbst die harmlosesten und gewöhnlichsten Ereignisse in seiner eigenen Wahrnehmung maßlos übertreibt und dramatisiert. Jeder hier verfügt ganz offensichtlich über einen eingebauten Apparat zur Wirklichkeitsverzerrung, etwas, das ich als Brit-o-matik-Realitätsfilter bezeichne. Der Brit-o-matik versieht sämtliche eingehende und ausgehende Daten mit sanfter Hysterie. Eine recht wandlungsfähige Technologie, wie Sie schon bald sehen werden.

Grundsätzlich sind wir Briten ein Volk, das gerne jammert und sich beschwert, ohne einen triftigen Grund zum Jammern zu haben. Weil wir ein Bedürfnis zu befriedigen haben, sind wir gezwungen, alles nur ansatzweise Unerwartete künstlich hochzuspielen, bis es das Ausmaß einer griechischen Tragödie annimmt. Und deswegen wird alles, was zwei Extraminuten aufgeregte Geschäftigkeit, Ärgerlichkeit oder Scherereien gekostet hat, wenn man es durch den Brit-o-matik jagt, im Nachhinein kommentiert mit Worten apokalyptischer Qualität, wie: »Was für ein Albtraum!«

Alle diejenigen, für die der nationale Brauch des Jammerns Neuland ist, sollten grundsätzlich wissen, welch großen *Spaß* wir Briten daran haben. Für uns ist das ein Sport. Wir mögen es nicht nur, uns aktiv zu beklagen, wir lieben es auch, auf der passiven Seite zu sein und uns das meist sinnlose Gejammer von anderen anzuhören, und seien es nur ein paar harmlose Beschwerden über Nichtigkeiten. So wie ein Boxsack in der Turnhalle eines Seniorenheims, der ein paar harmlose Hiebe einstecken muss. Wenn man Briten begegnet oder bei ihnen zu Besuch ist, ist es erlaubt, sich ebenfalls am laufenden Band zu beschweren, ja, eigentlich wird es schon fast erwartet. Man bekommt quasi den Freifahrtschein für unverhältnismäßige Übertreibungen. Genießen Sie es. Nur keine Hemmungen. Nutzen Sie diese einmalige Gelegenheit. Sie haben hier nämlich ein williges Publikum vor sich, das insgeheim seine Freude daran hat, gemeinsam mit Ihnen über ein unbedeutendes Problemchen zu schimpfen und zu jammern.

Ich will Ihnen ein Beispiel geben für ein ganz gewöhnliches Gespräch unter Briten, damit Sie sehen, wie man mit Leichtigkeit das Apokalyptische mit dem Alltäglichen verknüpft. (Man beachte auch, wie der Gesprächspartner alles Gesagte wiederholt, vergleichbar mit dem Backgroundsänger einer Bluesband.)

»Erst haben wir ganze fünfzehn Minuten gesucht, bis wir einen Parkplatz gefunden haben ...«

» ... *Fünfzehn Minuten?!*«

»Mhm. Roy war außer sich, nicht wahr, Roy? Ein absoluter Albtraum.«

»Mmm, was für ein Albtraum.«

»Und dann – das errätst du nie – fing es auch noch an zu regnen. Es hat echt geregnet!«

»Ist nicht dein Ernst!«

»Mhm, ja ... vom Himmel herunter! Und die Tortur ging noch weiter. *Es war nicht zu fassen!* Ich meine, ist doch typisch, oder? Da parkt man ein Mal auf der anderen Seite des Parkplatzes. Schrecklich. Absolut grauenvoll. Zustände wie in Aleppo. Und rate mal, was dann passiert ist, Jean?«

»Was denn?«

»Ich hab im Supermarkt eine Schachtel fallen lassen.«

»Eine Schachtel?! Ach, du liebe Güte, fällt einfach diese Schachtel runter, nicht auszudenken!«

»Ich *weiß!* Wem sagst du das. Ein Unglück kommt selten allein. Und das muss ausgerechnet mir passieren. Ist doch immer das Gleiche, nicht wahr? Immer bin ich die Dumme. Und *überall* Cornflakes.

Es war die Hölle. Totaler Albtraum, wie sollte ich da wieder rauskommen? Da hatte doch der Teufel seine Hände im Spiel, das absolute Grauen. Na ja, um eins waren wir wieder daheim, und den Rest des Tages saßen wir dann bloß noch faul herum. Wie steht's bei dir? Wie war dein Tag bislang?«

»Ach, weißt du, Janice ...«

Ängste und Befürchtungen

Mit Leichtigkeit zeichnen die Briten eine farbenprächtigere Version der Wirklichkeit mithilfe ihrer fortschrittlichen Brit-o-matik-Technologie. Und so erscheint ihre Welt, in der die meisten Dinge sich ereignen, viel erschreckender, als sie wirklich ist. Das Leben kann einem manchmal wirklich Angst machen, sicher, aber zum Großteil sitzen die Leute bloß auf ihren Stühlen, essen Brot und drücken sich vor dem Abwasch. Doch einmal durch den Filter der Brit-o-matik gejagt, und schon wird daraus ein pausenloses, nicht enden wollendes Höllenszenario einer Vor-Apokalypse.

Erzählt man einer speziellen Sorte von Briten beispielsweise, man wohne in Berlin, reagieren sie, als seien sie immer noch besorgt, es könnte dort nicht sicher sein. »Berlin? Ist es da nicht gefährlich? Aber war da nicht diese eine Sache? Mit diesen Typen? Sie wissen schon, die mit den komischen Schnauzbärten?«

Noch schlimmer aber ist, dass diese selbst geschürte Angst tief verwurzelt ist. Ich musste mir einmal von einer Bekannten versichern lassen – ich, der ich schon seit einigen Jahren in Deutschland lebte –, dass man dort, »wenn man einen Verkehrsunfall hat und nicht krankenversichert ist, nicht vom Rettungswagen mitgenommen wird«. Ich versuchte ihr daraufhin zu erklären, wie wenig glaubhaft das doch sei. Allein die Vorstellung, ausgerechnet die Deutschen könnten es dulden, dass ein vor Schmerz brüllender Verletzter die viel gepriesene *Ordnung* stört – ein Volk von Menschen, die beim Überqueren der Straße selbst mitten in der Nacht noch auf das grüne Ampelmännchen warten, obwohl weit und breit kein Auto zu sehen ist. Doch meine Freundin ließ sich nicht davon abbringen. (Denn warum sich die eigene Weltsicht durch Fakten verkomplizieren lassen?)

Das moderne Phänomen, dass Milliarden von Menschen ständig ein Handy mit Kamera und 24-Stunden-Newsfeed in der Tasche mit sich herumtragen, bedeutet für die Briten, dass ihnen die Schauergeschichten nie ausgehen, über die sie die Köpfe schütteln und missbilligende Laute (»tststs«) äußern können: »Ojeoje. Schrecklich, nicht wahr? Was soll denn noch alles passieren?«

Da die Briten ohnehin Meister darin sind, einen simplen Besuch im Supermarkt zu beschreiben, als wäre es der Pitch für eine Fortsetzung von *Apocalypse Now*, fällt es ihnen umso leichter, in Bezug auf die Welt da draußen maßlos zu übertreiben. Tatsächlich operiert die Hälfte der britischen Presse (und zwar die untere Hälfte, falls Sie es nicht von selbst erraten haben) auf Basis einer Drei-Stufen-Eskalationsskala bestehend aus Unglück, Grauen und drohender Verdammnis. Wenn etwas ein Mal passiert, spricht man schon von einem Trend. Zwei Mal, und es handelt sich um eine akute *Bedrohung*. Und beim dritten Mal ruft man eine *Epidemie* aus.

Kaputtes Großbritannien, liest man da beispielsweise, *das Land versinkt im Chaos*. Von einer *Insel der Immigranten* ist die Rede, die unter der Last der Oligarchen, Terroristen und Sozialschmarotzer versinkt. Von einer postmoralischen Gesellschaft, die in der »*Komasauf-Apokalypse*« untergeht. Teenagerschwangerschaften greifen um sich, als wäre das ansteckend. Mobiltelefone gehen plötzlich und unerklärlich in Flammen auf. Spinnen verstecken sich in Trauben und lauern im Obstsalat, um einen hinterrücks zu überfallen. Nur um einen wüst zu beschimpfen. Und erst da stellt man fest, dass das mit der *politischen Korrektheit jegliches Maß verloren* hat. Ach, wirklich? Oh ja. Sie werden verstehen, was ich meine, wenn Sie sich die folgenden Schlagzeilen zu Gemüte führen: »*Was soll denn noch kommen, hm? Was soll noch kommen? Frauen als Busfahrer? Menschenrechte für Handtücher? Sicherheitsgurte für Trittleitern? Kostenlose EU-Geländer für Immigranten-Balkone? Na? Na? Die drehen doch durch hier in diesem Land, der totale Irrsinn!*«

Die meiste Zeit werden derart düstere Untergangsszenarien auf den Seiten zwischen Titelblatt und Sportteil heraufbeschworen, dass die britische Öffentlichkeit das Gefühl hat, die einzige Möglichkeit, um die kommende Woche lebend zu überstehen, wäre, die Zugbrücke hochzuziehen, die Schotten dicht zu machen, London zu einem Atombunker/einer Steueroase umzufunktionieren und so den eigenen Arsch zu retten. Sie oder wir, lautet die Devise!

Festung Großbritannien

Vielleicht werden Sie die instinktive Neigung zur Abschottung, wie sie dem gebürtigen Inselbewohner eigen ist, besser verstehen, sobald Sie die leicht hysterische britische Weltsicht selbst verinnerlicht haben. Unser Sicherheitsgefühl ist recht brüchig, fußt es doch allenfalls auf der Existenz jenes schmalen Streifens Wasser, den die Leute gern zugunsten wohltätiger Zwecke durchschwimmen. Für die Briten ist der Ärmelkanal die letzte noch bestehende Verteidigungslinie – lediglich 21 Meilen salziges Nass zwischen dem *Vertrauten* und *allem, was das Vertraute bedroht.*

PROFI-TIPP:

Die erste Person, die je den Ärmelkanal überquerte, tat dies auf einem Bündel Stroh. Ist ja schließlich nicht das Mittelmeer, oder? Diese amüsante Tatsache sollte man allen Briten in Erinnerung rufen, die glauben, sie hätten sich »die Kontrolle über ihre Grenzen zurückerobert«. Also denken Sie an den Strohmann, wenn man Ihnen mit solchen Argumenten kommt.

Die unausgesprochene Sehnsucht, die tief in der britischen Seele verankert ist, nach der Festung Großbritannien, wird noch gesteigert durch Science-Fiction-Filme, in denen das Vereinigte Königreich (nicht Frankreich) gern als letzte Bastion einer im Untergang begriffenen Welt dargestellt wird. Eine Insel der Menschlichkeit, die sich tapfer einer Flut von Gefahren entgegenstellt.

Children of Men (der beste Film aller Zeiten) zeigte uns in einer Welt, in der gilt: »Only Britain soldiers on – Nur Großbritannien kämpft weiter«; *28 Days Later* stellt das gute alte England als Bollwerk des Widerstands dar in einer von der Zombie-Apokalypse heimgesuchten Welt. Und in *Doomsday – Tag der Rache* (garantiert *nicht* der beste Film aller Zeiten) lässt die Regierung des Vereinigten Königreichs Schottland unter Quarantäne stellen, um sich vor einem tödlichen Virus zu schützen, der von Glasgow ausgeht. Man errichtet eine 30 Fuß hohe Mauer, die zweifelsohne eine Wahnsinnsmetapher für irgendetwas ist, um die Zivilisation vor den Glasgowern zu bewahren.

Und tatsächlich bin ich überzeugt, dass die Komödie *Shaun of the Dead* die prototypische britische Antwort auf jede Art von Katastrophe vorbildlich demonstriert – denn den Hauptfiguren fällt nichts Besseres ein, als sich im Pub um die Ecke zu verschanzen. »Wir verstecken uns und trinken einen Tee, bis alles vorbei ist.«

Sollte die Welt also irgendwann den Anschein machen, als würde sie sich dank Donald Trump ins Aus schießen, wären die Briten sicherlich nirgendwo sonst lieber als auf den britischen Inseln, bevorzugt unter einer undurchdringlichen Kuppel, die alle anderen draußen hält. Aber für ausreichend Tee ist selbstverständlich gesorgt.

Sollte es technisch tatsächlich irgendwann möglich werden, eine solche Kuppel für das gesamte Land zu errichten, gelingt es uns vielleicht sogar, einen von Gejammer und Beschwerden angetriebenen Motor zu entwerfen, der die Insel fortbewegt. Und dann können wir ganz heimlich, still und leise noch ein ganzes Stückchen wegschippern vom Kontinent mit seinen zahllosen Problemen, die er als riesige zusammenhängende Landmasse zwangsläufig hat. Dann ziehen wir uns zurück in ruhigere Gewässer, bis wir als das verklemmte, graue, ständig wolkenverhangene Hawaii des Atlantiks gelten.

Gefühle

Auch wenn im Kopf eines jeden Briten offenbar ein Tornado des Schreckens wütet, wirkt er nach außen hin meist angenehm ruhig. Heftige emotionale Ausbrüche kommen kaum vor, nur selten durchdringt so etwas wie eine Regung die stoische äußere Hülle. Haben Sie die Queen je lautstark loslachen und dabei versehentlich grunzen hören? Nein? Nein, haben Sie natürlich nicht. Denn da ist nichts unter der Oberfläche, das hervorbrechen könnte.

Wenn es so etwas wie ein Pokerface gibt, dann verfügen wir Briten über eine Pokerpersönlichkeit. In der Regel ziehen wir den »Weniger ist mehr«-Ansatz vor, wenn es darum geht, sich in der Welt zurechtzufinden. Sarkasmus schlägt Ernsthaftigkeit. Schuldbewusste Sprachlosigkeit schlägt Kommunikation. Leises Murren schlägt die Konfrontation bei Problemen. Überlegen Sie doch mal: Was könnte schlimmer sein für einen Kellner im Restaurant als ein verhaltenes, kaum hörbares und doch deutlich missbilligendes »Tss«? Warum sich die totale Peinlichkeit geben, ihm explizit zu sagen, dass er einem einen Espresso serviert hat, und dabei hatte man doch das Steak mit Fritten bestellt?

Was Gefühle, Probleme und Vorlieben betrifft – all das wird unterdrückt und tief in einem selbst vergraben. So tief, dass sie unter den Anliegen der Mitmenschen zerdrückt werden und hoffentlich in hundert Millionen Jahren nicht wieder zum Vorschein kommen. Ich persönlich stelle mir das immer vor wie einen *tiefen Brunnen der kollektiven Scham*, tausend Meilen unter unserer Insel, und der ist randvoll mit Blamagen, Peinlichkeiten, Schuldgefühlen, Reue, Frust und leise nachtragendem, geisterhaftem Gemurmel wie »Ich hätte ihm sagen sollen, was ich *wirklich* denke!«.

Die Europäer haben deshalb im Umgang mit uns Briten kaum eine Chance festzustellen, was wir wirklich meinen oder was wir uns erhoffen oder nicht. Dieses grundlegende Kommunikationsproblem wird umso schlimmer, je höher man im Klassensystem geht, bis man sich der höchsten Verdrängungsstufe gegenübersieht – der berühmt-berüchtigten »Stiff Upper Lip«, jener stoischen Krönung eines jeden glanzvollen Aristokratenhauptes mit »Mami und Papi haben mich weggeschickt«-Miene, schon vor den Zeiten von Botox behandelt mit tausend Jahren unerwiderter Liebe zu den Eltern. Mit anderen Worten, es wird nur sehr wenige äußerliche Anzeichen geben, die Aufschluss geben über die innere Gefühlswelt. (Man sollte auch darauf hinweisen, dass dieses Problem sogar so weit geht, dass Mädchen in den unteren Einkommensschichten sich die Augenbrauen abrasieren, um sie sich dann wieder aufzumalen, sodass sie sich überlegen müssen, welcher Grad des Staunens, der Neugier oder der Fassungslosigkeit dem jeweiligen Anlass angemessen sein dürfte, bevor sie aus dem Haus gehen ...)

Dies könnte zu Problemen führen – vor allem für Nichtbriten –, besonders das Problem, dass wir anderen nicht verraten, wenn es ein Problem gibt.

Probleme

Ich will Ihnen gleich ein Beispiel geben.

Ich hasse es, mir die Haare schneiden zu lassen, weil ich nie weiß, was ich wirklich will. Okay, ich weiß schon, was ich will. Ich will im Grunde immer das Gleiche, nur kürzer. Aber der Friseur sagt dann doch jedes Mal Dinge wie »Welche Schnitthöhe soll es denn genau sein?« oder, schlimmer noch, er bietet mir eine Auswahl an verwirrenden Optionen, die für mich so völlig aus dem Kontext nicht zu verstehen sind. Was soll man sagen, wenn man sich konfrontiert sieht mit der Frage »Wollen Sie einen French Crop?« *Ähm. Nein? Ja? Was gibt es denn sonst noch? Einen Italienischen Schnitt? Einen Slowenischen Wuschelkopf? Einen Australischen Flop? Kann ich nicht einfach nur weniger Haare haben, bitte?*

Da ich keinen Schimmer habe, wovon der fragliche Friseur da faselt, es mir aber gleichzeitig zu peinlich ist nachzuhaken, bin ich aufgrund meines kulturellen Hintergrunds dazu gezwungen, etwas zu murmeln in Richtung »Sicher, ja, was immer Sie für das Beste halten« (weil ich ja höflich sein will). Doch zu meinem Leidwesen interpretieren sämtliche Friseure des Universums, wie wir es kennen, diesen einen Satz als den Fanfarenstoß des Schicksals, der den Anbruch einer goldenen Ära verkündet. Eine Ära, da er seinen inneren Künstler nach außen kehren kann. Und dann kriege ich unweigerlich einen Haarschnitt verpasst, den ich total hasse. Und trotzdem, wenn der junge Mann oder die junge Frau mir dann den Spiegel hinhält, damit ich mir den Lady-Gaga-, Schwanen-Eisschnitzkunstwerk-, Dada-am-Kopf-Albtraum, den er oder sie geschaffen hat, persönlich ansehen kann, lächle ich nur wie belämmert und nicke brav.

»Gefällt Ihnen der Haarschnitt?«, heißt es dann.

Und ich so: »Ähm, nein, bitte, lieber Gott, mach das wieder rückgängig« ... nur dass ich das nicht laut sage, sondern es mir nur denke.

Die Worte, die dann wirklich aus meinem Mund nach draußen dringen, sind unweigerlich eine fröhlichere Variante, so was wie: »Oh mein Gott, ein Traum! Einfach perfekt! Ich bin total hin und weg! Ich liebe es! Was für eine Offenbarung! Hier, nehmen Sie, zufällig habe ich da ein Riesentrinkgeld für Sie! Einen schönen Tag Ihnen, Sie Haarzauberer! Tschüsschen!«

Dann mache ich mich mit einer Mütze auf dem Kopf auf den Weg nach Hause und schneide mir weinend vor dem Spiegel die Haare selbst noch mal nach. Ich brauche wohl nicht zu betonen, dass wir Briten mit Konfliktsituationen nicht allzu gut umgehen können und es daher bevorzugen, so zu tun, als gäbe es kein Problem. Bedauerlicherweise ist die alte Weisheit, dass »geteiltes Leid halbes Leid« ist, keine brauchbare Strategie für die Briten, weil wir von der Angst gelähmt werden, anderen Unannehmlichkeiten zu bereiten. Wir wollen anderen Leute keine Probleme machen, warum sollten wir ihnen dann halbe Probleme aufhalsen? Zwei davon, und schon haben sie ihr eigenes volles Problem. Was dann? Sagt man ihnen, sie sollen es teilen? Das ist doch Wahnsinn! Auge um Auge macht alle blind. Deshalb schweigen wir lieber über unsere Probleme, nehmen die ganze Verantwortung auf unsere Schultern wie das Sofa, das wir allein die Treppe rauftragen, nur um großmütig in Kauf zu nehmen, dass es auf uns fällt. Hurra.

Konflikte

Nichts bringt die britische Einstellung Konflikten gegenüber treffender auf den Punkt als der Ausdruck »let's agree to disagree – einigen wir uns darauf, dass wir uneins sind«. Das ist passiv-aggressives Verhalten par excellence, denn darin stecken gleichzeitig die Bedeutungen »du hast unrecht« *und* »du wirst auch in Zukunft falsch liegen, vielleicht für immer, aber uns bleibt leider keine Zeit, deshalb werden wir deine falsche Einstellung nun leider nicht mehr korrigieren können«. Diese beiden Aussagen sind dabei allerdings überaus liebevoll aufbereitet im freundlichen Ton der Kompromissbereitschaft, des Entgegenkommens und der Lösung.

Es ist die Vogel-Strauß-Politik des Kopf-in-den-Sand-Steckens in Konfliktsituationen. Wenn wir deren Existenz nicht *ernsthaft* anerkennen, sind die Probleme vielleicht gar nicht da, folglich müssen wir uns auch nicht darum kümmern. Und dann können wir uns in unserem krankhaften Wahn entspannen.

Wir Briten verfügen nicht über das nötige Rüstzeug, um uns mit Konflikten auseinanderzusetzen, deshalb gehen wir ihnen aus dem Weg. Und weil wir ihnen aus dem Weg gehen, lernen wir nie, mit ihnen klarzukommen. Eine typische Zwickmühle. Keine Ahnung, wie man dieses Problem lösen soll, es sei denn vielleicht, man schickt alle jungen Briten zu einem sechswöchigen obligatorischen Kulturaustauschprogramm nach Deutschland, wo sie sich mindestens an einem Tag in der Woche mit einem Servicemitarbeiter der Deutschen Bahn herumstreiten müssen. Damit wäre das Problem schnell gelöst.

Nach dem Brexit-Referendum gab es viel Gerede darüber, wann die britische Regierung »Artikel 50 aktivieren« könne, wolle, solle, wann sie also jenen formalen Antrag stellen wird, der den Austritt aus der EU einleitet. Zum damaligen Zeitpunkt stellte ich mir das zwangsläufig so vor, dass jemand, also eine bestimmte Person, dafür nach Brüssel fahren müsste, um ein offizielles Schreiben zu überbringen. Ich war mir sicher, die gesamte Regierung müsse in heller Aufregung sein, wer dieser Jemand denn sein würde, und befände sich in ähnlicher Panik, wie man sie seit den stalinistischen Säuberungen nicht mehr erlebt hatte. Es war anzunehmen, dass man Artikel 50 in schriftlicher Form »aktivieren« würde – zumal der Brief die letzte, einsame Zuflucht britischer Tapferkeit ist. So bliebe der Welt wenigstens der Anblick eines gramgebeugten, gehetzt wirkenden Ministers erspart, der sich zögerlich und recht verlegen in einen Raum schleppt, dann einen versiegelten Umschlag über den Tisch schiebt, während er jeglichen Blickkontakt vermeidet, bevor er ein leises »Verzeihung« murmelt und aus dem Gebäude hinaussprintet, um mit einer Papiertüte vor dem Mund zu hyperventilieren.

Die meiste Zeit fahren die Briten gut mit dieser Konfliktvermeidungsstrategie, das vereinfacht das Leben ungemein. Über Uneinigkeiten sehen wir einfach geflissentlich hinweg. Wir neigen zur Deeskalation, bevor es zur Konfrontation kommt. Wir lassen kleinere Fehltritte auf sich beruhen. Wir leiden im Stillen vor uns hin, um den Frieden zu wahren. Zumindest läuft es *in der Öffentlichkeit* so.

Im Privaten dagegen ... nun ja, das ist eine ganz andere Geschichte. Sehen Sie, das Problem mit all der Höflichkeit und der Konfliktvermeidung ist, dass die ganze negative Energie sich irgendwo anders anstaut. Wenn ein Brite sich über jemanden ärgert, erfährt derjenige das in den seltensten Fällen und bekommt auch keine Gelegenheit, sich zu erklären, sich zu entschuldigen oder sein Verhalten zu ändern. Stattdessen frisst man den Verdruss in sich hinein, behält ihn im Kopf, wo er nutzlos hin und her geistert direkt unter dieser jüngsten Enttäuschung von einem Haarschnitt – ein Streit, den man nur für sich allein durchspielt. Oder man lässt alles raus, nur dass man auf jemand anderen losgeht, hinter dem Rücken desjenigen, über den man sich geärgert hat. Ungelöste Konflikte und Groll gegen andere sind eine nationale Spezialität. Unser eigentliches Motto sollte daher lauten: *Abwarten und Tee trinken ... und die schwelenden Ressentiments hübsch unterdrück*en.

So ist es gut. Wir schieben das alles einfach weit hinein in den *tiefen Brunnen der kollektiven Scham.*

An der Oberfläche indessen kennt diese Insel kein anderes Konfliktlösungssystem als die passive Aggression. Bevorzugt mithilfe eines Mediums, das von vornherein nicht allzu viel Mut erfordert, so was wie eine Nachricht auf einem Post-it, den man an die Badezimmertür klebt:

»Oh, hi Ben! Ich habe mich gefragt, ob dir die Handtuchstange aufgefallen ist, die wir schon 2002 montiert haben? Wollte nur sichergehen. Weil ich dein nasses Handtuch wieder mal am Boden habe liegen sehen, daher wollte ich mich vergewissern, ob du das mit der Handtuchstange weißt. Wenn du sie nicht findest und Hilfe brauchst, lass es mich wissen, ich begleite dich dann gern zum Optiker. Küsschen, Sally.«

Wenn man passive Aggression tatsächlich aus erster Hand und von Angesicht zu Angesicht erlebt, wird sie vermutlich hübsch verpackt in einen Witz daherkommen, eine weitere Methode, die es uns feigen Konfliktverweigerern erlaubt, die ganze Situation möglichst glaubhaft zu leugnen. Aber keine Sorge, meine lieben Miteuropäer, der Witz wird gewiss derart trocken, verhalten und unaufgeregt präsentiert, dass Sie noch nicht mal was davon mitbekommen werden.

Konflikte – selbst wenn Sie eine *Problemlösung* erfordern – sind nun einmal nicht unser Fall. So was macht uns viel zu große Angst, wir mögen das einfach nicht.

Natürlich nehme ich mich selbst da keineswegs aus. Sicher, ich schreibe hier ein recht unhöfliches, unverschämt fieses Buch über meine britischen Landsleute, aber wir sollten nicht vergessen, dass ich es tausend Meilen weit entfernt schreibe, schön in Sicherheit, mit Belgien, Frankreich und den Niederlanden als Puffer, was mich mutig werden lässt. Komik ist wie Politik für Feiglinge (*»War nur ein Witz! Herrje.«*).

Klassenunterschiede

Um unnötige Reibereien in jeglicher Form zu vermeiden, umschiffen wir Briten Konflikte, wo immer es geht. Dies betrifft auch vergangene unangenehme Differenzen, die bei erstbester Gelegenheit fröhlich unter den Teppich gekehrt werden. Da wäre zum Beispiel die etwas blamable Tatsache, dass unser Land (und, ähem, im Übrigen die ganze Welt) lange Zeit auf einem elitären und institutionalisierten Klassensystem basierte. Bis später, in den 1850er Jahren, peinlicherweise herauskam, dass wir alle – und zwar ausnahmslos – vom Affen abstammen. Wie *unangenehm!*

Was mir allerdings bis vor Kurzem nicht bewusst war (nämlich als ich meiner deutschen Freundin Linn die Frage stellte »Wie klingen eigentlich die vornehmen Deutschen?«), ist die Tatsache, dass man anders als in anderen Kulturen Klassenunterschiede an den britischen Akzenten erkennt, es also *heraushört,* und mehr noch an der unbewussten Wahl des Vokabulars. Tatsächlich kann man sich oft schon mit nur einem Wort verraten – bei den unterschiedlichen Bezeichnungen für Wohnzimmer, »living room«, »lounge« oder »drawing room« zum Beispiel. Mit diesen lassen sich die Leute in *Unter-, Mittel-* und *Oberschicht* unterteilen. Und ob man die Toilette als »bog«, »toilet« oder »lavatory« bezeichnet, ist vergleichbar mit einem telepathischen Blick auf das Bankkonto einer Person.

Mit dieser heiklen Tatsache gehen die Briten auf die einzig ihnen bekannte Weise um: Sie tun so, als wären diese Unterschiede nicht vorhanden. *Tja, Mann, wir sitzen alle im selben Boot, nicht wahr, Kumpel? Haha, ja, genau, Kamerad! Keine Klassenunterschiede hier, Kollege. Nein, Alter, überhaupt nicht, Alter!*

Selbstverständlich verabschiedet auch Großbritannien sich schrittchenweise von Aristokratie und vererbten Privilegien – und dennoch verteidigt das Land den Titel als die am längsten bestehende Demokratie der Welt. Was bedeutet, dass sich in unserem System noch einiges an Überbleibseln gehalten hat, charmante Überreste der Geschichte, ein bisschen wie Furzgeruch im Fahrstuhl, je nachdem, wie man das Ganze sieht. Während die im System verankerte Betulichkeit langsam, aber sicher auf dem Rückmarsch ist, lässt sich kaum verhehlen, dass wir nach wie vor dabei sind, ein Herrschaftssystem anzupassen und auszubessern, bei dem sich bis vor Kurzem etwa hundert Männer ein Mal im Monat zur Fuchsjagd trafen, um sich über die armen Leute auszutauschen. Ach ja, ist Ihnen übrigens aufgefallen, dass unser Staatsoberhaupt so ein glitzerndes Ding auf dem Kopf trägt und eine ganze Reihe von Burgen und Schlössern besitzt?

Peinlich.

Um aber weitere Spannungen zu verhindern, reden wir Briten nicht gern übers Geld. Wenn man welches hat, lässt man es so aussehen, als könne man nichts dafür; alles reiner Zufall. Und wenn man es aus der Brieftasche holt, sollte man sich mit erstaunter Miene umsehen und so tun, als wüsste man nicht, wie es da hineingelangt ist. Wenn man Geld ausgibt, tut man am besten so, als wäre die eigene Brieftasche nichts weiter als das Fundbüro der landeseigenen Wirtschaft. Man gibt die Zahlungsmittel also lediglich an seinen rechtmäßigen Besitzer zurück.

Vor allem aber sollte man über dieses Thema nie in aller Öffentlichkeit reden – nicht über das Gehalt, nicht über das Ersparte und ganz gewiss nicht über den Preis eines Hauses. Deswegen schießen die Immobilienpreise vermutlich auch so durch die Decke – weil angesichts dieses Informationsvakuums aus Peinlichkeit jeder nur noch raten kann, was ein Haus wert ist. Unsere Unfähigkeit, das Offensichtliche anzuerkennen, zwingt uns dazu, uns selbst bescheiden zu geben, auch wenn wir ein traumhaftes Leben haben. In Großbritannien kann man beispielsweise nur davon erzählen, dass man soeben eine Villa gekauft hat, wenn man dieses Detail einbaut in den größeren Kontext des Jammerns darüber, welch ein Albtraum der Umzug in das neue herrschaftliche Anwesen doch war. (Keine Sorge, die Leute reagieren auch darauf ausschließlich mit Mitgefühl: »Ach, Sie Ärmster! Das muss wirklich ein Albtraum gewesen sein, wo Sie doch diesen vergoldeten Billardtisch besitzen! Wie unsagbar schwer der ist! Wie viele Bedienstete waren dazu nötig? Du liebe Güte, allein das Zusehen muss ja eine unerträgliche Anstrengung gewesen sein für Sie ...«)

Mit anderen Worten, manchmal muss man entgegen der eigenen Intuition handeln, um die Illusion der Gleichheit aufrechtzuerhalten. Das beste Beispiel hierfür ist David Cameron, der in einer Rede von »dauerhafter Enthaltsamkeit« sprach, kurz nachdem er sich beim Bankett den Bauch in einem prunkvollen Saal auf einem goldenen Thron sitzend vollgeschlagen hatte. Wie passend.

Gleichheit

Ähnlich verhält es sich mit der Tatsache, dass sämtliche Kinder hier im Land in Uniform zur Schule geschickt werden. Wir fangen schon früh an mit dem theatralischen Getue. Schließlich ist es viel einfacher, die Klassenunterschiede zu verwischen zwischen Brandon Fightstone – Sohn von Sharon Fightstone und Tony Fightstone – und Millicent Foffington Brumbleberry der 19ten – Tochter von Millicent Foffington Brumbleberry der 18ten und dem Grand Earl High Duke Lord von Salisbury-Mountlollingsforth. Nämlich indem man sie beide als niedliche kleine Miniaturversionen von Geschäftsleuten zur Schule schickt.

Oh, das mag Ihnen vielleicht ganz putzig erscheinen – so als wäre zwei Mal am Tag in jeder langweiligen Stadt im ganzen Land Hogwarts allgegenwärtig. Aber die subjektive Realität ist nicht ganz so entzückend, wenn man selbst so ein Drohnenkind in Schuluniform ist, das kann ich Ihnen sagen. Der durchschnittliche Tag für ein britisches Schulkind (auf jeden Fall für Jungen) besteht aus sechs Stunden ständiger Wachsamkeit – aus Angst, »gepeanutted« zu werden (d. h., jemand zerrt abrupt an deiner Krawatte), und der Furcht, eine

Gelegenheit zu verpassen, jemand anderen zu »peanutten«. Das spielt sich so ziemlich durchgehend zehn Schuljahre lang ab, allenfalls unterbrochen durch etwas Mathe und Akneprobleme.

Natürlich führt so eine Uniform bei Kindern zwangsläufig zu Rebellion, und dann lassen sie nichts unversucht, um dem aufgezwungenen Outfit seine Eleganz zu nehmen, ohne sich dabei einen Rüffel einzufangen. Im Grunde ist es schon fast so was wie ein Wettbewerb, bei dem man austestet, wie weit man die Vorschriften umgehen kann, ein trauriger, schwacher, verzweifelter Versuch, sich ein klein wenig Individualität zu erkämpfen. Natürlich alles im Rahmen des Legalen. Das Ergebnis ist oft lächerlich – viel zu dünne, winzige Krawatten (um »peanutting« zu umgehen), kurze breite Krawatten, Krawatten, die in Hemden gesteckt werden, Krawatten mit aufgetrennter Naht. Als Zeichen des Widerstands gegen »die da oben« reicht das wohl kaum an einen Hungerstreik heran. Dann schon eher so was wie ein verhaltenes, kaum hörbares, aber dennoch deutlich missbilligendes »Tss«, wie das, was man an diesen Kellner richtet, als man feststellt, dass der Espresso, den man gerade trinkt, statt das bestellte Steak zu verputzen, zu allem Überfluss auch noch kalt ist.

Leider habe ich erst Jahre später, gegen Ende meiner schulischen Laufbahn, kapiert, wie es laufen hätte müssen. Wenn man einfach in normalen Klamotten in die Schule geht und so tut, als wäre es völlig normal, normale Klamotten zu tragen – dann nimmt jeder an, das müsse normal sein. Dann liefern die anderen die passende Geschichte dazu, zum Beispiel wird angenommen, man müsse irgendwann im Laufe des Schultages zum Zahnarzt oder etwas in der Art. So oder so fragt keiner nach, die Lehrer wahrscheinlich deswegen, weil sie ohnehin chronisch überlastet sind und irgendwann selbst mal Träume hatten, vielleicht auch, weil sie insgeheim befürchten, die Antwort könnte in irgendeiner Weise peinlich sein, so was wie: »Ich komme gerade vom Eheberater. Meine Eltern wollen sich scheiden lassen.« *Nein, vielen Dank auch. In so was mische ich mich nicht ein, ich will doch nur heim und endlich weiter Netflix gucken. Was ich nicht weiß, macht mich nicht heiß.*

Dieser Trick – ein Lifehack also, bei dem man sich quasi mitten hinstellt, ohne dass einen irgendwer wahrnimmt – ist so ziemlich das einzig Nützliche, das ich meiner Erinnerung nach in der Schule gelernt habe. Die Schuluniform mag für britische Kinder so was wie ein Tarnumhang sein, der unsichtbar macht, aber Selbstvertrauen ist der Tarnumhang der restlichen Welt; wenn man einen Schultag in Großbritannien in Jeans und T-Shirt übersteht, kann man genauso gut auch die Mona Lisa stehlen, und zwar in einer Leuchtweste.

Vielleicht war aber auch Folgendes die eigentliche Lektion, die mich die Schuluniform gelehrt hat: Sieh aus wie alle anderen, dann bemerkt dich keiner. Wie könnte man Gleichheit besser fördern als dadurch, dass man sämtliche Hinweise auf ihre Nichtexistenz verbirgt?

Fairness

Leider haben die viele Mühe und die Kreativität, die man für den Erhalt dieser Illusion einer klassenlosen Gesellschaft aufbringen muss, dazu geführt, dass wir Briten unsere ganz eigene, einzigartige und improvisierte Definition von »Fairness« entwickelt haben, welche die gängige Bedeutung überlagert.

Deshalb gibt es »*Runden*«, bei denen die Leute abwechselnd Drinks für die gesamte Gruppe kaufen, und das, obwohl die Getränke alle völlig unterschiedliche Preise haben. Man *teilt sich die Rechnung*, wo die mathematische Formel *Gesamtbetrag der Rechnung geteilt durch die Anzahl der am Tisch Anwesenden* auf magische Weise den gleichen Preis ergibt für einen Salat wie für ein Steak. Und dann wäre da noch die britische Einstellung zum *Trinkgeld*, die so aussieht, dass wir auf unsere noble Art das gesamte Servicepersonal absolut gleich behandeln und dafür sorgen, dass keiner mehr oder weniger als nichts kriegt. Hurra!

Das verschafft uns natürlich nicht den allerbesten Ruf. Ich war in Berlin schon in einigen Läden, da war die gesamte Karte auf Deutsch, nur folgende Worte standen irgendwo auf Englisch: »In Germany, it is customary to tip.« (Okay, vielleicht sind wir doch nicht die Einzigen, die sich des Mittels der passiven Aggression bedienen ...) Man beobachte bloß die Mienen der Servicekräfte in einer beliebigen Großstadtbar, wenn eine größere Gruppe britischer Touristen zur Tür reinkommt. Die Gesichter, die sie ziehen, sehen im Großen und Ganzen so aus, wie man es auf die Frage »*Hey! Möchten Sie nicht gern mehr arbeiten für weniger Geld?!*« erwarten würde.

Doch auch wenn andere Nationalitäten unsere sorglose Weigerung, ein paar Münzen locker zu machen, als knauserig oder geizig betrachten mögen, steckt in Wirklichkeit das genaue Gegenteil dahinter. Angesichts unserer peinlichen elitären Vergangenheit (die wir definitiv hinter uns haben, pah) glaube ich, dass uns das Trinkgeld unangenehm ist, weil es die Leute daran erinnern könnte, dass sie unsere Bediensteten sind. (Peinlich.)

Da ist es doch viel besser, sie locker mit »Kumpel« anzureden, und den Rest erledigt dann der Mindestlohn.

Verlegenheiten

Die britische Definition von Fairness passt perfekt zu uns: Handelt es sich doch um eine Art Fairnessfassade, die ganz locker vor ein buntes Durcheinander an offensichtlich unfairen Dingen gesetzt wird. Wir können das Problem nicht lösen – also verstecken wir es. Tief drinnen im *Brunnen der kollektiven Scham*, wo es keine Peinlichkeit verursachen kann.

Es gibt einen ganz gewichtigen Grund, weshalb wir manchmal so immense und gleichzeitig unsinnige Anstrengungen auf uns nehmen, um Reibereien, Konflikten und allem aus dem Weg zu gehen, was uns daran erinnern könnte, dass unsere Gesellschaft ein bisschen wie ein Schmuckladen wirkt, je mehr man sich der Mitte nähert. Die Alternative aber wäre für uns noch viel schlimmer.

Hier in Großbritannien nehmen wir Verlegenheiten sehr ernst, ähnlich wie in Japan. Wir sind eine Insel voller Sonderlinge, die totale Nieten sind im sozialen Umgang, uns aber stets mit den besten Absichten tragen. Die Hälfte unseres Gehirnschmalzes geht drauf für den ewigen Kampf, unsere Gefühle vor uns selbst zu verbergen, während wir die andere Hälfte dazu nutzen, uns durchs Leben zu manövrieren, ohne dass wir im Supermarkt allzu viele Gläser fallen lassen.

Wir können von Glück sagen, dass sich in der britischen Kultur nicht auch so etwas wie das japanische *harakiri* herausgebildet hat – eine Form des Selbstmordes zur Wiederherstellung der Ehre. Das ist vermutlich der Grund, warum wir noch hier sind; nur leider gibt es keinen einfachen Ausweg aus der lähmenden Peinlichkeit, dass wir tagtäglich wir selbst sein müssen. Stattdessen schleppen wir dieses Gefühl ständig mit uns herum. Verdammt, das wäre auch ein passendes Motto: *Abwarten und Tee trinken und das schwelende Gefühl der Verbitterung verdrängen und die Erinnerungen an jeden einzelnen peinlichen Moment, den wir je erlebt haben, mit uns herumschleppen wie einen laufend größer werdenden Sack voll schwerfälliger Säugetiere, der an unseren Füßen hängt.* Oh ja, das passt schon eher. Kann es gar nicht erwarten, die Tasse mit dem Spruch drauf zu sehen.

Ohne einen klaren Ausweg ist uns Briten das nicht einfach nur peinlich – kurze Anfälle nach dem Motto »Oh je, wie dumm von mir, reich mir das Schwert, bitte!« –, nein, wir erleben stattdessen endlose Episoden totaler Lähmung, Gesicht in den Händen, den ganzen Tag lang, endloses Kopfschütteln, Augen zu, hochgebogene Zehennägel, Verstecken im Schrank, vor Frust den Kopf gegen die Wand stoßen, begleitet von lauten Aaaaaaaah-Rufen – vergleichbar mit uralten Dynastien übergreifender Samuraischande.

Vollblamagen

Um zu verdeutlichen, worum es hier geht, will ich Ihnen das schlimmste Beispiel aus meinem eigenen Leben liefern. Ich nenne es schlicht und ergreifend den *Vorfall*. Hin und wieder spaziere ich einfach eine Straße entlang – völlig glücklich und zufrieden, vielleicht sogar mit dem Gefühl, gerade den besten Tag meines Lebens zu haben –, und dann *Boom!* kommt mir völlig unvermittelt und unerwartet der *Vorfall* in den Sinn. Dann zucke ich jedes Mal zusammen, meine Zehen krümmen sich vor Scham, mein Gesicht implodiert, als hätte ich in eine Zitrone gebissen, und plötzlich habe ich es wieder vor Augen, so klar und deutlich, wie anderer Leute Hirne sich nur an einen Autounfall erinnern, der erst gestern passiert ist. Nur dass der *Vorfall* bereits im Jahr 2007 passiert ist.

Damals studierte ich Mediennonsens an der Universität der miesen Entscheidungen, und für meinen Abschluss musste ich ein zweiwöchiges Arbeitspraktikum absolvieren. Weil ich aber in Wirklichkeit gar nicht unbedingt arbeiten wollte, fragte ich meinen supercoolen Cousin, ob ich nicht einfach bei ihm in diesem Post-Production-Studio abhängen könnte, in dem er irgendwas mit Fernsehen für irgendwelche Fernsehleute machte. An den Vormittagen war ich dort so was wie ein besserer Botenjunge und machte Tee und Kaffee für die Fernsehleute, während ich die Nachmittage jeden Tag in einer anderen Abteilung verbrachte und alle möglichen Fernsehsachen lernte.

Eines Tages arbeitete ich erst im Tonstudio, dann am Schnittplatz und schließlich in dem Raum mit den vielen Knöpfen, deren Funktionen ich voll durchschaute. Es machte eigentlich ziemlich großen Spaß, und während ich mich durch das Gebäude bewegte, mit einer Jobbeschreibung irgendwo zwischen Kaffeeroboter, Mädchen für alles und Faxgerät, verfolgte ich nebenbei das Entstehen einer Fernsehsendung mit dem Titel *The Complainers* und beobachtete, wie dazu verschiedene Fernsehleute verschiedene Fernsehsachen machten. Ich fragte die Tontechniker, ob sie die Sendung gut fänden. Sie meinten, die wäre total scheiße. Dann traf ich die Leute vom Schnitt, und die meinten ebenfalls, die Sendung wäre scheiße. Dann fragte ich noch die Leute, die die ganzen Knöpfe bedienten, und die meinten auch, sie wäre scheiße.

Und so kam es, dass ich am nächsten Tag in ein Zimmer spazierte, um zwei Typen einen Kaffee zu bringen, längst zu einer vorgefassten Meinung über *The Complainers* gekommen, und zwar mit nahezu religiöser Überzeugung (starke Meinungen, keine Beweise). Einer von den Typen war gerade mit Schneiden beschäftigt, während der andere sich auf ein zwangloses Gespräch mit mir einließ.

Er war ein unheimlich netter Typ. Vielleicht der netteste Typ, der mir in dieser Woche begegnet war. Er war zuvorkommend, nicht zu abgehoben, herzlich. Er hatte diesen Vibe. Wissen Sie, was ich damit meine? Diesen »Hey, Mann, ich verstehe das, wir haben doch alle mal klein angefangen, ich respektiere dich als Mensch und als Künstler, du schaffst es, genau wie wir anderen auch, wir sitzen doch alle im selben Boot, Kamerad, nichts kann uns aufhalten, Bro, *vive la résistance, love lift us up where we belong*«-Vibe? Sie kennen doch diesen Vibe, oder? Auf mich wirkte dieser Vibe natürlich besonders einnehmend, weil ungefähr 95 Prozent der Leute in diesem Gebäude bei mir ausschließlich per Knopfdruck warme Getränke bestellten und sich ansonsten nicht um mich scherten. Verdammt, er erkundigte sich sogar nach meinen Ambitionen als Schriftsteller, völlig ungeachtet der Tatsache, dass mein gegenwärtiger Job in der Hierarchie des Lebens hauptsächlich darin bestand, irgendwelche Tassen von A nach B zu tragen.

Kurz gesagt, für mich war er Jesus, und wir wären von jetzt an die besten Freunde.

Und dann geschah er. *Der Vorfall.* Weniger ein Gehirnfurz als vielmehr ein rektumerschütternder Tornado, ein zerebraler Orkan, der alles ummähte. Ich blickte auf den Monitor hinter ihm und stellte fest, dass der Schnitttechniker ebenfalls an *The Complainers* arbeitete. Dies ist in den meisten Anekdoten der Punkt, wo der gesunde Menschenverstand einsetzt. Und war es so? Nein.

»Ach, du arbeitest an *The Complainers*?«, fragte ich in einem Ton, der verriet, dass Jesus und ich gleich einen Bund für die Ewigkeit schließen würden, und zwar im Geiste der Kameradschaft, weil wir ein gemeinsames Leid zu tragen hatten. »Hab gehört, das soll richtig, richtig scheiße sein.«

Sein Lächeln erstarb und wich einem ausdruckslosen, starren Blick.

Der Cutter, der sich bislang nicht gerührt hatte, drehte sich ganz langsam und schweigend zu uns um mit seinem Bürostuhl und hielt inne.

»Ich hoffe nicht«, sagte der nette Mann mit tonloser Stimme, »es ist ... meine Sendung.«

Es folgte endlose, betretene Stille. In meiner Erinnerung dauerte sie in etwa einen Tag und war nur zu vergleichen mit dem endlosen Nichts des Todes.

Es war während dieser spektakulären, fast unergründlich ausgedehnten lautlosen Lücke, dass ich mich hätte entschuldigen sollen, versteht sich.

Ich hätte schnell sein und so tun müssen, als wäre das alles bloß ein haarsträubender Witz gewesen. *(War nur ein Spaß! Ich wusste doch die ganze Zeit, dass du der Regisseur der Sendung bist! Dave hat mich losgeschickt, ich sollte das sagen, um dich zu ärgern, haha. Dieser Dave.)*

Tatsächlich denke ich schon seit zehn Jahren (und bestimmt auch noch in Zukunft) über die Tausenden von Dingen nach, die ich hätte anbringen können, um die Situation vor den Klauen der Verdammnis zu retten. Letztlich bin ich zu dem Schluss gekommen, dass verdammt noch mal *alles* besser gewesen wäre als das, was ich tatsächlich getan habe: ihn anzustarren, begleitet von einem sonderbaren hysterischen Gniggern, dann weiterzustarren, um mich dann auf dem Absatz umzudrehen, so schnell, wie man in einer traurigen Kleinstadt um Mitternacht ein Döner in die Hand gedrückt bekommt, und ganz langsam aus dem Raum zu schleichen, über den sich ganz plötzlich eine sonderbare Stille gesenkt hatte.

Es war eine Katastrophe. Und zwar eine Katastrophe von der Sorte, *ich muss dringend heim und mich mit Physik befassen und mir eine Zeitmaschine bauen.*

Subjektiv gesehen und von meiner britischen Persönlichkeit aus betrachtet würde ich sogar so weit gehen zu behaupten, dass die

Sache schlimmer war als der Erste und der Zweite Weltkrieg zusammengenommen.

Wollen wir noch einmal rekapitulieren, was tatsächlich geschehen ist: Ich war völlig unvermittelt und auf bizarrste Weise derart unhöflich gewesen zu einem unsagbar netten und höflichen Menschen, und zwar ohne dass ich es geplant hätte, nur weil ich ihn völlig unvermittelt und auf bizarre Weise beeindrucken wollte, und zwar mit blanker Absicht, und das mit einer Meinung, die noch nicht mal meine eigene war. Es waren vermutlich nur fünf bis zehn Minuten vergangen, seit ich durch diese Tür gegangen und in eine ganz normale Situation geraten war, um dann zur selben Tür wieder hinauszugehen, in sprachlosem Entsetzen, die Augen vor Fassungslosigkeit weit aufgerissen.

Mit anderen Worten, das Universum hatte sich weiterbewegt, ohne dass groß was passiert wäre. Im Anschluss beschwerte der nette Kerl sich über mich (der »Complainer«, ha, ha, ha) und würdigte mich den Rest der Woche keines Blickes mehr, wenn ich ihm im Gebäude über den Weg lief. Zum Beispiel in jenem peinlichen Moment, da wir *beinahe* zusammen im Fahrstuhl gelandet wären, wozu es dann aber doch nicht kam, weil *Sichtkontakt*. Vermutlich erzählte er seiner Frau später eine kleine Anekdote, in der ich vorkam (»Liebling, heute hatte ich mit einem echten Spinner zu tun«), vergaß diese unbedeutende fremde Person, also mich, dann aber gewiss bald wieder, um sein Leben als wirklich netter Mensch weiterzuleben, der vielleicht nicht die allerbesten Fernsehsendungen produziert, oder vielleicht doch? (Wer kann das schon so genau sagen? Ich weise noch einmal darauf hin: Gesehen habe ich die Serie bislang nicht.)

Also, ja. So lief das ab. Jetzt, da ich es mir von der Seele getippt habe, möchte ich mich am liebsten ein Jahr lang im Dunkeln in die heiße Badewanne legen.

Liebe Miteuropäer, nun wissen Sie Bescheid über den anhaltenden Einfluss der britischen Blamage. Warum, denken Sie, war die Serie *The Office* bei uns so beliebt? Das war so was wie eine Gruppentherapie, und zwar auf nationaler Ebene. Und während die Scham angesichts sämtlicher Vorfälle, unglücklicher Umstände, Pannen und Missverständnisse schwer auf uns lastet, für immer eingebrannt in unsere armen Seelen, warten wir insgeheim alle darauf, dass ein britisches Genie, das besonders gern in derlei Fettnäpfchen tritt, endlich diese Zeitmaschine erfindet (die wir in Großbritannien als Blamagen-Neutralisierungs-Tech™ vermarkten würden). Und dann könnten wir uns endlich am rechtmäßigen Platz einreihen in die Warteschlange der Millionen Landsleute – die aus der Vergangenheit, der Gegenwart und der Zukunft. Denn die können es alle kaum erwarten, den Resetknopf der Geschichte zu drücken.

KAPITEL 2

Verstehe einer die Briten

Einmal kam ein Freund aus Berlin mit einem Problem zu mir. Er leitet ein internationales Unternehmen, und eine seiner Angestellten – Mitarbeiterin im Kundenservice – bekam laufend Beschwerden, dass sie unhöflich sei ... allerdings kamen die Klagen ausschließlich von englischsprachigen Kunden. Die deutschen Kunden? Kein Problem. Da er genau wusste, dass ich früher Englisch als Fremdsprache unterrichtet hatte (tja, so was in der Art zumindest ... doch dazu später mehr), bat mein Freund mich, ihm zu helfen.

Luise schien reizend und nett zu sein, absolut freundlich und deutsch. Was genau da schieflief, war mir ein Rätsel.

Es gab ganz offensichtlich ein Kommunikationsproblem ... aber welches? Warum sollten die absolut wohlmeinenden, absolut zuvorkommend formulierten Worte einer absolut höflichen Person nach ihrer Verschickung in Form einer E-Mail am Ende wie durch Hexerei als unhöflicher Affront aufgefasst werden?

Also wurde ich auf den Plan gerufen, ein Detektiv der Nettigkeit, um diesem Rätsel auf den Grund zu gehen. Ich hatte den Verdacht, dass die Antwort bei den Briten selbst lag. Ich schmiss mich in meine Uniform – irgendwelche Klamotten halt – und übernahm den Fall.

Kommunikation

Mein Freund schickte mir einige Beispiele, die ich in meinem Höflichkeitslabor (in meiner Wohnung) analysierte, und schon bald hatte ich das Mysterium gelöst.

Wie sich herausstellte, lag das Problem darin, dass die Kunden, die Luise kontaktierten, bestimmte Dinge in Erfahrung bringen wollten, und Luise teilte ihnen mit, was sie wissen wollten. Nur dass sie das nicht ohne sechsfache Entschuldigung, vier Dankeschöns, acht Mal Bitte, zweifachem Erkundigen nach dem Wohlbefinden des geliebten Haustiers und mindestens einem Kommentar zur jüngsten meteorologischen Verschiebung der Wolken tat. Ganz zu schweigen von ein paar vereinzelten, gänzlich nichtssagenden Nettigkeiten, die allein der Ausschmückung dienen, so im Sinne von: »Letzten Endes ist es doch, wie es ist, nicht wahr? Ende gut, alles gut, würde ich sagen. Könnte schlimmer sein, wenn Sie verstehen, was ich meine.«

Sie müssen wissen, die Deutschen halten sich nicht mit so was wie Smalltalk auf. Die haben ja noch nicht mal ein eigenes Wort dafür. (Wie sagen sie so schön: »Wir haben kein Wort für Smalltalk.«). Den Briten dagegen mangelt es an der Fähigkeit, sich kurzzufassen. Ich bin mir tatsächlich nicht sicher, ob ich je eine E-Mail verschickt habe, die man nicht auch schon fast fürs Kino hätte verfilmen können.

Das ist ein weit schwerwiegenderes Problem, als Sie jetzt vielleicht vermuten, und hat in historischer Hinsicht international für einige Konflikte auf wirtschaftlichem, politischem und interkulturellem Parkett gesorgt. Tatsächlich gibt es sogar ein Sprichwort, das die üblichen Spannungen in den britisch-deutschen Beziehungen ganz treffend auf den Punkt bringt. Ich finde es richtig toll: »Die Briten sind zu höflich, um ehrlich zu sein, und die Deutschen sind zu ehrlich, um höflich zu sein.« Das ist eine ganz wunderbare Lebensweisheit, wie ich finde, weil es sehr schön zum Ausdruck bringt, dass im Grunde keine Seite etwas falsch macht und trotzdem beide Parteien fälschlicherweise glauben, die *andere Seite* trage die Schuld an den Problemen.

Abgesehen von ihrer direkten, unromantischen Effizienz war Luises Englisch annähernd perfekt. Vermutlich so gut wie das der meisten meiner englischen Freunde. Und entschieden besser als jede einzelne Person, die je einen Kommentar auf YouTube hinterlassen hat.

Also fand ich bei meiner ersten Unterrichtssitzung mit ihr heraus, dass mein eigentlicher Job darin bestehen würde, ihr zu erklären, *wie man mit Briten umgeht.* Deshalb bin ich auch so geeignet, um dieses Buch hier zu schreiben. Ich würde für sie so etwas sein wie ihr Höflichkeitstutor; ein kultureller Abgesandter für gepflegte Umgangsformen, ein Ein-Mann-Mädchenpensionat für eine einzelne Schülerin. Wie das beim Englischunterrichten so ist, entpuppte sich die Angelegenheit als sehr angenehm. Mit einer Schülerin arbeiten zu dürfen, die von vornherein besser Englisch spricht als man selbst, ist für einen Lehrer ein echter Volltreffer.

Es gab also keinerlei Kommunikationsprobleme, es gab lediglich kulturelle Differenzen.

Understatement

Sie müssen wissen, in der englischen Sprache gibt es etwas, das Professor Bousfield – Universitätsgelehrter der Linguistik und laut BBC News »einer der Mitherausgeber des *Journal for Politeness Research*« – als »phatische« Sprache bezeichnet, und zwar in nicht unerheblichem Umfang. Doch bevor wir uns darauf stürzen, die Bedeutung von »phatisch« zu klären, sollten wir uns einen Augenblick Zeit nehmen und würdigen, dass es dieses *Journal of Politeness Research* wirklich gibt. Es hat sogar mehr als nur einen Herausgeber. Was für eine Welt.

Also, was soll das sein, phatische Sprache?, fragen Sie sich nun sicher. Vereinfacht ausgedrückt handelt es sich um Sprache, die keine echten Informationen vermittelt. Vermutlich ahnen Sie bereits, weshalb es Vergleichbares im Deutschen nicht gibt. Stattdessen dient die phatische Sprache einem gänzlich anderen Zweck: Sie erfüllt eine soziale Funktion, unterstützt beispielsweise das Knüpfen sozialer Kontakte oder dient der Konfliktvermeidung, oder sie sorgt ganz einfach dafür, dass der Gesprächspartner sich gut fühlt. Die Briten, so nehme ich an, brauchen diese Ebene der Sprache viel dringender als andere Kulturen, da es ihnen von offizieller Seite nicht erlaubt ist, einander ihre Zuneigung zu zeigen. (Für Briten war es lange Zeit illegal, sich zu küssen, zu knuddeln oder Sex zu haben, und zwar aus Respekt vor der königlichen Familie, auch wenn immer wieder Gerüchte aufkommen, sie würden es dennoch tun, wenn auch hinter verschlossenen Türen ...)

Dieser Aspekt ist für Nichtmuttersprachler vermutlich am schwersten zu lernen. Nur um den Schein zu wahren, dass alles in bester Ordnung ist, auch wenn das gar nicht der Fall ist, würden wir Briten jederzeit bereitwillig behaupten »Schön, Sie zu sehen«, auch den größten Arschlöchern gegenüber, oder »War sehr unterhaltsam mit Ihnen«, und das bei den spektakulärsten Langweilern, und »Das müssen wir unbedingt bald wieder machen« zu Menschen, wegen denen man am liebsten nach Australien auswandern würde, nur um sie nie wieder sehen zu müssen, nicht einmal für vier kurze Minuten an der Bushaltestelle.

PROFI-TIPP:

Das wichtigste Verb im britischen Englisch ist »to pop« – was für vieles stehen kann. Man geht mal eben schnell in den Supermarkt (»to pop to the supermarket«), man wirft eine Dose Bohnen in den Wagen (»to pop a can of beans in the trolley«), man springt rüber zur Kasse (»to pop to the cashier«), dort steckt der Kassierer das Geld in die Kasse (»to pop money in the till«), ehe er schnell aufs Klo verschwindet, um sich zu erleichtern (»to pop to the loo to poop«). Die Briten »poppen« den lieben langen Tag, als würden sie im »Großen Luftballonland« leben.

Ein recht kniffliges Konzept für die Nichteingeweihten, aus naheliegenden Gründen. In den meisten Ländern der Welt gilt, dass *die Leute das meinen, was sie sagen.* Genau das ist der Punkt – der Grund, weshalb man überhaupt erst den Mund aufmacht. *Kommunikation.* Worte dienen normalerweise dazu, Bedeutungen zu übermitteln. Im Englischen dagegen sind Sätze so was wie ein Irrgarten, den man betritt, um dann eine Weile darin herumzustreunen, in der Hoffnung, dass man irgendwo in der Mitte des Labyrinths die verborgene Bedeutung entdeckt.

Zunächst ist das so etwas wie ein nerviger britischer Geheimcode, den nur andere Briten entziffern können. Die genaue Nummernfolge dieses Codes ist nur schwer zu benennen. Jedenfalls scheint es erforderlich zu sein, dass man ein ganzes Leben lang Erfahrungen aus erster Hand im Umgang mit Briten sammelt. Wie sonst soll man bitte sehr auf die Idee kommen, dass ein Satz wie »Es scheint da ein kleines Problemchen zu geben« alles heißen kann, von »Es scheint da ein kleines Problemchen zu geben« bis hin zu »Es scheint da ein kleines Helikopterproblem zu geben, der steht nämlich in Flammen und landet gleich auf unserer Picknickdecke«.

Mein Lieblingsbeispiel zu diesem Thema stammt aus dem Jahr 1982, als ein Pilot der British Airways, sein Name war Eric Moody, über Indonesien eine Wolke aus Vulkanasche durchflog (natürlich nicht absichtlich) und dabei die folgende Durchsage für die Passagiere machte, vermutlich das beste je belegte Beispiel für Understatement: »Ladys und Gentlemen, hier spricht Ihr Kapitän. Wir haben da ein kleines Problem. Alle vier Triebwerke sind ausgefallen. Wir tun unser Bestes, um sie wieder zum Laufen zu bringen. Ich hoffe, Ihnen dadurch nicht allzu viele Unannehmlichkeiten zu bereiten.«

Unglaublich.

Zum Glück der gewiss restlos beruhigten Passagiere mussten wir von Mr Moodys Beitrag zur Weltmeisterschaft der größten je geäußerten Understatements nicht aus der Blackbox eines Flugzeugwracks erfahren, denn das »kleine Problem« der nicht funktionstüchtigen Triebwerke hatte sich schnell gelöst: Sie starteten von selbst wieder. Was Eric »der Mount Everest ist doch bloß ein mickriger Hügel« Moody betrifft, der legte zum Schluss noch eine heldenhafte Blindlandung hin, weil seine Windschutzscheibe vollkommen verkratzt war vom Vulkanstaub. Dabei halfen ihm lediglich der Bordcomputer und ein Telefon. Ich erwähne das nur deshalb, weil er das Manöver in einem Interview folgendermaßen beschrieb: Es sei ein bisschen so gewesen, »als würde man sich seinen Weg in einem Dachsarsch suchen«.

Natürlich dauert es seine Zeit, bis man ein solch meisterhaftes Niveau von Understatement erreicht wie Mr Moody. Mit ausreichender Übung und Feldforschung aber haben Sie den Dreh sicher bald raus, und dann gelingt es Ihnen spielend, selbst die bestens verschlüsselten Botschaften zu dekodieren, so was wie »Einigen wir uns darauf, dass wir uns uneins sind« (»Du Idiot liegst ja so was von falsch«), »Würden Sie wohl so freundlich sein, mich durchzulassen?« (»Aus dem Weg, Arschloch«) und »Hm, wie interessant« (»Himmelherrgott, was sind Sie nur für ein geistesgestörter Irrer«).

Höflichkeit

In meiner ersten »Englischnachhilfestunde« mit Luise sah es anfangs so aus, als wollte ich mich aus dem Job rausreden. Ich erklärte ihr, wie gut ihr Englisch sei und dass das vielleicht sogar ein Teil des Problems sein könnte. Denn wenn ein Brite davon ausgeht, dass er es bei ihr mit einer Britin zu tun hat, was anzunehmen ist, dann erwartet er von ihr auch, dass sie sich an die üblichen Regeln und Rituale der Höflichkeit hält – dem Äquivalent für die japanische Verbeugung –, sonst bleibt ihm nichts anderes übrig, als ihr Verhalten als unhöflich zu werten. Ich erklärte ihr, sie würde das mit der Kommunikation – also der Vermittlung von Bedeutung – bereits perfekt beherrschen. Nur kulturell gesehen würde sie in ihrem Postfach randalieren wie Godzilla auf Crack.

Wir Briten sind so sehr daran gewöhnt, die einfachsten Bitten in wortreiche Formulierungen zu verpacken, nach dem Motto »Ich nehme nicht an, es würde Ihnen etwas ausmachen, möglicherweise dies und das zu tun ... oh, aber nur, wenn es keine allzu großen Umstände bereitet«. Deshalb fühlen wir uns von der Direktheit der Deutschen oftmals überrumpelt. Die Deutschen dagegen bezeichnen das nicht als »Direktheit«, sondern als »auf den Punkt kommen«.

Anders als die Briten haben die Deutschen das gegenteilige Problem. Sie sind schnell genervt, wenn Briten etwas anderes sagen, als sie tatsächlich meinen, nur um den Schein der Höflichkeit zu wahren oder um das Risiko, dass jemand sich angegriffen fühlt, auf ein absolutes Minimum zu reduzieren. In Deutschland nennt man das schlicht »lügen«. (Was wirklich beängstigend direkt von den Deutschen ist.)

Da ich selbst Brite bin, sind für mich Höflichkeit und Lüge selbstverständlich nicht ein und dasselbe. Für mich ist Höflichkeit eher so was wie ein stets einsetzbares Allroundschmiermittel für soziale Beziehungen. Da ich seit mehreren Jahren in Deutschland lebe – und dabei ständig mit nackten Wahrheiten, extrem kurzen E-Mails und geradlinigen Weisheiten im Stil von »Nett ist der kleine Bruder von scheiße« begegne –, bin ich mittlerweile viel verständnisvoller, was die Verwirrung der Deutschen in diesem Punkt betrifft. Woher sollen sie auch ahnen, dass derlei Dinge uns Briten so unheimlich wichtig sind?

Schließlich weiß man so ein Schmiermittel doch erst dann richtig zu schätzen, wenn man sich vor Reibung fürchtet, oder nicht?

Smalltalk

Wen überrascht es da, dass Luise anfangs nicht allzu begeistert war von der Idee, ein bisschen mehr Smalltalk in ihren Arbeitsalltag einzubauen. Nicht anders würde es einem Menschen ergehen, dem man weismachen will, die einzig richtige Art, Tee zuzubereiten, sei es, den Teekessel erst fünfmal im Uhrzeigersinn zu schwenken, dann mit dem Teebeutel in der Hand ins Schlafzimmer zu gehen und wieder zurück, um sich anschließend Milch über die Schuhe zu kippen, während man auf der Stelle hopst und einen Beschwörungszauber singt, um den heiligen Wassergott von Snarglyblarglyblah zu würdigen.

Als ich Sachen zu ihr sagte wie »Den Briten ist ihr Smalltalk unheimlich wichtig«, hätte sie vermutlich ähnlich reagiert, hätte ich gesagt »Es gibt da besonders empfindliche kleine Schneeflöckchen, denen ist es wichtig, ständig über ihre armen, armen Gefühle zu reden«. (Ich glaube aber, ihr behagte in erster Linie die Vorstellung nicht, laufend Dinge tippen zu müssen, die keinerlei Bedeutung haben, und das in einem Job, bei dem sie ohnehin schon recht viel tippen muss ...)

Davon ausgehend, dass Luise den deutschen wie den britischen Kunden ungefähr das Gleiche sagte, schlug ich ihr vor, sie solle einfach so tun, als spiele sie zwei verschiedene Persönlichkeiten. Wenn sie zwischen den beiden Sprachen wechselte, sollte sie ihren »deutschen Hut« ablegen und stattdessen die »englische Melone« aufsetzen. Recht spaßige Übung, da werden Sie mir sicherlich zustimmen. Von da an wurden unsere Unterrichtsstunden zu einem kulturellen Rollenspiel.

Luise mit dem deutschen Hut auf dem Kopf sagte dann beispielsweise so was in der Art von »Wie ich bereits erklärt habe«. Sieht ein Brite sich jedoch in einem Anschreiben mit einer derart kurzen, sachlichen Aussage konfrontiert, wandelt er sie im Geiste sofort um in ein knappes Paradebeispiel für die typische deutsche Unhöflichkeit. Leider klingt eine Aussage wie »Wie ich bereits erklärt habe« in britischen Ohren ungefähr so, als würde man sagen: »Sehen Sie denn nicht, dass Sie nicht nur meine und Ihre wertvolle Zeit verplempern, sondern jetzt auch noch die von diesem lachhaften Englischlehrer, den ich bezahle, nur damit der mir erklärt, er sei ein Kind im Körper eines Erwachsenen? Wirklich super gemacht, Sie beschränkter Inselaffe, jetzt müssen wir diese sinnlose Übung alle gleich noch mal machen, nur weil Sie zu dumm zum Lesen sind.«

Die Briten bekommen all das aus dem Stegreif hin, weil ihre feingetunten Brit-o-matik-Hirne aufgrund lebenslanger Übung in passiv-aggressiver Paranoia derart überempfänglich sind für Kritik, die noch nicht einmal vorhanden ist.

Anschließend erklärte ich Luise, wie sie dieses Gefühl anders verpacken könnte, sobald sie ihre britische Melone auf dem Kopf hat, eher in der Art von »Oh, tut mir furchtbar leid, das habe ich wohl nicht ausführlich genug erklärt. Was ich eigentlich meinte, ist …«

Worauf sie mich wieder einmal nur ansah, als hätte ich vorgeschlagen, sie solle einem Handtaschendieb auf der Flucht am besten gleich noch alle ihre PIN-Nummern hinterherrufen. »Ähm, warum soll ich Dummheit denn auch noch belohnen?«, hakt sie nach.

Nachdem ich eine ganze Weile darüber nachgedacht habe, ist es mir gelungen, die Antwort als Paul Hawkins' Vier-Punkte-Plan zur vollkommenen Höflichkeit zusammenzufassen:

Paul Hawkins' Vier-Punkte-Plan zur vollkommene Höflichkeit, oder: Wie man mit Briten umgeht

SCHRITT EINS:
Bloß nicht auf den Punkt kommen

Die Briten sind der Ansicht, es würde die Dinge ein wenig abmildern, wenn man Sätze mit zusätzlichem Wortfüllmaterial polstert. Idealerweise redet man zunächst ein bisschen um den heißen Brei herum, wenn sich auch nur die geringste Gelegenheit zu einem verbalen Vorspiel ergibt. So wird sogar eine einfache Frage von »Ja« oder »Nein« – kulturell gefiltert durch den Brit-o-matik – zu einem komplexeren Gefühl aufgebauscht, das wortreich ausgeschmückt wird, so was wie: »Oh, ach ja, das wäre wirklich sehr nett« beziehungsweise »Hm, da bin ich mir nicht so sicher«.

Falsch ✗	Richtig! ✓
»Nein, da liegen Sie falsch.«	»Hm. Interessante Ansicht! Sie haben natürlich recht, dass Sie darauf hinweisen, aber sollten wir nicht auch berücksichtigen [hier füge man die korrekte Antwort ein]? Was denken Sie?«

SCHRITT ZWEI:
Man gebe immer sich selbst die Schuld

In Großbritannien ist/war/wird alles aus Gründen der Höflichkeit deine Schuld sein (oder zumindest mehr, als es das tatsächlich ist). Man kann sich nämlich sicher sein, dass der Gesprächspartner das nicht zulassen wird und ziemlich zuverlässig antworten wird: »Nein, nein, das ist *meine* Schuld.« Und dann kann das Hin und Her beginnen, von wegen »keiner ist schuld«, ein Spiel, das sich mitunter in die Länge zieht. Gibt es irgendein Missverständnis, so ist dies eine großartige Gelegenheit, sich das *eigene* kommunikative Versagen vorzuwerfen. Grundsätzlich verhält man sich dann so, als hätte man ein schlimmes Verbrechen aufgedeckt, aber leider waren nur blinde und taube Detektive als Zeugen vor Ort, deshalb betrachtet man es als die beste Lösung, den Leichnam zu begraben und in den Pub zu gehen.

Falsch ✗	Richtig! ✓
»Wie ich schon erklärt habe, verstehe ich nicht, was Sie mir sagen wollen.«	»Tut mir leid, vielleicht habe ich das vorhin nicht deutlich genug erklärt. Meine Schuld, absolut … Ehrlich, ich weiß gar nicht, weshalb man mich nicht sofort bestraft, gefeuert, liquidiert und an die Lebenden verfüttert hat. Jedenfalls, was **ich** meinte, war, ich bin mir nicht ganz sicher, ob ich verstehe, was Sie damit andeuten wollen …«

SCHRITT DREI:
Alles ist optional, vor allem dann, wenn es das nicht ist

Im Umgang mit den Briten sollte man jederzeit bereit sein, sich an der landesweiten Aufrechterhaltung der Illusion, alles, was man tut, geschehe stets freiwillig, zu beteiligen. (*Bitte gehen Sie weiter, hier gibt es nichts zu sehen, mein Freund.*) Allem voran darf man niemals eine direkte Anweisung geben, das wäre unhöflich, denn wir »Britbots« können nicht »Nein« sagen, ohne zu implodieren. Selbst wenn man absolut zweifelsfrei den Oberbefehl hat und absolut zweifelsfrei eine Anordnung erteilt, sollte man diese unbedingt so klingen lassen, als handle es sich um einen höflichen Vorschlag (selbst wenn eine Befehls*verweigerung* den Verlust des Jobs, den Tod oder die Gefangenschaft im Tower wegen Hochverrats zur Folge hätte).

Falsch ✗	Richtig! ✓
»Besorgen Sie mir eine Tasse Tee, Untergebener.«	»Hallo, mein Freund. Hübsche Socken. Eine Schande, das mit Arsenal, oder? Sind Sie, ähem, gerade sehr beschäftigt? Ich habe mich nämlich gefragt – wenn es Ihnen nichts ausmachen würde –, ob Sie möglicherweise die Zeit hätten, mir bitte schön eine Tasse Tee zu besorgen? Auch nicht schlimm, wenn es sich gerade nicht einrichten lässt, dann sehen wir uns einfach später beim Jahresgespräch.«

SCHRITT VIER:

Man drücke sich möglichst schwammig aus

Genau wie es sich in Großbritannien gehört, sich bescheiden und selbstkritisch zu geben, so gebietet es die Höflichkeit, sich vage zu halten bei allem, was auch nur annähernd nach Vorwurf klingen könnte. So gewährt man dem Gesprächspartner den angemessenen Spielraum, sich nicht beschuldigt zu fühlen oder dumm oder überhaupt irgendeine unangenehme innere Regung zu spüren. Wo immer möglich, wird das Passiv bevorzugt, um für Verwirrung zu sorgen und um zugrundeliegende Motive und Absichten zu verschleiern.

Falsch ✗	Richtig! ✓
»Oh Mann, das Problem ist, dass **du deine** Hand in dieses Gitter stecken musstest, **du** dämlicher Idiot. Na großartig, super gemacht … Jetzt muss **ich dir** Butter draufschmieren.«	»Hm. Wollen wir mal sehen, was hier passiert ist. Aha, wie es aussieht, ist da dieser Teil des Arms, der ist recht dick, dicker als diese enge Stelle hier im Gitter. Herrje, was für ein Albtraum, dass der fragliche Arm auch noch an dir dranhängt. Würde es dir etwas ausmachen, wenn **wir** dir Butter draufschmieren, dann sehen wir mal, ob **wir** das wieder hinkriegen.«

Glückwunsch, Sie sind nun bereit, einem Briten eine E-Mail zu schreiben, ohne dass er beleidigt sein muss!

Kurze Interaktionen

Tatsächlich gibt es noch einen Kontext, in dem von »phatischer Kommunikation« die Rede sein kann: bei Affen. Sie kennen das, wenn ein Affe hinter dem anderen sitzt, im Fell des Vordermanns wühlt, Läuse rauspickt und sie frisst? Nun, wie sich gezeigt hat, picken sie gar nicht wirklich Läuse raus, um sie aufzufuttern. Sie *tun* nur so. Es ist ihre Art, stärkere Bande zu knüpfen zu den anderen Mitgliedern der Herde – indem sie einander ihre Zuneigung, Solidarität und Freundschaft bekunden, und das alles allein für den Vibe. Sie kennen doch diesen Vibe, oder? Diesen »Wir sitzen alle im selben Boot«-Vibe, von wegen »Sieh mal, ich klaube kleine Insekten aus deinem Fell«, dieser Vibe. Sie kennen ihn, diesen Vibe, ganz bestimmt. Es ist das Affenäquivalent zu jenen Briten, die über den Zaun ihre Nachbarn sehen, unfähig, irgendwas Inhaltsleeres zu sagen, so was wie »Schöner Tag heute!« und/oder »Bestes Wetter für die Entenjagd!«.

Nehmen wir also einmal an, Sie stehen hinter einem Briten in der Schlange. Und nehmen wir weiter an, dieses lästige britische Ritual, mit der Person hinter der Ladentheke leere Worthülsen auszutauschen, raubt Ihnen einen beträchtlichen Teil Ihrer kostbaren Zeit. Nun, dann empfehle ich Ihnen, sich die beiden vor ihnen als rasierte, aufrecht gehende Affen vorzustellen, die in menschlichen Klamotten stecken und so tun, als würden sie sich gegenseitig Läuse aus dem Fell klauben. Nur dass es bei ihnen Wortflusen sind, weil sie für echten Körperkontakt viel zu reserviert sind. Das ist alles nur Show.

Theater. Sehen Sie schön brav zu, lieber Miteuropäer, und merken Sie sich gut, wie es geht, dann können Sie bald schon selbst den Kontakt mit einem echten Briten wagen ... Okay, versuchen wir es doch einfach. Da es Ihr erstes Mal ist, würde ich sagen, wir fangen klein an, vielleicht mit einer harmlosen finanziellen Transaktion in einem Laden. Sehen Sie sich das folgende Beispiel bitte sehr genau an. So sollte im Großen und Ganzen eine völlig normale Interaktion mit einem Fremden an der Kasse klingen. (Leute, die vorhaben, nach Großbritannien zu reisen, sollten besonders den häufigen Einsatz leerer Nettigkeitsfloskeln beachten, quasi ein soziales Schmiermittel. Wichtig ist auch die zu erwartende Länge des Wortwechsels. Planen Sie entsprechend Zeit ein.)

PROFI-TIPP:

Wann immer Sie nur eine Sache kaufen, weisen Sie bitte explizit darauf hin und sagen Sie »nur das hier, bitte«. Nur falls der Ladeninhaber andere Erwartungen hatte bezüglich der Anzahl an Teilen, die Sie vorhatten zu kaufen.

»Hallo. Nur diese Packung Kekse, bitte. Vielen Dank.«

»Danke Ihnen. Schön/schauderhaft da draußen, finden Sie nicht?«

»Ja, Wahnsinn. Ich komme gerade von draußen, deswegen habe ich einen Sonnenbrand/bin ich pitschnass vom Regen. Trotzdem, mal was anderes/man kann sich nicht beklagen, nicht wahr?«

»Ja/nein. Nun denn, da wir uns jetzt über das, was da draußen abgeht, einig sind, macht das zwei Pfund sechzig, bitte schön.«

»Toll. Danke. Tut mir leid, aber ich habe bloß einen Zwanzig-Pfund-Schein, ist das in Ordnung? Tut mir wirklich leid.«

»Ja, sicher, keine Sorge! Eine Zwanzig-Pfund-Note ist schließlich eine gültige Bezahlart, rein von Gesetzes wegen. Vielen Dank. Ach, wie dumm, tut mir so leid, ich habe bedauerlicherweise nur Kleingeld, ist das in Ordnung?«

»Ja, kein Problem! Auch Kleingeld ist gültiges Geld. Vielen Dank.«

»Danke.«

»Danke Ihnen.«

»Kein Problem.«

»Hurra.«

»Oh, tut mir leid, benötigen Sie eine Tüte?«

»Oh ja, bitte. Vielen Dank.«

»Nichts zu danken. Hier, bitte schön: Ihre Tüte. Hier ist Ihre Tüte. Vielen Dank.«

»Danke schön.«

»Tut mir leid.«

»Wie bitte?«

»Ach so, tut mir leid, ja, mir ist gerade eingefallen, dass die Tüten neuerdings fünf Pence das Stück kosten. Ist das in Ordnung für Sie? Ist ein wenig lästig, ich weiß. Verdammte Regierung. Tut mir leid.«

»Oh, nicht doch, gar kein Problem! Ich habe ja jetzt genügend Kleingeld, von vorhin, als ich vor einer halben Stunde bezahlt habe.«

»Wie schön.«

»Ach so, tut mir leid, ich habe nur eine Zehn-Pence-Münze. Tut mir leid. Ist das in Ordnung?«

»Ja, sicherlich! Kein Problem! Wer den Pfennig nicht ehrt, ist des Talers nicht wert! Ha, ha, ha.«

»Verzeihen Sie, was sagten Sie?«

»Ach, nichts. Ich rede nur irgendwelches Zeug, weil Stille so etwas Fürchterliches ist. Hier, bitte schön, dann bekommen Sie von mir fünf Pence Wechselgeld. Vielen Dank.«

»Danke.«

»Danke Ihnen.«

»*Ich* danke *Ihnen*.«

»Meine ewige Dankbarkeit, mein Bester. Haben Sie einen schönen Tag.«

»Danke Ihnen. Sie auch, mein Freund.«

»Machen Sie's gut, Kamerad.«

»Auf Wiedersehen.«

»Geben Sie gut auf sich Acht, lieber Herr Verkäufer.«

»Leben Sie wohl, edler Kunde.«

»Tschüssi.«

»Tschüssikowski.«

»Halali.«

»Für König und Vaterland!«

»Schönen Tag auch.«

»Die besten Wünsche.«

»Bis bald.«

PROFI-TIPP:

Wenn man mit einem Briten in Kontakt tritt, sollte man dies an einem Tag tun, an dem man sonst nicht viel geplant hat. Weil die Dinge gern mal etwas ausufern.

Uuuuuuuund ... *fertig!* Gut gemacht, jetzt dürfen Sie den Laden endlich wieder verlassen. Nun kommt der Zeitpunkt, da Sie gegen die Tür drücken, auf der »Ziehen« steht, gegen das Glas donnern und dann beschließen, in eine andere Stadt zu ziehen, nur damit Sie diesen Laden nie wieder betreten müssen.

Das Nullsummenspiel

Zuzusehen, wie zwei Briten sich durch etwas manövrieren, das eigentlich eine unbedeutende, schnell zu erledigende Transaktion sein könnte, ist eine Sache. Es ist das rührige, gespielte gegenseitige Lausen von harmlosen, niedlichen kleinen Äffchen, die nur wollen, dass die anderen harmlosen, niedlichen kleinen Äffchen sich wohlfühlen. Total süß. Und dabei handelt es sich in der Regel durchweg um eine Win-win-Situation. Alle Beteiligten genießen das und profitieren davon (mit Ausnahme der armen Vertreter anderer Nationalitäten, die in der Schlange dahinter stehen und die einfach nur ihr Leben weiterleben möchten ...).

Etwas, womit Briten allerdings so ihre Probleme haben, sind Nullsummenspiele. Also so was wie die Frage, wer eine Rechnung bezahlen soll oder wer als Erstes durch eine Tür geht oder wer mit dem Auto fährt oder wer an der Reihe ist, die nächste Runde zu bezahlen. Es ist unerträglich, zwei oder mehrere Briten dabei zu beobachten, wie sie anderen an einer Tür den Vortritt lassen. Geschieht dies noch dazu in einer eher hektischen, betriebsamen Umgebung, zum Beispiel an einem Bahnhof oder am Flughafen, dann ist es so, als würde man mit ansehen, wie immer mehr Gemüsereste den Abfluss im Spülbecken verstopfen.

Wir Briten sind wie Roboter, die ständig Gefahr laufen, in einer endlosen Rückkopplungsschleife stecken zu bleiben. Wenn zwei Britbots in einer Situation wie dieser sagen »Nein, bitte nach Ihnen«, und das gleichzeitig, dann ist das so was wie ein Fehler in der Matrix. Die Zeit kommt zum Stillstand. Sämtliche Vorgänge im unmittelbaren Universum werden unterbrochen, bis der Quantenfehler behoben ist. Es soll schon Leute gegeben haben, die ihr ganzes unerfülltes Dasein in irgendwelchen Korridoren festsaßen; andere sind am Telefon gestorben, weil sie in der »Und wie geht es Ihnen?«-Schleife hängen geblieben sind; vor Postämtern fand man von Frostbeulen übersäte Leichen, die Arme ausgestreckt, für immer festgefroren in der Geste des »Nein, bitte nach Ihnen ... ich bestehe darauf!«.

Tatsächlich ist die britische Kultur die einzige, in der man in eine Auseinandersetzung geraten kann – und damit meine ich *Diskussionen mit steigender Intensität passiv-aggressiven Verhaltens* – darüber, wer in der Schlange ganz *hinten* stehen soll; oder wer auf etwas verzichtet; oder wer als Letzter essen darf. Einmal habe ich eine Gruppe von Freunden beobachtet, da ging es mindestens drei Mal hin und her, wer die am wenigsten gute Wurst auf einem Teller voller Würste essen solle. Gott allein weiß, wie wir als Nation so lange überleben konnten.

Tatsächlich können wir Briten von Glück sagen, dass wir vollen und gleichwertigen Zugriff auf die lebenswichtigen Technologien der modernen Zeit haben. In naturbelassenem Zustand nämlich wären wir so was wie die Motten in Bezug auf die Glühbirne; wir würden in unser eigenes Verderben schwirren. Mit größter Höflichkeit und mit einem Hugh-Grant-würdigen Wackeln des Kopfes würden wir jede Gelegenheit ausschlagen, von der Natur ausgewählt zu werden, um für den Fortbestand unserer Art zu sorgen, begleitet von einem »Ach herrje, ja, nun, sicher würden wir gern überleben, aber, tja, also, nur wenn es nicht zu viele Umstände macht, versteht sich, haha«.

Das ewige Hin und Her

Sie beherrschen nun sämtliche Schlüsselfähigkeiten für eine effiziente Kommunikation mit Briten. Und trotzdem muss ich eine Warnung aussprechen. Während entspannter Smalltalk und vorgetäuschtes Interesse Fremden gegenüber wesentliche Bestandteile jeglicher Form der Kommunikation sind, gilt dies umso mehr für die modernen schriftlichen Varianten wie E-Mail, SMS und passiv-aggressive Post-its.

Wenn Sie einem Briten schreiben – sagen wir, um ihn zu fragen, ob Sie sich eine Bohrmaschine borgen können –, werden Sie Ihre Bitte zunächst in allerlei phatische Wortwatte packen müssen, so was wie »Hey, Mann! Lange nichts gehört! Wie läuft es so bei dir? Gott, es ist ja eine Ewigkeit her, dass wir uns gesehen haben. Weißt du noch, damals, als wir acht waren? Als wir zusammen in diesem Schwanentretboot saßen? Ach, Alter. Krasse Zeiten. Triffst du dich noch ab und an mit Dan? Ich nicht, wir schreiben uns nur gelegentlich E-Mails. Jedenfalls hoffe ich, dass du wohlauf bist. Ach, übrigens, hättest du zufällig eine Bohrmaschine, die ich mir ausleihen könnte? Auch nicht schlimm, wenn nicht, ich dachte nur, ich frage mal nach. Tut mir leid. Danke. Hoffentlich bis bald.«

Natürlich ist das so, als würde man die Büchse der Pandora öffnen. Denn der andere wird sich nun verpflichtet fühlen, auf alles, was Sie geschrieben haben, penibel zu antworten, das Geschriebene zu kommentieren und alles noch einmal wiederzugeben – und das, obwohl ihm sonnenklar ist, dass Sie bloß eine Bohrmaschine brauchen, nichts weiter. Und ehe Sie sich's versehen, hat diese unbedeutende Laune der Höflichkeit zu einem endlosen Hin und Her an Nachrichten geführt. Und das kann Sie schon mal die besten Jahre Ihres Lebens kosten – was im Grunde in Ordnung ist, nur dass man in der Regel schon nach der ersten Antwortmail weiß, dass der andere keine Bohrmaschine besitzt. Und spätestens bei der zweiten Mail fällt einem dann wieder ein, dass man den anderen ja noch nie so richtig ausstehen konnte.

Bevor man sich auf den Umgang mit einem Briten einlässt, sollte man wissen, wie man die Smalltalkbombe entschärft, kaum hört man sie im Gespräch unterschwellig ticken. Keine Sorge, schließlich sind Sie Europäer, da sollte Ihnen das nicht allzu schwerfallen.

Zeigen Sie Größe und lassen Sie Gnade walten, indem Sie dem zunehmend langweiliger werdenden, leblosen Austausch ein Ende bereiten, einfach indem Sie nicht mehr antworten. So erlösen Sie alle Beteiligten ein für alle Mal von dieser Qual. Wenn Ihnen das nun unhöflich erscheint, ist das okay. Denn insgeheim erhoffen sich doch beide Parteien, der andere möge einfach nicht mehr antworten. Das nächste Mal, wenn Sie diese Person treffen, können Sie damit ja wieder weitermachen. Hegt man besondere sadomasochistische Tendenzen, kann man die nächste Nachricht beispielsweise mit einem überwältigenden Ansturm von Nettigkeiten beginnen: »Oh, wie leid mir das tut, ich hatte ganz vergessen, auf deine letzte Nachricht zu antworten [höfliche Lüge]. Meine Schuld [Selbstvorwürfe], wo hatte ich bloß meinen Kopf, zum Glück ist der festgewachsen [Selbstzerfleischung]. Jetzt sag mal, wie geht es denn deinen entzückenden Kindern [höfliche Lüge]? Würde mich wirklich brennend interessieren, was sie so treiben! [Natürlich nicht!]«

KAPITEL 3

Zu Besuch bei den Briten

Ein Leben im Ausland hat durchaus seinen Reiz. Folgendermaßen läuft das ab: Man steigt in einen Flieger, und dann landet man irgendwo, wo lauter Ausländer leben. Und ohne sich irgendwo dafür bewerben zu müssen und ohne eine Prüfung abzulegen oder die Klamotten zu wechseln, wird man *selbst* zum Ausländer, und zwar für alle um einen herum. Das ist magisch. Total langweilige Magie.

Selbstverständlich betrachtet man selbst sich nicht als Ausländer. Das wäre ja eigenartig. Wenn man in ein Flugzeug einsteigt, steigt man irgendwann auch wieder aus, und dann ist man immer noch man selbst, nur irgendwo anders. Zumindest geht es mir so. Doch hin und wieder versuche ich mir vorzustellen, wie andere mich sehen, genau wie ich gelegentlich Nichteinheimische in London beobachte, Menschen, die die ganze Zeit nur staunen, nervös in alle Richtungen lächeln, mühelos das Gegenteil von Ortsansässigkeit ausstrahlen und Dinge sagen, die sich für einen selbst ganz normal anhören, die in den Ohren aller anderen aber bestimmt ungefähr so klingen: »Mich wolle haben Döner von Ihne, bitte.«

Genauso komisch ist es, »nach Hause« zu fliegen (an jenen Ort, an dem man nicht mehr lebt). Wenn man einmal für längere Zeit in eine andere Kultur eingetaucht ist, ist der Blick für die eigene Kultur mit einem Mal geschärft. Und dann sieht man sie eher so, wie Außenstehende das tun.

Dann findet man die Dinge im Ausland auch nicht mehr *komisch,* sondern einfach *anders.* Wenn man allerdings zurück in die Heimatstadt kommt, wird einem plötzlich klar, dass das, was man für »normal« gehalten hat, einfach nur »das Komische, an das man gewöhnt ist« war.

Ganz normal?

Wenn ich mit meiner Freundin Linn in UK zu Besuch bin, empfinde ich mich selbst teils als Tourist, teils als Fremdenführer, und dann muss ich bisweilen Erklärungen liefern für Dinge, für die es bisher keiner Erklärung bedurfte. Ich bin gezwungen, meine Heimat immer mehr aus ihrem Blickwinkel zu betrachten. Orte und Dinge, die man für selbstverständlich erachtet hat (Cheddarkäse, Pubs, die vom Tee verdorbene Infrastruktur, die einen dazu bringt, Milch in Sechs-Liter-Kanistern heimzuschleppen, da man sie in einem irgendwie geschäftsmäßigen Haus mit einer Tür kaufen kann), werden mit einem Mal zu Dingen, auf die man stolz ist. In erster Linie aber blitzt bei jeder Gelegenheit die verborgene Schrulligkeit des bisher Normalen durch, manchmal auch gegen den eigenen Willen. Ich bekomme also ständig Upgrades meiner Perspektive, die ich gar nicht brauche und nicht rückgängig machen kann.

Zum Beispiel hat Linn mich einmal darauf hingewiesen, wie seltsam sie es doch fände, dass jedes einzelne Fenster in jedem einzelnen Raum in jedem einzelnen Haus in Großbritannien mit Gardinen verhängt ist. In Deutschland betrachte man ein Fenster als etwas, durch das man nach draußen schauen kann. Daher auch das Glas. Im Vereinigten Königreich dagegen gelten Fenster bloß als riesige, unpraktische Dinger, die die Privatsphäre gefährden, und müssen deswegen verhängt werden. Seit dieser Feststellung ist es auch mir unmöglich, diese typisch britische Eigenheit auszublenden. Wenn ich jetzt bei meiner Familie zu Hause und in meiner Heimatstadt bin – bisher die normalsten Orte der Welt für mich –, sehe ich überall nur noch endlose Reihen von Fenstern an endlosen Reihen von Häusern, die allesamt das bauliche Äquivalent einer Burka tragen. Und dabei waren das für mich den Großteil meines Lebens die normalsten Häuser am normalsten Ort auf der ganzen Welt. Wovor fürchten wir Briten uns eigentlich genau? Dass die Leute reinschauen, uns sehen könnten, wie wir … was genau tun? Auf unseren Möbeln sitzen? Irgendwelche Geräte bedienen? Meinungen austauschen?

Welche großartigen Geheimnisse haben wir denn zu verbergen?

Ich kann nun leider auch nicht mehr darüber hinwegsehen, wie abgefahren das mit den Briefkästen hier ist. Denn die sind längst schon keine normalen Kästen mehr, in die man die Post steckt. Diese Sicht der Dinge ist passé. Ausradiert. Mittlerweile sind das hoch aus dem Bürgersteig aufragende, leuchtend rote Sexspielzeuge, über und über bedeckt von rätselhaften Hieroglyphen einer uralten Dynastie von Halbgöttern, die Schlösser besitzen und sich die Königsfamilie nennen.

Früher waren Waschschüsseln einfach nur Schüsseln, die man ins Spülbecken stellte, um das Geschirr zu spülen. So war das damals. Und jetzt, nachdem Linn mich einmal fragte: »Wozu ist die Schüssel da? Ich verstehe nicht, wieso man einen Behälter in einen anderen Behälter stellt«, kann ich nicht mehr darüber hinwegsehen. Warum gibt es überhaupt so was wie Waschschüsseln? Früher wusste ich es einmal. Jetzt nicht mehr. Stattdessen sehe ich da nur noch einen Behälter, der so tut, als sei er die Spüle, dabei steht er in einem anderen Behälter, der *tatsächlich* die Spüle ist. Und dann erfüllt er auch noch genau dieselbe Funktion wie die Spüle. Doch das Beängstigende an dieser Spüle-in-der-Spüle-Eigenart ist die Tatsache, dass jeder so tut, als sei dieser zweite Behälter gar nicht vorhanden. Es ist ein bisschen wie in *The Sixth Sense,* nur viel langweiliger.

Der gesamte Bereich des britischen Spülbeckens ist für mich mittlerweile so was wie ein persönliches Schwarzes Loch der kulturellen Orientierungslosigkeit. Die beiden Wasserhähne zum Beispiel, einer für heißes, einer für kaltes Wasser, das war so was wie ein grundlegender Baustein meiner Weltsicht, fest verankert, unerschütterlich ... Doch jetzt, da ich die rote Pille geschluckt und den einzelnen Wasserhahn, die Mischbatterie, kennengelernt habe, kann ich mir in Großbritannien nicht mehr die Hände waschen, ohne zu denken: »Das Wasser aus diesem Hahn ist zu heiß, das aus dem anderen zu kalt, aus keinem der beiden Hähne fließt Wasser, das genau richtig wäre, nämlich ein einziger Wasserstrahl lauwarmen Wassers, wie man es für jeden Zweck braucht, der mit einem Spülbecken zu tun hat.«

Selbstverständlich sind bei mir die Symptome des Kulturschocks bei Weitem nicht so gravierend wie bei Nichtbriten. Schließlich wurde ich zumindest teilweise immunisiert gegen derlei britische Schrullen, weil ich hier aufgewachsen bin. Für mich war das so was wie mein Kokon, bevor ich mich irgendwann vollends entfaltete und in einen wunderschönen kontinentalen Schmetterling verwandelte. (Heute besitze ich eine Cafetière und kann mir mindestens in einem Fünftel von zwei Sprachen einen Döner bestellen.)

Kulturschock

Für Europäer mag Großbritannien das Japan Europas sein, aber wissen Sie, für wen es das auf gar keinen Fall ist? Für die Japaner. Unsere höflichen, reservierten und nicht minder schrulligen Inselkollegen haben es bisweilen besonders schwer, wenn sie Europa besuchen und zu uns kommen, da ihnen unsere Lebensweise absolut fremd ist, und dabei ist ihnen das Bild unserer Kultur bestens vertraut.

Es gibt tatsächlich ein entsprechendes Phänomen, allgemein bekannt als »Paris-Syndrom«. Es beschreibt die Tatsache, dass manche Touristen überwältigt werden von einem Kulturschock, sodass sie mitten während einer Fototour/ihres Urlaubs eine kleinere psychische Krise durchmachen. Die japanische Botschaft in Paris hat sogar eine 24-Stunden-Hilfsstelle eingerichtet eigens für Betroffene, und angeblich stehen ungefähr 20 Personen pro Jahr dort auf der Matte und klagen über Schwindelgefühle, geistige Verwirrung und Halluzinationen.

Diese Orientierungslosigkeit rührt, so nimmt man an, daher, dass viele Touristen Paris ein Leben lang aus Fernsehen und Kino kennen, als einen Ort der Träume, Liebe, Schönheit und Romantik. Und dann kommen sie nach Paris, und Paris ist ... Paris eben. Ich kann das Gefühl der Verwirrung total nachvollziehen, das das Missverhältnis zwischen der vereinfachten Darstellung der Stadt in den Medien und der nackten Realität auslöst. Als ich Paris das erste Mal besuchte – es war meine Antrittsreise als unbegleiteter Erwachsener, die mich über die Grenzen des Vereinigten Königreichs hinausführte –, trat ich hinaus aus dem Gare du Nord, atmete die laue Luft eines Pariser Sommerabends, das Herz berauscht vom Abenteuer, mein Blick süchtig danach, die Schönheit jener Stadt in mir aufzusaugen, die Hemingway als »Ein Fest fürs Leben« bezeichnete, und dann war das Erste, was mir ins Auge stach, ein Mann, der in einen Mülleimer schiss.

Ich übertreibe nicht, wirklich nicht. Ich habe nicht im Nachhinein 10 bis 15 Minuten meiner Erinnerung weggelassen, nur um einen Lacher zu erzielen. Der Eiffelturm war am Horizont zu sehen, klar, allerdings bildete er lediglich den verschwommenen, unscharfen Hintergrund für die kristallklaren Geschehnisse vor meinen Augen. Und das war nun mal ein Mann, der mit französischer Lässigkeit in einen Mülleimer kackte und damit meinen jungen, unschuldigen Blick beleidigte.

Hoppla, dachte ich damals, *willkommen in Europa.*

Wie auch immer, ich befürchte, dass man den Namen dieser speziellen Sorte von Kulturschock bald von Paris-Syndrom auf London-Syndrom abändern wird. Zu verschiedenen Gelegenheiten vor dem Referendum konnte man »Leave«-Befürworter in ihrem Wahlkampf erleben, wie sie Großbritannien und die Briten als »Seevolk«, als »ein Volk der Freibeuter« oder als »eine Nation von Unternehmern« bezeichneten; vermutlich wollten sie so den Geist des Patriotismus noch einmal anfeuern, da er ja Grundvoraussetzung war für dieses wirtschaftliche Äquivalent eines Kamikaze-Sturzflugs.

Wenn nun also Besucher aus dem Fernen Osten in das Großbritannien nach dem Brexit reisen, hoffe ich doch sehr für sie, dass sie keinen psychologischen Schaden nehmen durch die Wirklichkeit, die sie hier vorfinden ...

Ein Volk, das bei Primark einkauft.

Ein Volk, das seine Pies liebt.

Ein Volk von freiwilligen Polizeihelfern, die vergebens versuchen, einen Schwan einzufangen.

London

Wenn Sie wie ich so Ihre liebe Not damit haben, die Briten als »eine Nation von Unternehmern« zu sehen, dann sollten Sie vielleicht mal (wieder) nach London fahren – bislang Hauptstadt der Finanzwelt –, wo der angesprochene »Unternehmergeist« unmittelbar spürbar ist, kaum landet man auf einem der Flughäfen der Metropole. Und schon senkt sich dieser Geist über einen wie eine unsichtbare Präsenz. Das dürfte eines der Hauptsymptome des London-Syndroms sein, wie ich glaube – die Paranoia, dass die eigene Brieftasche heimgesucht wird von den Geistern des Unternehmertums, sodass sich das Geld darin in Luft aufzulösen scheint, mit der leicht alarmierenden Leichtigkeit eines osmotischen Vorgangs.

Der für mich nächstgelegene Flughafen ist beispielsweise London Stansted (und der liegt mal so was von *nicht* in London, dass er genauso gut auch London Schottland heißen könnte). Dort kostet es allein schon drei Pfund, wenn man sich nur absetzen oder abholen lässt. Überzieht man die großzügig bemessenen zehn Minuten, die man für Abschiedsküsschen und die Verabschiedung seiner Lieben zugebilligt bekommt, bevor sie in ferne Länder reisen, oder um sie zu begrüßen, wenn sie von weither kommen, kriegt man 50 Pfund als Strafe aufgebrummt oder wird gleich abgeschleppt. Willkommen in Großbritannien. Ich brauche wohl nicht zu erwähnen, dass der Haltebereich am Flughafen Stansted einer der unromantischsten Drop-off-Areas in ganz Europa ist. Himmel, meine Mutter schubst mich meistens noch bei voller Fahrt aus dem Auto und schickt mir dann eine Abschieds-SMS, sobald sie wieder daheim ist. (»Pass gut auf dich auf da drüben in Europa. LOL, Mum[1] xx«)

---

1 An dieser Stelle sollte ich wohl erläutern, dass meine Mum schon seit 1998 denkt, dass LOL für »lots of love« steht, und nicht für das universell bekannte »laugh out loud«. Bislang ist es mir nicht gelungen, mir ein Herz zu fassen und ihr das zu sagen, und es wird immer schwieriger. Einmal hat sie mir eine SMS geschickt, in der stand »Gestern ist Opa gestorben, LOL, Mum xx«. Vielleicht sollte ein von mir bestimmter Geschwisterteil es übernehmen, sie darauf hinzuweisen.

Als Nächstes kauft man sich eine Oyster-Card, sonst kann man sich keine überteuerten Bus- und Bahnfahrscheine kaufen; für die benötigt man die Oyster-Card nämlich. Besucher seien gewarnt, dass in den Bussen in London kein Bargeld mehr akzeptiert wird, weil das immer reicher werdende Transportunternehmen der Stadt nicht identifiziert werden will mit demselben Dreckszeug, das arme Menschen verwenden, um ihr täglich Brot zu kaufen. Igitt. Tatsächlich verlässt sich die ganze Stadt auf den Gebrauch irgendwelcher Karten – kontaktloser Karten, um genau zu sein –, was den Vorteil hat, dass man es nicht so schmerzlich merkt, dass zehn Pfund die kleinste Bezahleinheit ist für einen 15-Meilen-Radius um den Trafalgar Square.

Aber keine Sorge, schon bald werden Sie das Aufladen (»topping up«) der Oyster-Card im Schlaf beherrschen, selbst wenn Sie sich nicht länger als eine Stunde in London aufhalten. Am besten sieht man die Karte nicht als etwas, worauf man Geld einzahlt wie auf ein Bankkonto, sondern vielmehr als etwas, das als *Transfermittel* für Geld dient, so was wie ein Schredder.

Jetzt sind Sie also in der Lage, sich von A nach B zu bewegen, ungefähr so schnell, wie einen der Bankrott ereilt. Nun ist es Zeit, »etwas zu machen«. Wie wäre es, wenn Sie sich mit irgendetwas beschäftigen? Als Faustregel gilt, dass auf jeden Fall Alkohol im Spiel sein sollte und es so viel kosten muss, wie ein Banker bereit wäre, mindestens auszugeben, ungeachtet der Qualität der Aktivität. Keine Sorge, das lässt sich hinterher mit ein paar Cocktails leicht wieder wegspülen (zumal davon auszugehen ist, dass Sie erst kürzlich die Hypothek auf Ihr Haus erneuert haben).

Ein »authentischer« Besuch in London sollte ein größtenteils im trunkenen Zustand verbrachtes, verschwommenes Verweilen in Londoner Verkehrsmitteln sein, ein ständiges Raus und Rein der Kreditkarte, dazwischen Fotos von hübschen Dingen, vermutlich Beute aus unserer Vergangenheit als Kolonialmacht. Zum Glück brauchen Sie sich keine Sorgen zu machen, Sie könnten Ihren Urlaub vergessen, weil nämlich so gut wie Ihr gesamter Aufenthalt von Überwachungskameras festgehalten wurde.

Die Durchschnittsstadt

Ich bin zwar kein Historiker (was ich nicht zuletzt dem britischen Bildungssystem zu verdanken habe), aber ich denke, eine grobe, aber gerechte Zusammenfassung der britischen Geschichte sieht so aus, dass der Entwurf für dieses Land vor etwa 800 Jahren in einem Pub entstand. Das Positive daran ist, dass es hier sehr viele Pubs gibt – und zwar etwa alle halbe Meile eines. Das ist eine Entfernung, die man sehr gut bewältigen kann mit einem Drink in der Hand. So gelangt man locker von einem Pub zum nächsten. Und wenn man dann ankommt, hat man gerade ausgetrunken. (Das ist vermutlich kein Zufall.)

Der Nachteil ist, dass der Rest Großbritanniens aussieht, als wäre er erst im Nachhinein zusammengeschustert worden. Oft wirkt das Land daher beengt und verwirrend und unnötig mysteriös, ein unmögliches Durcheinander an Millionen von Ortschaften, die Namen tragen wie Bronglyton-on-Meed, lose zusammengehalten durch

Geschwindigkeitsüberwachungskameras, Kreisverkehre und Little-Chef-Filialen.

Und weil Großbritannien tatsächlich zu etwa 90 Prozent aus Städten namens Boreham, Brimich und Brocklewad besteht, kann ich Sie mit dem Rest des Landes recht schnell vertraut machen. Man erreicht so gut wie jede Ortschaft über die Hauptstraße – dem kulturellen Epizentrum jeder Kleinstadt –, eine Aneinanderreihung von Geschäften, die mindestens einen Off-Licence, einen Wettshop und eine Kombination aus Frittenbude/Inder/Chinesischem Imbiss einschließt. Zu guter Letzt gibt es noch einen Zeitschriftenladen, der in der Regel gleich hinter einer riesigen Werbetafel zu finden ist, auf der die langweiligsten Schlagzeilen stehen, denen man je begegnet ist. Und die werden an jedem einzelnen Tag der Woche aktualisiert zu einem ganz neuen Level der Kleingeistigkeit, irgendwas in der Art von »Anwohner außer sich wegen Mülltonnenbeschädigung, Jugendlicher aus Wormley des Metalldiebstahls verdächtigt« oder »ortsansässige Dame verliert Hut«.

PROFI-TIPP:

In Großbritannien ist die Beziehung von Warnschildern zur tatsächlichen Gefahr recht lose interpretiert, da man viel weniger auf die Fähigkeit der Leute vertraut, offensichtliche Risiken zu erkennen. Daher der berühmte Warnhinweis »Mind the Gap«. Schwer zu sagen, wo das noch hinführen soll. »Achtung, Hecke«? »Vorsicht, Treppe«? »Aufgepasst, Schwerkraft«?

Alles, was danach kommt, ist ein derartig undurchsichtiges Wirrwarr, dass man nicht mehr weiterkommt, ohne sich durchzufragen. Weil das Land offenbar von einer Städteplanungskommission bestehend aus Picasso, M.C.a Escher und J.R.R. Tolkien entworfen wurde, kommt man leider nicht aus mit simplen Weganweisungen wie »Einfach die 43. Straße entlang bis zur 17. Avenue, und dann sehen Sie zu, dass Sie sich wieder um Ihren eigenen Kram kümmern«.

Schön wär's. Stattdessen bekommt man in Großbritannien Wegbeschreibungen geliefert, die durch die Bank eine Variation sind von der folgenden: »Springen Sie einfach rüber zum Littlebig Close. Wenn Sie die Y-Kreuzung sehen, drehen Sie sich um 49 Grad zum Kirchturm. Dann biegen Sie im rechten Winkel in das Gässchen namens Biggleswade Road, folgen Sie dieser vier Jahre und ein paar Zerquetschte bis zu den uralten Ruinen an der Hogglesmead Lane, dann rechts ab am Fivewalls Cross, dicht entlang der Hecke, über die zweispurige Schnellstraße (am besten rennen, was das Zeug hält), dann einmal die Ampel umrunden, vorbei am Paddy Power, dann auf den Hammercross Way, Achtung, *Mind the Gap,* dann sollte ein Pub namens *The Badger and Nun and Magic Clock and Crown and Cat* bereits zu sehen sein. Ach so, Moment, vor dem stehen wir ja schon. Dann fragen Sie doch lieber jemand anderen, weil ich nämlich keinen Schimmer habe, wo das sein soll, aber die Höflichkeit erlaubt es mir nicht, Ihnen das in aller Kürze ins Gesicht zu sagen. Einen schönen Tag noch.«

Ja, es ist wirklich so, jeder hier in Großbritannien wird Ihnen bereitwillig eine Wegbeschreibung liefern, sollten Sie darum bitten, doch seien Sie gewarnt: Die Angaben, die Sie erhalten, decken sich vermutlich in keinster Weise mit der realen Umgebung. Wenn ein Brite auf eine Bitte um eine Wegbeschreibung hin so was sagt wie »Ähm, ich glaube, da geht's lang«, dann lässt sich unmöglich sagen, ob er sich nur bescheiden gibt, weil er nicht damit »prahlen« will, dass er den Weg weiß, oder ob er tatsächlich einfach nur eine Vermutung äußert.

Angeblich ist das mit dieser unwissenden Höflichkeit sogar noch schlimmer in weiten Teilen Indiens, wo die Briten vor Urzeiten alle möglichen nervigen Eigenheiten hinterlassen haben bei den Einheimischen, bevor sie sich das Currypulver schnappten und sich aus dem Staub machten. Indienreisende aus westlichen Ländern berichten immer wieder, man habe Einheimische um Navigationshilfe gebeten, nur um dann von einer ganzen Reihe überaus freundlich lächelnder Menschen hin und her geschickt zu werden, so eifrig wollten sie helfen, dass ihre komplette Unfähigkeit, in irgendeiner Weise weiterhelfen zu können, für sie keine Rolle mehr spielte.

Muttersprachler

Da die Menschen in aller Welt so sicher in unserer Sprache sind, dass sie unsere Landsleute, die schrecklichsten Touristen der Welt, beherbergen können, möchte man doch meinen, wir würden den Gefallen ein klein wenig erwidern, wenn sie ihrerseits unsere Old Lady und Big Clock besuchen. Doch leider weit gefehlt.

Es ist natürlich nicht so, dass wir nicht helfen wollen. Im Gegenteil. Wir wollen wirklich, wirklich helfen, vielleicht sogar so sehr, dass es an Masochismus grenzt. Nur wissen wir nicht, wie wir es anstellen sollen.

Die Briten sind bekanntermaßen echte Nieten, wenn es um das Erlernen von Fremdsprachen geht, und das schließt auch mit ein, dass wir einfach nicht fähig sind, uns mit Nichtmuttersprachlern auf Englisch zu unterhalten. Schließlich haben wir keinerlei Erfahrung damit, wie es ist, wenn man eine Fremdsprache spricht, und können uns einfach nicht in sie hineinversetzen. Also sprechen wir schnell. Wir nuscheln. Wir verwenden Slangausdrücke, umgangssprachliche Begriffe und Idiome, die die ganze Welt in Erstaunen versetzen, so was wie »taking the Mickey« (zu Deutsch: »auf den Arm nehmen«), »Bob's your uncle« (für »schwuppdiwupp, fertig«) und »well, it is what it is« (»es ist, wie es ist«), als müsste der Rest der Welt mindestens genauso schräg drauf sein wie wir.

Es ist nicht unsere Schuld, im Ernst. Wir wissen bloß nicht sonderlich viel über unsere eigene Sprache, weil unsere Fremdsprachen-Lernmuskulatur so dermaßen schlaff ist. Und das bedeutet, dass wir keine Ahnung haben, wie wir Dinge vereinfachen könnten. Wir können nicht erklären, warum etwas richtig ist oder falsch. Wir können nicht sagen, welche Vokabeln Nichtmuttersprachler kennen und welche nicht. Alles zusammengenommen bedeutet das, dass wir zwar in guter Absicht handeln, aber leider keine sonderlich große Hilfe sind.

Tatsächlich höre ich regelmäßig Klagen von Nichtmuttersprachlern, von wegen, die englischen Muttersprachler wären meistens die,

die man am schwersten versteht. Während sich jeder, der ein bisschen Englisch gelernt hat, egal von woher er kommt, einen gewissen Grundwortschatz angeeignet hat, den jeder versteht, ist es bei den Briten so, dass sie antanzen, eine Gruppe eifriger Mechaniker sehen, die mit vereinten Kräften versuchen, einen Motor zum Laufen zu bringen, und was tun sie? Werfen eine Handvoll Schraubenschlüssel sowie ein Gummihuhn dazu. Sehr hilfreich.

Man bringe eine Gruppe von englischen Muttersprachlern, Deutschen, Franzosen, Italienern, Russen, Fidschianern, Stammesangehörigen vom Amazonas, wildlebenden Menschen, die von Wölfen großgezogen wurden, und einen taubstummen Blinden, der nur mittels Google-Translate-App über sein Smartphone kommunizieren kann, zusammen, und es sind garantiert die englischen Muttersprachler, die das gesamte Team hängenlassen. Mit unserem »Bob's your uncle«-Schwachsinn machen wir jegliche Hoffnung auf einen gemeinsamen Konsens zunichte.

Da sie sich im Spiel der Sprachen fast immer auf heimischem Boden befinden, sind englische Muttersprachler berühmt-berüchtigt dafür, dass sie nach ihren eigenen verqueren Regeln spielen, selbst dann, wenn kein anderer die kennt. Der Rest der Welt spricht Englisch, damit man sie versteht. Die Engländer sprechen einfach nur.

Während Englisch de facto also zur Weltsprache avanciert ist, fällt es mir schwer, der unter meinen Landsleuten weitverbreiteten Ansicht zuzustimmen, dies könne als erheblicher, wohlverdienter Vorteil für uns gelten. Tatsächlich macht es auf mich im Gegenteil den Eindruck, als hätte der Rest der Welt uns im Englischen eingeholt, und jetzt sind wir überall die Dorftrottel, ganz gleich in welchem Dorf.

Englische Grammatik

Was unser Land betrifft, so mag es zwar klein sein, aber dennoch beliefern wir die Welt mit einer ganzen Menge Idioten, gemessen an seiner Größe. Betrachten wir es doch einmal so: Wenn Großbritannien eine Sprachenschule wäre, gliche es vermutlich einem großen, gewaltigen, leeren und völlig verstaubten Saal, mit einem überdimensionalen goldenen Wappen an der Wand. Auf dem wäre ein Mann zu sehen, der auf die Speisekarte eines Restaurants zeigt, darunter ein anmutig flatterndes Banner, auf dem auf Latein, wie auch immer das lauten müsste, steht: »Was wollt ihr, es sprechen doch ohnehin alle Englisch.«

So jedenfalls sah eine ganze Zeitlang die Einstellung der britischen Regierung zu diesem Thema aus: Während zweier Jahrzehnte in der jüngeren Vergangenheit wurde englische Grammatik ganz bewusst vom Lehrplan verbannt, was bedeutet, dass viele Briten meiner Altersklasse (von denen heute witzigerweise viele als Englischlehrer tätig sind) zu einer Generation gehören, die nicht damit in Kontakt kam. (Natürlich kann ich nicht sagen, was die damalige Regierung sich dabei gedacht hat, aber wenn ich raten müsste, würde ich wetten, es hatte irgendwas mit der üblichen »Nun ja, warum sollten wir unsere Sprache unterrichten? Spricht ja ohnehin jeder!«-Einstellung zu tun.)

Und was haben wir stattdessen gemacht? Also, ich erinnere mich nur noch an *Shakespeare* (»Das verstehe ich nicht«), *Medienkunde* (»Können wir einen Film schauen?«) und, das Lieblingsfach eines jeden britischen Teenagers, die *Psychologie sich ankündigender Nervenzusammenbrüche bei Leuten, die einmal große Träume hatten* (»Oh, Sir! Sir! Sir! Ich habe eine Frage zu Shakespeare! *Romeo und Julia* spielt in Italien, richtig? Das liegt näher am Äquator, oder? Heißt das, wenn Sie dorthin reisen, muss Ihre Frau dann Ihre Glatze mit Sonnencreme einschmieren?«).

Wir sind die Generation, die mit Grammatik nichts zu tun hatte, es sei denn, wir beschäftigten uns im Selbststudium damit. Was aber noch schlimmer ist, wir haben gar nichts mitbekommen davon, dass sie uns vorenthalten wurde.

Jedenfalls war mir das neu, als ich es in dem recht unglücklichen Alter von 25 Jahren herausfinden musste. Das war in Russland. Mir war das ziemlich peinlich, als ich vor einer ganzen Klasse von Sprachenschülern feststellte, dass ich der Einzige war, der keine Ahnung von Fällen, Präpositionen und Syntax hatte. Doch was die Sache noch viel unangenehmer machte, war die Tatsache, dass ich der Lehrer war. Und es war meine allererste Unterrichtsstunde.

Im Jahr 2012 ging ich nach Moskau, um »Englisch für Fortgeschrittene« zu unterrichten, ohne jegliche Qualifikation und ohne irgendwelche Erfahrungen im Unterrichten von Fremdsprachen (das gute alte Russland). Nicht eine Sekunde kam mir der Gedanke, dieser kleine Haken könnte mir in irgendeiner Weise zum Verhängnis werden bei meinem Vorhaben. Schließlich sprach ich diese

Sprache. Meine Naivität mag nun entweder besonders britisch oder besonders arrogant erscheinen, je nachdem, ob man in der Schule gelernt hat, was ein Hilfsverb ist, oder nicht. Auf mich trifft leider Letzteres zu.

In meiner ersten Unterrichtsstunde traf mich mein geballtes Unwissen hinsichtlich der grammatikalischen Grundlagen meiner Muttersprache wie ein Schlag ins Gesicht, genau wie die Frage eines Schülers, ob ein bestimmter Beispielsatz nun im »Present Perfect Continuous« oder im »Simple Past Continuous« stehe.

Wussten Sie, dass es im Englischen ganze 14 Zeitformen gibt? Kennen Sie mehr als drei davon? Ich jedenfalls nicht. Also tat ich so, als hätte er geniest.

»Gesundheit«, erwiderte ich, ehe ich ganz unauffällig das Thema wechselte und anfing, über Schimpfwörter zu reden.

Wie ich durch nächtliche Wiki-Recherchen zum Thema Unterrichtsplanung erfuhr, hat es absolut nichts miteinander zu tun, ob man eine Sprache fließend spricht oder sich schriftlich gut ausdrücken kann darin und der Fähigkeit, diese Sprache zu *unterrichten,* geschweige denn, mit Leuten umzugehen, die diese Sprache zu lernen versuchen – noch dazu mit einer kompletten Niete als Lehrer. Es hilft nichts, auf Leute einzureden, bis sie verstehen; man starrt ja auch nicht eine Ladung Ziegel an, bis das Haus sich von allein errichtet.

Ich wiederhole es gern noch mal für alle Briten, die das hier lesen: *Es hilft nichts, auf Leute einzureden, bis sie es verstehen!* (Und es bringt genauso wenig, wenn man lauter spricht.) Was Sie angeht, geschätzter Miteuropäer, entschuldige ich mich im Voraus für diese frustrierende Erfahrung, sollten Sie demnächst nach Großbritannien reisen. Vielen Dank, dass Sie unsere Sprache gelernt haben, wie sie in Büchern dargestellt wird. Und ich entschuldige mich dafür, dass wir sie nicht so kennen – wir hatten nämlich keine solchen Bücher.

Wir und die Deutschen

Leider muss ich noch einmal eine Warnung aussprechen, ehe Sie Großbritannien besuchen.

Als Deutscher ins Vereinigte Königreich zu reisen unterliegt leider immer noch, und es tut mir wirklich leid, das sagen zu müssen, zum Teil dem Stigma der Geschichte. Wir mögen zwar das Jahr 2017 schreiben, doch man begegnet auch heute noch gelegentlich den uralten, hässlichen Stereotypen. Zwar haben wir große Fortschritte gemacht, nur leider konnte die Zeit nicht sämtliche Wunden heilen und den Groll abklingen lassen, den viele Briten hegen. Sie klammern sich fest an dem Zorn, dem Frust und dem Misstrauen gegenüber den Deutschen, weil sie uns im Urlaub die Liegen mit ihren Handtüchern besetzen.

Ich habe keinen Schimmer, wieso das die Briten derart auf die Palme bringt, aber es ist nun einmal so. Einerseits möchte man meinen, sie würden die Idee mit dem Handtuch zum Sichern der Sonnenliege zu schätzen wissen. Schließlich ist das nicht dumm. Auf diese Weise muss man mit niemandem reden. Und es läuft schlicht nach dem Motto »Wer zuerst kommt, mahlt zuerst«, ein bisschen wie bei unserem nationalen Lieblingszeitvertreib, dem Schlangestehen. Und trotzdem scheinen die Briten nicht klarzukommen mit dieser so urdeutschen Form des Schlangestehens, bei der man dem Schlangestehen einfach zuvorkommt. Vermutlich liegt das daran, dass man dann Handtüchern die gleichen Rechte einräumen müsste wie Menschen, würde man diese Praktik als legitim anerkennen.

Uns Briten erscheint das jedenfalls nicht fair. Handtücher sind *keine* Menschen. Das ganze Konzept beleidigt unseren angeborenen fairen Sportsgeist aufs Heftigste, und schon mehrmals konnte ich beobachten, wie ein britischer Urlauber ein Handtuch entfernte, um die Liege klammheimlich woanders hinzuschieben, als hätte dieses Handtuch keinerlei Anspruch.

(Natürlich hätten die Briten kein Problem damit, ihr Handtuch auszubreiten, wären sie die Ersten, die es tun. Nur dass meine Landsleute in den frühen Morgenstunden, die Zeit also zwischen sechs und zehn Uhr früh, mit dem Kurieren ihres Katers beschäftigt sind, vorzugsweise, indem sie besagten Kater mit knusprig gebratenem Speck zu vertreiben suchen.)

Ich habe bedauerlicherweise keine Lösung zur Überbrückung dieser sozialen Kluft – Gott weiß, dass ein wenig konstruktives Hin und Her in Form eines E-Mail-Verkehrs nichts bringen wird –, aber eine kleine Idee hätte ich schon, wie man den Deutschen für die Zukunft helfen könnte: Kaufen Sie ausschließlich Handtücher mit Landesflaggen drauf – Sie wissen schon, so wie es die Briten tun, wenn sie im Ausland sind. Aber bitte nur Handtücher mit Landesflaggen *anderer* Länder, nicht mit der deutschen Flagge drauf. Und dann verteilen Sie diese Handtücher rund um den Pool, bis es aussieht, als wollten die UN zur Abwechslung einmal einen möglichst informellen Gipfel abhalten. So wird der Groll wenigstens auf die verschiedenen Nationen verteilt, und die Deutschen genießen trotzdem die Vorteile ihrer dreisten »Gleiches Recht für Handtücher«-Einstellung, weil sie morgens einen klareren Kopf haben als die Briten.

Ein anderer kultureller Knackpunkt, der noch nicht ganz in den Mülleimer der Geschichte verfrachtet werden konnte, ist die Hitlerimitation. Daher seien Sie gewarnt, sollten Sie es wagen, ins biertriefende, von Pubs beherrschte Herz der britischen Kultur vorzudringen, um sich den Besten und Besoffensten unserer Gesellschaft zu stellen: Es könnte passieren, dass einer zum Spaß im Stechschritt marschiert. Tut mir wirklich leid.

Ich kann nicht genau sagen, wie lange das noch anhalten wird, weil es nämlich nicht unbedingt das ist, was Sie vielleicht denken. Es fing *nicht* im Jahr 1933 an, nicht 1939 und auch nicht 1945. Alles begann im Jahr 1975.

Und zwar mit einer der genialsten britischen Sitcoms, die sehr beliebt war. Die Rede ist von *Faulty Towers*, einer Serie, die von einem verklemmten, miesepetrigen Hotelbesitzer handelt, der seine Gäste hasst. Vermutlich die beliebteste Folge dieser Serie heißt »The Germans«, in der der besagte verklemmte, miesepetrige Hotelbesitzer infolge einer Gehirnerschütterung (weil ihm ein Elchkopf auf den Kopf gefallen ist) seine liebe Not damit hat, sich zurückzuhalten, bis er schließlich einknickt und einen touretteähnlichen Anfall hat, nachdem er sich immer ermahnt hatte: »Erwähne ja den Krieg nicht!«

Wenn Briten heute Deutschen begegnen, denken sie nicht an Hitler, die Nazis oder den Krieg ... aber es besteht durchaus die Möglichkeit, dass ihnen Basil Fawlty in den Sinn kommt, wie er sagt: »Don't mention the war!« Und von dem Moment an, da *dieser* Gedanke auftaucht, ist es so, als würde da eine Zeitbombe ticken, bis einer anfängt, mit zwei Fingern auf der Oberlippe und durchgestreckten Beinen eifrig im Pub auf und ab zu marschieren. Das ist mehr oder weniger unvermeidbar. Wissen Sie, auch die Figur in der Serie wusste genau, dass sie diese eine Sache nicht sagen sollte, und jetzt denken wir an diese Figur, die genau weiß, dass sie das nicht sagen soll, und wir denken, dass wir es auch nicht sagen sollen. Verstehen Sie unser Dilemma? Es ist so was wie eine übermächtige, selbstreferenzielle Comedyform von Metatourette.

Leider ist das nicht immer ganz so lustig wie im Fernsehen, was vielleicht daran liegen mag, dass es nicht John Cleese ist – Mitglied des *Ministeriums für alberne Gänge* von Weltruhm –, der da im Stechschritt marschiert, sondern irgendein Typ, den sie »Irish Chris« nennen, Mitglied des *Ministeriums für alberne Ansichten*. Die Deutschen dagegen haben einen schweren Stand, sobald sie sich mit Dingen konfrontiert sehen, die nicht witzig sind. Sie stehen nämlich zu Unrecht in dem Ruf, keinen Sinn für Humor zu haben und/oder sich selbst viel zu ernst zu nehmen. Wenn eine solche Nachahmung eines Massenmörders und Diktators auf einen Deutschen also aus irgendeinem unerfindlichen Grund nicht komisch wirkt, fühlt er sich vielleicht dennoch verpflichtet zu lachen, sonst könnten die Anwesenden ja denken, er fände »witzige« Dinge nicht witzig, weil er sich selbst zu ernst nimmt, weil er nämlich Deutscher ist, und so sind die Deutschen nun mal. Nein. Den Beleidigten zu spielen wäre eine gänzlich unangebrachte Reaktion.

Ich persönlich finde, die Nachahmung von John Cleese alias Basil Fawlty alias Adolf Hitler hat nichts Beleidigendes an sich. Wie John Cleese selbst sagte: »Alle denken, das war ein Witz über die Deutschen, aber da liegen sie falsch. Der Witz galt der britischen Einstellung gegenüber dem Krieg und der Tatsache, dass es nach wie vor Leute gibt, die diesen ganzen Quatsch einfach nicht hinter sich lassen können.«

Selbst wenn so eine Hitlerimitation also ungefähr so gut ankommt wie einer von diesen Witzen, bei denen die Leute hinterher murmeln »Na, da muss man dabei gewesen sein«, ist der einfachste Ausweg aus einer solchen Situation folgender: Man lacht einfach mit. Tut mir echt leid. Diese Typen spielen *Basil Fawlty*. Das ist nichts als Theater. Die korrekte Reaktion also ist, die Deutschen zu spielen.

Wenden Sie sich an jemanden, der nervös danebensteht, und dann sagen Sie mit dem stärksten deutschen Akzent, den Sie hinbekommen, den nächsten Satz im Drehbuch: »Wie konnten die nur den Krieg gewinnen.« Gratulation. Von jetzt an sind Sie die beliebteste Person im ganzen Pub.

Das Schlangestehen

Als Brite habe ich nie so recht verstanden, warum meine Landsleute den Ruf weghaben, besonders gern anzustehen. Das macht
man doch sicher in jeder Kultur, Schlange stehen. Wie kann man
das denn nicht tun? Was könnte es denn für Alternativen geben?
Stapeln? Bündeln? Absichtlich drängeln, um vorwärtszukommen?
Nein, besten Dank auch.

Während ich so meine Probleme habe mit der Vorstellung, es
könnte Kulturen geben, die nicht ordentlich Schlange stehen, werde ich nichtsdestotrotz erklären, weshalb ich ein so großer Fan der
»Wer zuerst kommt, mahlt zuerst«-Mentalität bin. Erstens steht die
Schlange für die Übertragung von Mathematik, Geometrie und mü-
heloser Gewaltlosigkeit auf die Komplexität der Gesellschaft. Es ist
die abstrakte Anwendung von perfekter Fairness auf die Gruppen-
dynamik. Darüber hinaus lässt sich dieses Prinzip spielend leicht
erlernen: Schließlich muss man dafür nur zählen können und diese Fähigkeit anzuwenden wissen. Das Konzept ist denkbar einfach,
mathematisch präzise und immer vorzuziehen; ein absolut wasser-
dichter Ausdruck von Fairness, besser kann man sich das gar nicht
erhoffen. Wenn Gott wirklich existiert, steht Gott Schlange.

Okay.

Da ich nun selbst schon witzigen Deutschen, freundlichen Russen
und klugen Amerikanern begegnet bin, war ich versucht, die englische Vorliebe fürs Schlangestehen als eine weitere sonderbare, viel

zu verallgemeinernde Übertreibung abzutun – wir nehmen das doch schließlich auch nicht ernster als jede andere Nation, oder? Wobei, ins Zweifeln kam ich, als ich über den kürzlich verstorbenen ungarischen Comedian George Mikes stolperte, der die zweite Hälfte seines Lebens im Vereinigten Königreich verbracht hatte. Der hat einmal gesagt: »Ein Engländer stellt sich sogar dann ordentlich in die Schlange, wenn er alleine ist. Eine Ein-Mann-Schlange sozusagen.«

PROFI-TIPP:

Nehmen Sie das Schlangestehen bitte ernst. Ernsthaft!

Und da fiel es mir plötzlich wie Schuppen von den Augen, und von dem Moment an war es für mich nicht mehr zu übersehen. Wenn ein Brite an eine menschenleere Bushaltestelle kommt, lehnt er sich nicht dagegen oder setzt sich oder klettert drauf oder schleicht darum herum, er trippelt nicht im Kreis in einem unruhigen, unentschlossenen Tänzeln, und er packt auch nicht sein Picknick aus – was er ja alles tun könnte, wenn er wollte: Nein, stattdessen marschiert er ganz nach vorne, zum Haltestellenschild, das Gesicht in die Richtung gerichtet, aus der der Bus auftauchen wird, bereit, dass die Bustüren sich genau vor ihm auftun, als wäre der Bus ein Taxi, das er durch seine Gedankenkraft bestellt hat. Mit anderen Worten: Er bildet eine ordentliche Schlange. Eine Ein-Mann-Schlange. In dem Moment wurde mir klar, dass das Schlangestehen tatsächlich ein blinder

Fleck in unserer Kultur ist, den ich bislang übersehen hatte. Vielleicht nehmen die Briten diese spezielle Sache doch ein klein wenig ernster als andere Nationen.

Wieder einmal trifft auch in diesem Zusammenhang das amüsante Phänomen zu, dass das Britische Empire in Indien seine Spuren hinterlassen hat. Auch wenn in der neuen Republik nach der Unabhängigkeit die Bürokratie in vielen Punkten versagt hat, würde ein Inder sich niemals vordrängeln in einer Schlange. Was die Inder allerdings tun, ist, andere Leute dafür zu bezahlen, dass sie sich für sie anstellen. ihren Platz für sie besetzt zu halten, während sie selbst woanders hingehen, zum Beispiel, um Touristen irgendwelche Wegbeschreibungen zu liefern. Man bezeichnet das als eine Form des *jugaad*, was übersetzt ungefähr so viel heißt wie »kreative Lösung«. *Jugaad* impliziert, dass eine Person, die sich allzu strikt an irgendein Regelwerk hält, im Grunde dumm ist – erst recht, wenn es sich um britische Regeln handelt – Briten können schließlich noch nicht mal den Anweisungen in einem Kochbuch folgen. Weiter vorn habe ich zwar gesagt, dass Großbritannien sein beliebtestes Gericht von den Indern gestohlen hat, das war nicht ganz richtig. Klar ist *Chicken Tikka Masala* von indischem Essen inspiriert, aber es widersetzt sich stolz einer Tausende Jahre alten kulinarischen Tradition, indem es zu einer Pampe aus Zucker und Ketchup weiterentwickelt wurde. Tatsächlich erfunden in Glasgow, der Welthauptstadt von unnötig zu Brei zerkochtem Essen, wird es wohl noch eine Weile dauern, bis das Chicken Tikka in seiner heutigen Form wieder daheim in Indien landet, weil man es den Indern vermutlich nur mit aufgesetzter Pistole schmackhaft machen könnte. (Komisch.)

Die Deutschen erkennen das Konzept des *jugaad* selbstverständlich in ihrer Praktik des Liegenreservierens mithilfe eines Handtuchs wieder. Wenn die Inder nur wüssten, was die beste Lösung für das Problem mit dem Schlangestehen wäre: Handtücher. Denn die sind auch Menschen.

Das Böse

Es war im Jahr 2015, als Linn und ich uns auf eine zehnstündige Busreise von Wien nach Berlin begaben. Angesichts der langen Strecke wollten wir unbedingt die beiden vordersten Plätze oben im Doppeldecker haben – Sie wissen schon, viel Beinfreiheit, guter Überblick, und man hat sogar eine Ablage, auf der man einen Becher abstellen kann. Wir sind extra eine Stunde früher aufgestanden als nötig (nur am Rande: Ich hasse frühes Aufstehen), und tatsächlich, wir waren die Ersten, die vor Ort waren. Wir machten uns also daran, eine ordentliche Schlange zu bilden (einer hinter dem anderen). Danach kamen ungefähr noch zwanzig weitere Leute und reihten sich spontan alle in der korrekten Abfolge hinter uns ein, bis sich eine vertraute Form herausgebildet hatte: eine perfekte Schlange, mit zwei Enden, an denen die einfache geometrische Figur aufhörte, ansonsten durchgehend. *Ah, dann war ja doch alles in Ordnung auf dieser Welt.*

Und dann kam noch eine Frau – nennen wir sie die Nummer 21 (obwohl, um es zu vereinfachen, nennen wir sie das dämonengeborene seelenlose Monster, auch bekannt als das grausame und uralte Böse). Wollen Sie wissen, wo sie sich hingestellt hat? Ganz genau: direkt vor uns. »Ähem«, räusperten wir uns ... doch keine Reaktion. »ÄHEM«, räusperten wir uns wieder ... keine Reaktion. »Entschuldigen Sie bitte«, sagten wir ... keine Reaktion. Nach ungefähr 50 weiteren, zunehmend lauteren und zunehmend unfreundlicheren Dingen, die wir zu ihr sagten, und das in allen möglichen Sprachen, die wir auch nur bruchstückhaft beherrschten ... bekamen wir immer noch keine Reaktion. Nichts. Die Frau starrte einfach stur geradeaus, blendete uns aus, beachtete keinen um sich herum. Es war unglaublich. Wenn ich sie auf legalem Wege an ihre rechtmäßige Position in der Schlange verfrachten hätte können, vielleicht durch irgendeinen Judowurf, hätte ich es getan, und zwar begleitet von Applaus, da bin ich mir sicher.

Und doch wurde mir sehr schnell bewusst, dass die legalen Optionen bereits erschöpft waren, und dann kam auch noch der Bus. Sie stieg ein. Und setzte sich natürlich auf einen der vordersten Plätze oben im Bus. Es war nicht zu fassen. Das war die größte Ungerechtigkeit, die ich je erlebt hatte. Ein Albtraum, der sich in der Bratensoße des Bösen zusammengebraut hat, um sich über das höllische Kartoffelgratin von Stalingrad zu ergießen.

Zum Glück bekamen wir die Plätze *neben* ihr – also die Plätze, die wir uns erhofft hatten. Nur deswegen haben wir uns an diesem Tag keines Mordes schuldig gemacht. Und dann begann auch schon unsere gemeinsame Reise.

Bis zum heutigen Tag kann ich mich an keine andere Gelegenheit erinnern, zu der ich schockierter, wütender oder angewiderter gewesen wäre oder zu der ich irrationaler reagiert hätte als bei dieser Sache. Wir hatten es hier mit dem schlimmsten Menschen der Welt zu tun. Und diesem Menschen musste man Einhalt gebieten. Natürlich war da auch ein Teil von mir, der dachte: »Ach, was soll's, lohnt sich doch nicht, allzu viel Energie auf so was zu verschwenden.« Nur dass dieser Teil weniger als ein Prozent ausmachte, und ich drang nicht unbedingt zu diesem Teil durch, weil nämlich die restlichen 99 Prozent von der Blutgier eines Dschingis Khan beherrscht zu sein schienen.

Im Interesse der komödiantischen/therapeutischen Wirkung werde ich Ihnen im Folgenden erklären, was sich abspielte ... auch wenn ich mir nur allzu bewusst bin, dass es immer schwerer sein wird für Sie, mich als Protagonisten zu sehen und nicht als hoffnungslosen Fall für die Klapse, je länger ich auf dieser Sache herumreite.

Jedenfalls sitzen wir also in diesem Bus, genau auf den Plätzen, die wir uns für eine angenehme Busreise ausgesucht hatten, und trotzdem kann ich es mir nicht verkneifen, der Frau immer wieder verächtliche Blicke zuzuwerfen. Dieses eine Prozent von mir weiß, dass der Zeitpunkt, da man noch etwas Sinnvolles tun hätte können, längst verstrichen ist. Doch die restlichen 99 Prozent meines Wesens geben alles, um durch schwarze Magie und allein durch Blicke tiefste Finsternis über sie zu bringen. Und dann entdecke ich ihr ausgedrucktes Busticket, das neben ihr liegt ... mit ihrer E-Mail-Adresse drauf.

Ohne auch nur eine Millisekunde nachzudenken, mache ich mich daran, etwas zu tun, von dem ich so allmählich glaube, dass nur wir

Briten es tun würden. Ich hole meinen Laptop raus. Setze mich neben sie. Vor lautloser Wut platzt mir fast der Kragen. Und dann tue ich es.

Ich beginne einen Brief, in dem ich kein Blatt vor den Mund nehme.

»Sehr geehrte, absolut widerwärtige Dame, die nicht weiß, wie man ordentlich Schlange steht«, fing ich an, bevor mir die Kontrolle entglitt. »Ehe Sie in mein Leben kamen, mit dem Charme einer Taube, die gegen eine Windschutzscheibe knallt, war ich überzeugt, es liege in der menschlichen Intuition, dass man sich ordentlich anstellt und in die Schlange reiht, ähnlich einem neugeborenen Pferdefohlen, das aus dem Muttertier herausplumpst, auf der Schnauze landet und sich dann exakt so benimmt wie die 100 000 Pferdefohlen vor ihm. Und dann kommen Sie daher – das lebende, atmende Gegenargument zu einer Zivilisation …«

Ich kann gar nicht genug betonen, wie ich mich ins Zeug legte für diesen Brief. Stundenlang schrieb ich daran, den Monitor leicht in ihre Richtung gedreht, damit sie jedes verdammte Wort mitlesen konnte. Die ganze Bosheit floss aus mir heraus, als hätten die Götter des Zorns und des Sarkasmus es endlich geschafft, die tief in mir verborgene ertragreiche, Tausende Jahre alte Ader unterdrückter Inselwut anzuzapfen, sodass sie nun aus meiner Hand gebündelt in jeden einzelnen Buchstaben und in jedes Komma dieser Seiten floss. Ich hämmerte auf die Tastatur ein wie ein Kerouac; wie Wagner im Fugenwahn; wie Charlie Sheen, wenn er am sechsten Tag eines Charlie-Sheen-Wochenendes eine Mail an seinen Agenten schickt.

Das Erstaunliche an der Sache war ja, dass ich normalerweise alles immer bis zum letzten Moment hinausschiebe, ein echter Meister der Prokrastination. Doch auf dieser Busreise, in diesem aufgewühlten Zustand legte ich eine ungezügelte, laserscharfe Produktivität an den Tag, wie ich sie noch nie zuvor in meinem Leben entfesselt hatte, für nichts, niemals, nicht einmal im Beruflichen, und dabei bin ich doch einer, der mit Tippen sein Geld verdient. Ich checkte zu dem Zeitpunkt nicht, dass ich eine Art Superkraft in mir geweckt hatte, so geblendet war ich von meinem Zorn. Nur dass diese Superkraft erst dann aktiv wird, wenn die vorliegende Aufgabe noch weniger Sinn ergibt als das Schreiben von witzigen Büchern.

Die Vorstellung einer angenehmen Busreise war für mich gestorben. Mit der Hingabe eines Dschihadisten opferte ich zehn Stunden meines Lebens dieser Sache, nur um dafür zu sorgen, dass es auch für sie zehn verlorene Stunden wurden. Was auch immer das Gegenteil von Zen-Buddhismus ist, das war es, was von mir Besitz ergriffen hatte.

Jetzt sitze ich hier und schreibe dieses Buch. Erst dachte ich noch, *Hm, das wäre vielleicht eine witzige Anekdote für mein Buch.* Also sah ich mir die Mail in meinem Account noch einmal an, und mir wurde bewusst, dass das überhaupt nichts war, was man veröffentlichen könnte.

Die Mail ist sechs Seiten lang. Und klingt total geistesgestört. Meine ganz eigene Neuinterpretation des Wortes »Overkill«. Mit Sätzen wie »Sie sehen aus, als hätte man alle Grausamkeiten dieser Erde in einen Sack gepackt und dann Tausende wütende Hände so lange draufkloppen lassen, bis er weibliche Form annahm«. Von einem Brief zu reden, in dem ich »*kein Blatt vor den Mund*« genommen habe, trifft nicht *ganz* den Tenor meines Schreibens. Das ist *düsterster Stoff*, Mann. Es ist weniger ein scharf formulierter Brief als der *unverhohlene Versuch, die Welt eines anderen Menschen zu vernichten, und zwar mithilfe eines Textverarbeitungsprogramms.*

Es gibt darin allein sieben Absätze, in denen ich erläutere, was eine Schlange ist! Sicher hat man schon mal Leute höflich darum gebeten, sich eine gewisse Zeit in eine Nervenheilanstalt einweisen zu lassen, die weniger wirres Zeug als den folgenden Text verfasst haben:

»Hätte man Ihnen in den Wäldern bei dem barbarischen Naturvolk, von dem Sie ganz offenbar abstammen, beigebracht, was eine Schlange ist, hätten Sie akzeptiert, dass das Ende der Reihe der einzig angemessene Ort war, um Ihr von Hass durchdrungenes Skelett zeitweise zu parken. Nur wussten Sie gleich, dass Sie so nicht das in Ihre dreckigen Pfoten kriegen würden, was Sie sich erhofften. ›Ich will Bus‹, dachten Sie nur, tief im schwarzen Sumpf Ihrer Seele. Also drängelten Sie sich vor. Wie stolz Sie doch waren, dass Sie allen anderen Äffchen in der Reihe eins ausgewischt hatten mit Ihren ganz offensichtlich überlegenen kognitiven Fähigkeiten. Oh, welch diebische Freude muss da aufgeflackert sein in der feuchtkalten, von Knochen übersäten Höhle Ihres Denkens.«

Irgendwann kam der Punkt – okay, es war ungefähr auf dem letzten Viertel der vierten Seite, um genau zu sein –, da wurde mir klar, dass Nummer 21/das dämonengeborene seelenlose Monster, auch bekannt als das grausame und uralte Böse (DgsMdguuB) vorhatte, sich dieses Problems, das *ich* darstellte und das sie selbst heraufbeschworen hatte, einfach zu entledigen, indem sie schlief. Oder, wie ich es in meinem Wahn in dem Brief formulierte: »Ach, was soll das denn jetzt werden?! Ich traue meinen Augen nicht ... wollen Sie Ihren stinkenden Todesatem jetzt wirklich in dieses erbärmliche kleine aufblasbare Kissen hauchen? Sie wollen doch jetzt nicht ernsthaft schlafen, oder? Um in den hassfreien Äther zu entfliehen und sich den allgegenwärtigen Fesseln Ihrer verderbten Persönlichkeit zu entziehen? Ich bitte Sie, Madam. Was für eine tragische Fehlinterpretation Ihrer gegenwärtigen Situation Ihnen da unterläuft.«

Also ließ ich ein lautes Husten vernehmen. Ich stöhnte unüberhörbar. Ließ die Knöchel knacken. Dann den Nacken. Ich ließ alles knacken, was an mir nur knacken konnte, jedes noch so abstruse Körperteil, und das immer wieder. Ich ließ mein Handy nervtötende Geräusche machen. Ich klopfte ohne jeden Rhythmus mit den Füßen. Ich pfiff. Klatschte. Schnaubte. Gurgelte. Grunzte. Ich machte komische Quietschgeräusche mit den Zähnen. Zwischendrin legte ich sogar mehrere strategische Pausen ein, gerade lange genug, dass ihr Kopf ganz langsam in Richtung Schlaf zu sinken begann, bevor ich mit frischem Eifer wieder von vorn anfing. Diese Technik wendet man übrigens auch in Guantanamo an.

Linn saß indessen zufrieden daneben und sah sich *Friends* an, warf mir aber immer wieder mal besorgte Blicke zu – ein ruhiges, freundliches Gesicht, das mir nichtsdestotrotz ganz ohne Worte mitteilte, was sie fühlte, nämlich: »Ähm, vielleicht solltest du jetzt langsam mal wieder aufhören damit, dich wie ein Bekloppter aufzuführen ... was meinst du?«

Nummer 21/DgsMdguuB schlief ein. Ich weckte sie wieder auf. Einnicken. Aufwecken. Einnicken. Aufwecken. Ereignis 1, Ereignis 2, sich wieder und wieder abwechselnd. Und dennoch war mir sonnenklar, dass sie nicht in der Lage dazu war, Punkt 1 und Punkt 2 miteinander in Zusammenhang zu bringen. Schließlich gehörte es nicht unbedingt zu ihren Spezialitäten, die korrekte Folge von Ereignissen zu durchschauen. Und das hat uns ja überhaupt erst in diese missliche Lage gebracht. Irgendwann gab sie den Versuch auf, ein bisschen Schlaf zu finden – und ich hoffe, das war der Moment, da sich ihre Reue in ihrem ganzen Umfang bemerkbar machte, ihr ganzes Wesen einnahm und sie zu dem Entschluss brachte, sich nie, nie wieder vorzudrängeln. Sie warf einen letzten verstohlenen Blick auf meinen Laptopmonitor, während ich gerade mein trauriges kleines Meisterwerk vollendete:

»Sie haben mich erschaffen. Sehen Sie sich den Schrecken an, der Ihr eigenes Werk ist. Sie sind der Todbringer; der, der jede Busreise zum Verderben werden lässt. Nein. Wagen Sie es nicht, den Blick abzuwenden – Sie haben diesen Sitzplatz selbst gewählt, schon vergessen? Dies ist die Realität, in der zu leben Sie sich ausgesucht haben. Wir sind die Ratten in Ihrer Welt. Allesamt sind wir Ratten. Es grämt mich zutiefst, den Planeten mit Ihnen teilen zu müssen. Mögen Ihre Nachkommen tausend Jahre in Schande schmoren.

Noch ganze 9 Stunden der Ihre

Paul Hawkins.«

Nachricht senden.

Zum Glück (für mich, weil ich nämlich langsam müde wurde) stieg sie dann in Dresden aus. Alle meine Mühen hatten sich für mich kaum gelohnt, abgesehen von der winzigen Hoffnung, dass sie gar nicht in Dresden wohnt, sondern sich nur gezwungen sah, früher auszusteigen, um mir zu entkommen. Den Rest der Reise versuchte ich verzweifelt, mich wieder zu beruhigen.

Wo war ich? Ach so, ja. Ich empfehle Ihnen, sich ordentlich anzustellen, wenn Sie nach Großbritannien reisen.

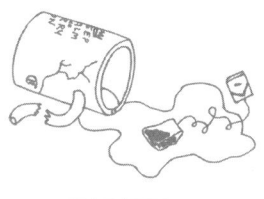

KAPITEL 4

Umgang mit den Briten

Es gibt zwei Dinge, die meine europäischen Freunde, die im Vereinigten Königreich gelebt haben, mir über ihre Erfahrungen zu berichten haben.

Einerseits, so sagen sie, sei Großbritannien ein Land, das extrem freundlich sei, so sehr, dass es fast schon nervt. Anfangs ist man als Besucher noch voller Bewunderung, weil alle so aneinander interessiert scheinen und sich selbst Wildfremde stets mit Wohlwollen begegnen, ohne irgendeinen offenkundigen strategischen Nutzen. Wie kann jemand, der sich einen Kaffee bestellt, sich so um das Wohlergehen desjenigen sorgen, der den Kaffee zubereitet, und umgekehrt? Warum halten zwei Fremde so pflichtschuldig an der sozialen Komponente einer so alltäglichen, flüchtigen und bedeutungslosen wirtschaftlichen Transaktion zugunsten des Starbucks-Konzerns fest, die in anderen Teilen der Welt mit einem Knopfdruck, einem kurzen Fingerzeig und einem Grunzen erledigt wäre?

Andererseits, berichten sie, sei es trotz des nie enden wollenden Karnevals der ebenso mühelosen wie sinnlosen Freundlichkeit in Großbritannien nicht so einfach, neue Freunde zu finden. Wirklich seltsam.

Tatsächlich mag es auf den ersten Blick wie ein Widerspruch in sich erscheinen – oder vielleicht wie ein Hinweis darauf, dass meinen Freunden ganz eindeutig etwas fehlt, was ihr Talent zum Schmieden neuer Freundschaften betrifft. Ich meine, mal ehrlich, was muss man für ein Mensch sein, wenn man durch die Wüste streift und sich beklagt, man könne nicht ein Sandkorn finden?

Liegt dem Ganzen vielleicht ein weiteres Rätsel zugrunde?

Übertriebene Freundlichkeit

Guten Tag. Inspektor Hawkins hier, von der Freundlichkeitspolizei, stets zu Ihren Diensten.

Hier sind die bisherigen Einzelheiten des Falls: In Großbritannien scheinen alle recht nett zu sein, nicht wahr? Das ist schon fast Gesetz. Ob jemand einen seit zehn Minuten oder zehn Jahren kennt, man wird immer mit der gleichen Freundlichkeit behandelt wie ein Gangster, der einem die Pistole an die Schläfe hält und einen dann auffordert, ihm Komplimente zu machen.

Das Problem ist folgendes: Wenn alle freundlich sind, ist es umso schwerer für Neulinge der britischen Kultur, jemandem näherzukommen oder festzustellen, wer bereit ist, sich näher mit einem zu befassen. Mit anderen Worten, Fremde, die sich in die Nett-o-sphäre des Vereinigten Königreichs begeben, finden es höchst knifflig, Freundlichkeit aus reiner Höflichkeit von Freundlichkeit um der »Freund-lichkeit« willen zu unterscheiden. Um dieses Problem aus ihrer Perspektive zu verdeutlichen: Wann ist jemand an mir interessiert, weil dieser Jemand mich gern wiedertreffen würde, und wann heuchelt jemand Interesse, aus purer Angst, mir noch einmal begegnen zu müssen?

Betrachtet man es so, lässt sich nach außen hin an der Pokerpersönlichkeit nichts ablesen. Tatsächlich habe ich schon gehört, wie wir Briten von Fremden als »Pfirsichmenschen« beschrieben wurden – nach außen hin ganz weich und flauschig, nur dass man von außen nicht sieht, wie weich das Innere ist, bis man einen kräftigen Bissen genommen hat. (Die Deutschen dagegen sind eine Nation von »Eiermenschen«. Von Weitem sieht man lediglich, dass sie eine Schale haben, aber ob das Innere gekocht ist oder weich, wird man erst wissen, wenn man nah genug dran ist, um mit dem Freundschaftslöffelchen dagegenzuklopfen.)

Nun ja, keine Sorge. Ich kann Ihnen zwar keinen kulturdurchdringenden Röntgenapparat für Pfirsichmenschen liefern, dafür aber habe ich ein paar Tipps und Tricks für Sie auf Lager, wie Sie die äußere Hülle der britischen Persönlichkeit einschätzen können, um Hinweise auf das Fruchtfleisch im Inneren zu bekommen.

Die »Alright«-igkeit

Das Problem, mit dem wir uns im Folgenden beschäftigen wollen, wird durch die Pokerpersönlichkeit nur verschlimmert. Wann immer man sich bei einem Briten erkundigt, wie es ihm denn gehe oder wie sein Tag gewesen sei oder ob er etwas möchte oder wie er finde, dass etwas Konkretes seiner Ansicht nach liefe, lautet die Antwort stets gleich: »Yeah, alright« (zu Deutsch »ja, schon okay«). Was hilfreiches Feedback angeht, ist das eher ein perfektes, aus nur diesem einen Wort bestehendes Schwarzes Loch, aus dem keinerlei *Bedeutung* je nach außen dringt. Nur dass wie so häufig das Wort »alright« stark verschlüsselt ist aufgrund der Verschleierung durch den Brit-o-matik, bis nur noch andere Briten in der Lage sind zu sagen, was es tatsächlich bedeuten soll. Denn in Wahrheit lässt sich mit »alright« so ziemlich jeder denkbare emotionale Zustand des britischen Spektrums beschreiben, und das rangiert irgendwo zwischen »ziemlich angefressen« und »hocherfreut«. Sehen Sie sich bitte folgende Beispiele an:

>»Yeah, I'm alright actually.« = Mir geht's verf*** noch mal großartig!
>»Yeah, I'm alright.« = Mir geht's gut.
>»Yeah, I'm alright, I suppose.« = Mir geht's überhaupt nicht gut.
>»Well, I'm alright, but ...« = Meine Frau ist tot, mir hat es bei einem U-Boot-Unglück die Beine weggeblasen, und in diesem Moment saust ein Komet auf die Erde zu.

Natürlich braucht es seine Zeit, bis man diese feinen, aber entscheidenden Unterschiede erkennt. Zum Glück macht Übung den Meister. Und auch wenn so gut wie sicher ist, dass man aus der Antwort, die man erhält, nicht schlau werden wird, ist es dennoch immens wichtig, dass man in Großbritannien wirklich jeden zu jeder Gelegenheit fragt: »Alles okay bei Ihnen? Ja? Ihnen geht's gut? Ernsthaft? Sie sind ganz sicher?«

Im Grunde ist es so etwas wie ein Angebot: *Gibt es irgendetwas, worüber Sie sich gerne beklagen würden?* Und das ist uns Briten bedeutend wichtiger als anderen Kulturen, da es eine Funktion übernimmt, vergleichbar mit einem Sicherheitsventil an einem Atomreaktor. Denn in Wahrheit erkundigt man sich nach etwas ganz anderem: *Möchten Sie wegen irgendwas Dampf ablassen?*

Diese Frage taucht tatsächlich derart oft auf, man könnte hier gar nicht übertreiben. Manchmal ertappe ich mich – zu meinem eigenen Verdruss – sogar selbst dabei, wie ich, nachdem ich mich am Telefon bei meinem Gesprächspartner erkundigt habe, ob »alles okay?« sei, und auf die Frage »und du, alles okay?« meine Befindlichkeit beschrieben habe (mit »ja, schon okay, danke der Nachfrage«), unnötigerweise noch einmal frage »und bei dir?«. (WAAAAAH.)

Immer wenn das passiert, beantwortet der andere Britbot die Frage gleich noch einmal, als wäre das ganze verheerende Vorspiel nie passiert. Ob aus reinem Pflichtgefühl, weil ihm alles andere peinlich wäre oder weil man sich gemeinsam schämt, lässt sich nicht sagen. Jedenfalls wagt man es nicht, sich der Realität zu stellen und einfach unumwunden zu sagen: »Das hast du mich doch eben schon gefragt.« Das ist meistens der Punkt, wo ich am liebsten das Telefon im Klo versenken würde, um dann hinterherzuspringen, die Klospülung zu betätigen und mich ins Meer zu spülen. Dem anderen, so nehme ich an, geht es ganz ähnlich. Ein Albtraum. Na ja, was soll's, wieder ein Tröpfchen, das in den *tiefen Brunnen der kollektiven Scham* plumpst.

Wenn wir bei meiner Familie sind, weiß Linn meist nicht, wie sie mit dem Ansturm von Nettigkeiten und den minütlich wiederholten Erkundigungen nach ihrem Befinden, die ihr von allen Seiten entgegenschlagen, umgehen soll. (Als vernunftgesteuerter Mensch handelt sie nach dem Prinzip »*Wenn mit mir was nicht stimmt, lasse ich es euch wissen*«.) Einmal kam sie zu mir in die Küche und sagte: »Ich glaube, dein Bruder hat auf der Treppe gerade ›Oi‹ zu mir gesagt.«

»Wäh? Im Ernst?« Ich verzog zweifelnd das Gesicht. »Kann mir nicht vorstellen, dass er wirklich ›Oi‹ gesagt hat. Das ergibt doch keinen Sinn.«

Und dann kam er in die Küche spaziert und sagte: »Oigh?«

Aha. Alles klar. Wieder ein Fall gelöst. Ich erklärte Linn, dass mein Bruder sich in Wirklichkeit erkundigt hätte, ob es ihr gut gehe – »Are you alright?« –, nur dass er es zu einer einzigen, effektiven Silbe verkürzt hatte. Das sei so was wie eine Frage im Vorbeigehen gewesen, erklärte ich. Die Zwanzig-Millisekunden-Variante einer Unterhaltung – die minimal machbare Version eines Gesprächs. Einfach nur, weil es immer peinlich ist, wenn man auf der Treppe jemandem begegnet, den man kennt.

Sarkasmus

Eine typisch britische Spezialität ist es, Fremde zu verwirren. Es ist ja so schon schwer genug, sich in einer anderen Sprache und in einer anderen Kultur zurechtzufinden, erst recht, wenn es sich um eine

Kultur handelt, die es virtuos beherrscht, Bedeutungen zu verschleiern; die Ironie haben wir Briten zu einer wahren Kunstform erhoben. Wir sind derartige Meister der sarkastischen Künste, dass wir inzwischen ein Niveau erreicht haben, wo es uns selbst unmöglich ist zu sagen, ob einer einen Witz gemacht hat oder nicht.

Ein weiteres Problem ist, dass Sarkasmus wie fast alles mit typisch britischem Understatement daherkommt (sein komödiantischer Cousin, die *Übertreibung*, wäre indes leichter zu erkennen) und mit typisch trockener, ernster Manier dargebracht wird, wie man es nur mit dem Pokerface einer Pokerpersönlichkeit hinbekommt. Letzten Endes ist das dann für einen Fremden nicht mehr nachzuvollziehen.

Natürlich überrascht es kaum, dass die Briten sich selbst als die Großmeister des Sarkasmus sehen, zumal Sarkasmus doch dem britischen Prinzip »etwas anderes sagen als das, was man meint« nicht unähnlich ist, nur dass im Falle von Sarkasmus die logische Schlussfolgerung gezogen wird: Wir können das sagen, was wir wirklich meinen, indem wir genau das Gegenteil äußern. Ist im Grunde total clever. (Nein, natürlich nicht.)

Nicht selten sind die Witze, die wir reißen, derart durchdacht, dass noch nicht einmal einer merkt, dass wir einen Witz gemacht haben. Zumindest ist das immer meine Ausrede. Dieser Aspekt des Sarkasmus ist besonders für jene Menschen schwer zu durchblicken, die mit der britischen Kultur noch nicht allzu gut vertraut sind. Es ist ein bisschen wie mit dem Problem von dem *Baum im Wald, der umfällt*. Wenn jemand eine sarkastische Bemerkung vom Stapel lässt und keiner erkennt den Sarkasmus dahinter ... ist es dann nur noch eine ganz gewöhnliche Bemerkung?

Da es den meisten Briten am Vokabular mangelt, das über »alright« hinausgeht, um die begrenzte Bandbreite ihrer Gemütszustände zu beschreiben, und da dieses »schon okay« darüber hinaus auch noch das genaue Gegenteil bedeuten kann, nämlich »gar nicht gut« – wie soll man zum Teufel wissen, ob ein Brite einen mag oder nicht?

Intimität

Nun, das Einzige, was ich mit absoluter Gewissheit sagen kann, ist Folgendes: Mag man den anderen, *beschimpft* man ihn. Und zwar *unablässig.*

Dies erklärt sich am besten, wenn man es durch die Linse des »Doppeldenk«-Prinzips aus George Orwells Roman *1984* betrachtet: In seinem Buch ist Krieg Frieden. Freiheit ist Sklaverei. Unwissenheit ist Stärke. In der britischen Kultur ist Unhöflichkeit Höflichkeit. Gemeinheit ist Freundlichkeit. Grausamkeit ist Liebe.

Sie müssen wissen, die Briten drücken sich ihre gegenseitige Zuneigung aus, indem sie sich übereinander lustig machen und sich beleidigen, genau wie Kinder, nur viel krasser. Als Daumenregel gilt: Je deftiger die Beschimpfung, desto mehr mag der andere einen. Man stelle sich einfach das Schlimmste vor, was jemand zu einem anderen Menschen sagen könnte. Worte, die aufgrund der Zensur in gedruckter Form folgendermaßen aussehen müssten: »Du ***tes ***es Riesen*** von einem ***!«

Das ist dann quasi die britische Entsprechung von »Ich schätze deine Freundschaft sehr«.

Natürlich kann dieser Brauch ein wenig verstörend anmuten, zumal die Briten ansonsten ja dermaßen höflich sind, dass man sie gelegentlich sogar dabei ertappt, wie sie sich bei Türen, Pflanzen, Tieren, niemand Speziellem oder Wildfremden entschuldigen, von denen *sie* angerempelt wurden.

Und dennoch ist es die einzig logische Konsequenz aus einer so unterdrückten Kultur, dass man die Menschen, die man am meisten liebt und schätzt, beleidigt. Überlegen Sie doch mal: Wenn man in einer Gesellschaft lebt, in der es das höchste kulturelle Gut ist, stets höflich zu sein (wichtiger noch als das Überleben, Gesundheit und Glück), in der man sich immer auf eine bestimmte Weise benehmen muss, in der Unhöflichkeit eine Todsünde ist, dann ist das so, als wäre man in der Schule, in der Kirche oder in der Arbeit, nur dass man in dieser Schule, dieser Kirche oder dieser Arbeit praktisch rund um die Uhr ist, weil das ganze Land diese Schule/Kirche/Arbeit ist und nie geschlossen hat.

Da draußen im hektischen, gehetzten, geschäftigen und turbulenten Dschungel unserer kleinen Insel, wo man stets nett sein muss zu seinen Mitmenschen, kommen wir durchaus an unsere Grenzen und können irgendwann nicht mehr, daher verwundert es nicht, dass alle diese unterdrückten Instinkte sich ein Ventil suchen, sobald wir Zuflucht suchen in der Privatsphäre unserer Freundschaften. Die

Japaner in Asien haben total schräge Fernsehsendungen. Die Japaner Europas, also wir, werfen einander Beschimpfungen an den Kopf. Sehen Sie? Ist doch vollkommen logisch, Sie Schwachmat. (Ich mag Sie wirklich gerne.)

Wenn man in Großbritannien also nie von irgendwem beschimpft oder beleidigt wird, kann dies bedeuten, dass man immer noch Teil der riesigen, landesweiten *»Fremdenzone«* der Nett-o-sphäre ist und man sich in der sozialen Hierarchie noch nicht hochgearbeitet hat. Ein Mangel an persönlichen Beleidigungen kann entweder so erklärt werden, dass man nichts über Sie weiß (Sie befinden sich nach wie vor in der höflichen und netten Phase, in der man so tut, als würde man sich gegenseitig lausen), oder es bedeutet schlicht, dass man Sie hasst (wir Briten sind zu Leuten, die wir nicht mögen, besonders nett, weil man sie damit am besten nerven kann).

PROFI-TIPP:

Macht man sich in Großbritannien Feinde, wird man sie am besten mit »übertriebener Freundlichkeit« los. Es handelt sich hierbei um eine einzigartige Form passiv-aggressiven Verhaltens, bei der man auf tatsächliche Aggression mit zunehmender Freundlichkeit reagiert, und zwar mit dem expliziten Ziel, dass der andere sich zunehmend schlecht fühlt, weil er so gemein zu einem ist. Das ist die höfliche Variante des bösartigen Genies.

Bevor wir zur hohen Kunst des *Beleidigungsaustauschs zwecks Stärkung sozialer Beziehungen* kommen (Anthropologen sprechen in diesem Zusammenhang auch von scherzhaftem Geplänkel), sollten wir uns mit dem legendären britischen Sinn für Humor beschäftigen, da er ein Grundpfeiler der britischen Persönlichkeit ist.

Der britische Sinn für Humor

Um mit der angeborenen Schande zurechtzukommen, dass wir sind, wer wir sind, haben wir Briten die einzig noch verfügbare Verteidigungsstrategie entwickelt: einen gesunden Sinn für Humor (GSFH). Wir setzen die GSFH-Strategie wie einen persönlichen Schutzschild fürs Ego ein, daher müssen wir sie regelmäßig auf die Probe stellen, um zu sehen, ob er noch stabil ist.

Es ist unschwer zu erkennen, wozu wir einen solchen Verteidigungsschild benötigen. Wir müssen zusehen, dass wir uns weiter in Mitleid suhlen können, ohne darin unterzugehen. Wir brauchen die Selbstabwertung, um nicht im Selbsthass zu ertrinken. Wir brauchen das Understatement (»Wir haben da ein klitzekleines Problemchen«), um mit der furchteinflößenden Welt da draußen (»alle vier Triebwerke sind ausgefallen«) umzugehen. Wir brauchen die Ironie, um mit Nigel Farage zurandezukommen, einem Multimillionär, der alle Welt als »die Elite« bezeichnet und mittlerweile so oft im Fernsehen zu sehen ist, dass man fast annehmen könnte, die von Panasonic und Sony hätten seine Visage auf den Bildschirm gepinselt.

Außerdem gibt es viel Grund zum Lachen, wenn man es draufhat, auch mal sich selbst ins Visier zu nehmen. Wir sind schließlich jenes schrullige, witzige, gutmütige, heimatverbundene kleine Völkchen von Angsthasen, das Vorbild für die Hobbits war. Doch wenn man schon auf einem tiefen Brunnen der kollektiven Scham sitzt, kann man doch genauso gut auch gleich die Reserven anzapfen, ein bisschen was davon in Flaschen abfüllen und es ins Ausland verkaufen, oder nicht?

PROFI-TIPP:

Die Briten lieben ihre Wortspiele, sie setzen sie immer und überall ein; von Zeitungsschlagzeilen – als George Michael starb, las ich zum Beispiel »Scrape me up before you go slow« – über Namen für Geschäfte – die Gärtnerei meines Bruders heißt beispielsweise »I fought the Lawn«, ein Bräunungsstudio ganz in unserer Nähe heißt »Tans in' 'ere«, und einmal hat mir ein Mann beim Umzug geholfen mit einem Lieferwagen, auf dem stand »Jean-Claude Van Man«. Wir haben ein ernsthaftes Problem.

Natürlich sind die Briten weltbekannt für ihren Sinn für Humor. Weil es schwer zu glauben ist, dass wir uns diesen guten Ruf verdient haben durch das zweifelhafte Vergnügen, ständig irgendwelche miesen Wortspiele machen zu müssen, sowie durch unseren übertriebenen Einsatz von Sarkasmus, kann ich nur zu der Schlussfolgerung kommen, dass wir uns einfach nur kollektiv an den Rockzipfel von Großbritanniens bekanntestem und international angesehenstem Comedyexport gehängt haben: *Monty Python.*

Neil Armstrong machte einmal eine Bemerkung darüber, dass die Leute niemals davon reden würden, er wäre zum Mond geflogen, sondern dass immer nur davon die Rede war, »wir«, die *Menschheit,* seien zum Mond aufgebrochen. Natürlich ist der britische Durchschnittsbürger ungefähr so verantwortlich für Monty Python, wie das durchschnittliche Mitglied von Monty Python für den Fall des byzantinischen Großreichs verantwortlich ist, doch das hält uns ganz gewiss nicht davon ab, uns an ihren Erfolg dranzuhängen, als gehörten sie uns allein. Wenn die Welt gern denken will, wir wären witzig, dann sind wir das auch. Keine Frage.

Schließlich passiert es nur selten, dass man vom Rest der Welt so ein schmeichelhaftes Stereotyp verpasst kriegt. Wir Briten sind es eher gewöhnt, in der internationalen Comedyküche, in der sich käsefressende Kapitulationsaffen, fette, schwer bewaffnete Rednecks und Sandalen mit Socken tragende Typen mit Analfixierung tummeln, als verweichlichte feine Pinkel gesehen zu werden, die grottenschlechte Zähne haben, alle auf die Queen stehen, besessen sind von guten Manieren und keinen Schimmer haben, wozu Genitalien eigentlich gut sind.

Ein vergleichsweise schmeichelhaftes Etikett wie »guter Sinn für Humor« muss daher verteidigt, geschätzt und nie zu genau hinterfragt werden. Und tatsächlich, noch während ich dieses Buch im unbeschwerten, heilsamen Geist der Rache schreibe, ist dies für mich die einzige Facette der »Britishness«, die ich schätze und der ich freimütig zustimme, natürlich aus reinem Eigennutz.

Ich habe ein persönliches Interesse daran, dass dieser kleine Mythos auch weiterhin unberührt bleibt, weil ich so meine Bücher in Deutschland vermarkten kann. Im gleichen Maße könnte man mit seinem Deutschsein in Großbritannien die eigene Effizienz im Job vermarkten. Mein erstes Buch wurde in einer Rezension gelobt mit den Worten »glänzt mit knochentrockenem britischen Humor« (ORF), als wäre es ein so selbstverständliches Qualitätsmerkmal wie deutsche Ingenieurskunst, schwedische Möbel, französische Küche, italienische Großmütter oder amerikanische Langstreckenraketen. Und wofür steht das Wort »britisch«? Soweit ich das beurteilen kann, bislang für nichts im Speziellen, außer »Diese Witze hat sich ein Mann ausgedacht, der auf einer feuchten Insel geboren wurde«.

Jedenfalls ist unser Sinn für Humor – und insbesondere die Tatsache, dass wir stolz darauf sind – der Schlüssel zur Enträtselung unseres gesellschaftlichen Lebens.

Anderer Leute Unglück

Die Briten schöpfen gern Trost aus dem Unglück anderer. Wenn Menschen Dinge tun, die peinlich oder unangenehm sind, dann jubeln wir, johlen, juchzen und applaudieren. Das mag einem bösartig und gemein vorkommen. Ist es aber nicht. Wir feiern so nämlich nur, dass wir nicht allein sind.

Nirgends wird diese schrullige Eigenheit deutlicher, als wenn jemand in einem Pub ein Tablett voller Gläser oder einen Teller fallen lässt. Dann sieht die allgemeine Reaktion so aus, dass Wildfremde innehalten in dem, was sie tun, und ein fröhliches, feierliches »Wuaheeey!« verlauten lassen. Wenn jemandem die Einkaufstüte reißt: »Wuaheeey!« Wenn jemand auf der Treppe stolpert: »Wuaheeey!«

Wir Briten haben leider kein eigenes Wort für Schadenfreude. Weil uns gar nicht bewusst ist, dass man dafür eigens ein Wort brauchen könnte. Wir gehen ganz einfach davon aus, dass man das eben so macht.

Ernsthaftigkeit

Wissen Sie, es gibt einen guten Grund, weshalb wir getrost alle und jeden beleidigen können: Weil es in der britischen Kultur tabu ist, die Dinge allzu ernst zu nehmen, und die schlimmste Sünde von allen ist es, wenn man *sich selbst* zu wichtig nimmt.

Für die Briten gibt es keinen Menschen, der bedauernswerter wäre als einer, der über einen Fußball stolpert und selbst nicht darüber lachen kann; nichts Tragischeres als eine Frau, die bemerkt, dass ein Stück Klopapier an ihrem Rock klebt, und das dann wütend entfernt.

Wenn Sie unsere Scheu vor der Ernsthaftigkeit selbst erleben wollen, beginnen Sie einfach ein erstes Gespräch mit einem Briten, indem Sie die übliche Frage stellen: »Was machen Sie beruflich?«

Dies könnte für das ungeübte europäische Ohr wie die Aufforderung dazu klingen zu erzählen, was man beruflich so mache. Ist es aber nicht. Es ist die Einladung, sich über den eigenen Job zu beklagen. Alles andere würde man als reine »Angeberei« betrachten.

Vergessen Sie nie, Ernsthaftigkeit wird in Großbritannien nicht toleriert.

Genauso wenig wie zu große Ehrlichkeit.

Oder Enthusiasmus.

Oder übertriebene Aufregung.

Oder *Gefühle* (die sind unheimlich).

In Großbritannien sollte man immer und überall das, was man beruflich tut, herunterspielen in der Annahme, dass auch alle anderen ihren Job herunterspielen werden. Ein Versuch, das gesellschaftliche »Gleichgewicht« aufrechtzuerhalten, *zwinker zwinker*. Hier gibt es keine beruflichen Ranglisten. Nichts da. Nur einen Haufen Leute, die alle zusammen in einem Boot sitzen, wir sind alle gleich, Kamerad. Ha.

Ungeachtet dessen, ob es der Wahrheit entspricht, Herr supertoller Autor, steht es Ihnen nicht zu, zu behaupten: »Ich schreibe an einem wirklich wichtigen Roman. Ein Epos, das sich über drei Generationen erstreckt und die Evolution der Sprache mit den verworrenen Schicksalen nationaler Identitäten zusammenbringt in einer Welt, in der wir uns zunehmend über die Grenzen unserer Kommunikationsfähigkeit definieren.«

Ähem. Nein. Nein, vielen Dank auch.

In Großbritannien – der Heimat des Selbsthasses – gilt es als das eindeutigste Zeichen für schlechte Manieren, wenn man etwas Schlaues von sich gibt. Mit einer solch schamlosen Missachtung der Regel, dass man sich selbst möglichst kleinmachen sollte, erreicht man allerhöchstens, dass man auf die gelangweilte Gegenfrage gefasst sein muss, ob das »kleine Büchlein« denn auch »Bilder drin« habe.

Eine schon viel angemessenere Form, die gleiche Aussage vorzubringen, wäre folgende: »Ich versuche gerade, irgendwie so was wie ein Buch zu schreiben, glaube ich, aber keine Ahnung, na ja, ob das gut wird. Vermutlich nicht. Es geht um, was weiß ich, irgendwie um Geschichte.«

Na fein. Gut. Weiter im Text.

Wortgeplänkel

Verständlicherweise sind scherzhafte Sticheleien und neckisches Geplänkel keine Konzepte, die in sämtlichen Kulturen gleich gut ankommen. Als Linn zum Beispiel das erste Mal an meinem Geburtstag auf meiner Facebook-Seite war, war sie so schockiert angesichts der unzähligen wohlwollenden wüsten Beschimpfungen, mit dem meine lieben und teuren Freunde mich überschütteten, dass ihr erster Gedanke war, ich müsste ihnen allen etwas ganz Fürchterliches angetan haben (so was wie, keine Ahnung, meine Landsleute in einem Buch bloßstellen?).

Unter der oberflächlichen Ironie, dass wir Liebe durch Hass ausdrücken, ist das britische Geplänkel letzten Endes auch nichts anderes als jedes Ritual zur Verständigung im Tierreich. Es ist ein Ritual, mit dessen Hilfe man sich ganz subtil eine Erlaubnis erteilt, ein Ritual der Gegenseitigkeit, der Selbsterniedrigung und des Knüpfens von sozialen Verbindungen. Unterschwellig zeugt das Ganze von Vertrauen in die andere Person, wie ich finde – zugegebenermaßen ein Vertrauen, wie es vielleicht ein Vierzehnjähriger vermitteln würde, der kichernd im Sexualkundeunterricht sitzt –, ein Vertrauen, das es dem anderen erlaubt, schreckliche Dinge zu einem zu sagen, ganz einfach, weil er es sich verdient hat; weil man dem anderen vertraut; weil man sich nahesteht. Wieder einmal befinden wir uns auf dem Gebiet der phatischen Kommunikation, mit nur einem kleinen Unterschied: Wir mögen zwar so tun, als würden wir Wildfremde lausen, aber unsere Freunde bewerfen wir mit Scheiße.

Um so ein Wortgefecht zu starten, schimpft eine Person zunächst einmal über sich selbst. Dann kontert die zweite Person das Ganze, indem sie ebenfalls über sich selbst motzt. Lachen anschließend beide Parteien, zeigt das, dass man die erste Runde des Tests erfolgreich bestanden hat (ist man fähig, sich selbst schlechtzumachen?). Jetzt kann man übergehen zum zweiten Teil. Der nächste Schritt sieht so aus, dass man den anderen beschimpft (nimmt man sich selbst zu ernst?). Lacht der andere, ist dies als ausdrückliche Erlaubnis zu werten, dass man sich ihm nähern darf. Erwidert der andere die Beschimpfungen, besiegelt das die Freundschaft. Dann ist das Ritual komplett. Und wenn man sich gegenseitig immer derbere Beschimpfungen an den Kopf wirft, kann man sicher sein, dass man einen Freund fürs Leben gefunden hat. Dessen Dauerbeleidigungen stärken von jetzt ab den eigenen GSFH-Schutzschild.

Weil dieser *Beleidigungsaustausch zwecks Stärkung sozialer Bindungen* eine der seltsameren Zeremonien ist, die der Stärkung des Gruppenzusammenhalts dienen, wollen wir uns im Folgenden genauer ansehen, wie genau das funktioniert. Sie werden lernen, warum wir Briten unsere Freunde ständig als »mates« (»Kumpel, Alter«) betiteln. Für sich gewinnen muss man sie mit einem wirklich seltsamen Balztanz (»mating dance«).

Paul Hawkins' Vier-Punkte-Plan, wie man Briten als Freunde gewinnt, oder: Wie man unverschämt ist, aber höflich

SCHRITT EINS: Man schimpfe über sich selbst

Der erste Schritt bei diesem »Balztanz« ist es zu vermitteln, dass man sich selbst nicht zu ernst nimmt, dass man einen guten Sinn für Humor hat und dass man einen Witz zur eigenen Person einstecken kann. Zum Glück kann man gleich alle drei Punkte auf einmal unter Beweis stellen, indem man einen Witz auf eigene Kosten macht.

Wichtig ist, dass man anfangs nicht gleich zu sehr übertreibt. Als Eröffnung könnte ein Satz wie »Ich habe Schwierigkeiten, mich unter Kontrolle zu halten. Deswegen bin ich mir in zwischenmenschlichen Dingen ständig selbst im Weg« etwas abschreckend auf andere wirken. Da ist es ratsamer, mit oberflächlicheren Aussagen zu beginnen und sich dann langsam zu steigern. Konzentrieren Sie sich auf irgendetwas, das hervorsticht an Ihrer Person – so was wie Geheimratsecken oder buschige Augenbrauen oder eine auffällige Hakennase. So entschärfen Sie gleich von vornherein irgendwelche Tourette-Zeitbomben, die im Inneren Ihrer zukünftigen Freunde ticken könnten. Wenn dieser Brauch für Sie gänzlich neu ist und Sie nicht sicher sind, was an Ihnen alles nicht stimmen könnte, fangen Sie einfach klein an. Man stelle sich selbst als eine weiße Leinwand vor, die es gilt, nach und nach mit Farbe zu füllen. Man könnte beispielsweise einsteigen mit »Ich bin ein ziemlicher Volltrottel«.

Gut gemacht. Jede Reise von tausend Meilen beginnt mit dem ersten Schritt.

Vergessen Sie nur nicht: Als Ausländer stellen Sie ohnehin schon etwas Neuartiges für den anderen dar – Ihre eigene Geschichte ist voller Vorurteile und Stereotypen, die es zu erkunden gilt, und somit stellen Sie ein gänzlich neues, an Ressourcen reiches Terrain dar, das noch nie zuvor beschritten wurde.

Da wo Sie herkommen, sind Sie vielleicht der gute alte Günther aus Bielefeld, nicht besonders spannend, aber hier im Vereinigten Königreich haben Sie das Potenzial, sich als selbstzerfleischender Ein-Mann-Comedytrupp zu profilieren. Ihre eigene Hitlerimitation wird Ihnen zu ewiger Unrühmlichkeit verhelfen. Immer daran denken: Wenn man nicht über sich selbst lachen kann, um sich in der Öffentlichkeit den Respekt aller zu verdienen, ist die einzige Alternative, dass man von keinem respektiert wird, und dann wird man heimlich, im Privaten, über Sie lachen.

SCHRITT ZWEI: Der andere schimpft über sich

Nachdem Sie den anderen nun dazu eingeladen haben, Ihnen Beschimpfungen an den Kopf zu knallen, bleibt nur zu hoffen, dass er das nicht tut ... *noch* nicht. Der Brauch sieht es nämlich vor, dass der andere zunächst sich selbst schlechtmachen muss, als ein Zeichen der Bescheidenheit und der Selbsterniedrigung. Es handelt sich hierbei um das britische Äquivalent zur Erwiderung einer Verbeugung bei den Japanern. In Japan verbeugt man sich, um jemandem von Rang und Namen seinen Respekt zu bekunden. Es bedeutet »Hier bin ich und zeige Ihnen gegenüber meine Verletzlichkeit, um Ihnen zu beweisen, dass ich Ihnen nichts Böses will«. In Großbritannien bezeichnet man sich selbst als Trottel. Und das bedeutet, keine Ahnung, vermutlich »Ich bin ein Trottel«.

Nun bleibt zu hoffen, dass der zukünftige Freund und Partner sich im Gegenzug selbst schlechtmacht (»Sind wir nicht alle irgendwo Trottel?«). Damit erhält man nämlich die Zusage, mit dem Freundschaftsbalztanz fortzufahren.

Das Wichtigste in diesem zweiten Schritt des Rituals ist die eigene Reaktion auf die Schimpftirade des anderen.

Vor allem muss man unbedingt deutlich machen, dass man sich durchaus darüber im Klaren ist, dass der andere nur einen Witz gemacht hat. Reagiert man absolut ernst *(schauder)*, fällt man bei dem Test durch und kann wieder von vorne beginnen. Wenn der potenzielle Freundespartner beispielsweise über sich selbst herzieht und sagt »Scheiße, was bin ich blöd«, käme es einer Katastrophe gleich, aus tiefstem Herzen und mit der Freundlichkeit des Europäers zu antworten: »Nein, sind Sie nicht! Sie sind richtig schlau!« Indem man den anderen beim Wort nimmt, verleiht man der Selbstkasteiung des anderen Gewicht, und dann wird aus einer sarkastischen Bemerkung eine Feststellung – eine Feststellung, die zwangsläufig nach einer Richtigstellung verlangt. Vermutlich wird der andere in die Defensive gehen, als wären Sie es gewesen, der ihn beschimpft hat (indem Sie ihm den Angriff streitig gemacht haben): »Da haben Sie verdammt recht, dass ich nicht blöd bin, vielen Dank auch. Ich habe mein BWL-Studium mit einer Zwei abgeschlossen und kann vier verschiedene Arten von Knoten binden. Wie können Sie es wagen, mich als blöd zu bezeichnen?«

SCHRITT DREI: Der andere beleidigt Sie

Wenn wir davon ausgehen, dass Sie beide sich nun selbst beleidigt haben, ist es an der Zeit, zum eigentlichen Test überzugehen – der darin besteht, sich gegenseitig zu beschimpfen. Da Sie den ersten Schritt gemacht haben, müssen Sie jetzt auch die erste Beleidigung einstecken. Also halten Sie sich wacker und wappnen Sie sich für den ersten Schlag. Jetzt wird es ernst, gleich ist die Kacke am Dampfen.

Was auch immer Sie tun, fühlen Sie sich bloß nicht angegriffen. Schließlich wollen Sie Ihrem zukünftigen Partner zeigen, dass Sie *ihm* weit genug *vertrauen*, um sich *von ihm* beschimpfen zu lassen. Spielt man daraufhin den Beleidigten, ist das einfach nur peinlich. Wozu, glauben Sie, haben wir denn dieses hochkomplizierte Ritual entwickelt? Um solchen Peinlichkeiten vorzubeugen, indem wir mögliche Schwachstellen, die später zu blamablen Situationen führen könnten, gleich in den Fokus bringen.

Und bitte, behalten Sie bloß Ihre verdammten Gefühle für sich. Wir sind hier schließlich nicht in Italien.

Bei Schritt drei geht es darum, die Beleidigung gekonnt wegzustecken. Zum Glück wird der Andere, sofern er ein waschechter Brite ist, genau wissen, auf welchem Level er einsteigen kann. Und wenn er darüber hinaus auch noch auf Nummer sicher gehen will, wird er ungefähr die gleiche Selbstverachtung an den Tag legen wie Sie, nur um die Lage zu testen.

Zu Beginn einer Freundschaft beschimpfen die Beteiligten sich oft ausschließlich in Bereichen, die zuvor beiderseits abgesegnet wurden, ehe man sich später dann auf das Gebiet der Improvisation vorwagt. Dies ist die Phase, in der man die Grenzen des anderen auslotet.

Je heftiger man sich vorab selbst beschimpft hat, desto leichter wird es für den anderen sein, und umgekehrt. Es geht im Grunde darum, wie weit man die Torpfosten auseinanderstellt, damit der andere seinen Schuss nicht danebenhaut. Diese Selbstabwertung bringt quasi zum Ausdruck: »Fühl dich wie zu Hause, das Essen steht auf dem Herd, Bier ist im Kühlschrank, meine Frau und ich leben nicht monogam, und wenn Ihnen langweilig wird, hängt da noch ein Samuraischwert an der Wand, mit dem dürfen Sie spielen. Tun Sie sich keinen Zwang an, machen Sie ruhig Kleinholz aus meinen Möbeln und tun Sie so, als wären Sie ein Ninja.«

Wenn der andere die richtig großen Geschütze schon relativ früh rausholt, dann herzlichen Glückwunsch! Wenn Sie gerade Opfer einer vierstündigen Schimpftirade geworden sind, wo jedes einzelne Detail Ihres Gesichts, Ihres Körpers, Ihrer Persönlichkeit, Ihrer Weltsicht und Ihrer zentralen religiösen Grundsätze auf schonungsloseste und nachhaltigste Weise beleidigt wurden, ist das ein Grund zum Feiern. Denn dann sind Sie zweifelsohne ein Naturtalent. Eine solche Tirade wohlwollender Beschimpfungen schon in der Anfangszeit einer Freundschaft zu einem Briten abzubekommen ist tatsächlich ein großes Verdienst. Sie müssen schon ein wirklich liebenswerter Mensch sein, Sie riesengroßes ***.

Wenn Sie hingegen nur eine halbherzige, stumpfsinnige und zurückhaltende Kränkung geerntet haben, so was wie »ähem, Ihre Finger sind vielleicht ein bisschen ... na ja, irgendwie ... ein klitzekleines bisschen kurz geraten, würde ich sagen, ich weiß nicht recht, vielleicht sind sie auch okay«, dann sollten Sie vorerst überlegen, ob Sie nicht besser aus dem Pub verschwinden, schleunigst das Weite suchen und dann frühestens in zehn Jahren zurückkommen, bis Sie eine ausreichend interessante Persönlichkeit entwickelt haben. Besten Dank.

SCHRITT VIER: Sie beleidigen den anderen

Die letzte Phase des Paarungsrituals ist es, noch einmal darauf zu reagieren. Ihr GSFH-Schutzschild hat dem Beschuss standgehalten, jetzt ist es an der Zeit, die Gegenoffensive zu starten und das Ganze allmählich auf mehr und mehr freundschaftlichen Boden zu bringen.

Auch hier sollte man im Hinterkopf behalten, dass das, was auf einen abgefeuert wurde, in etwa mit vergleichbaren Mitteln vergolten werden sollte. Es ist offensichtlich, wie man den Test besteht und wie man ihn vergeigt. Man könnte falsch einschätzen, wie die angemessene Antwort lauten muss. Zum Beispiel beschimpft der andere einen als »beschissenes Arschloch«, und man selbst kontert mit »du dummer Hanswurst«. Nein. Das verwirrt den anderen nur und verängstigt ihn, weil er sich sorgt, er könnte gerade unnötigerweise mit einer Panzerfaust auf jemanden geschossen haben, der nur mit einem Löffel bewaffnet ist.

Wenn der andere sagt »Ich bin ja so was von vergesslich«, kann man zurückschlagen, indem man witzelt: »Ha! Ja! Du würdest sogar deinen Kopf verlieren, wenn er nicht angewachsen wäre!« Das passt. Gut gemacht. Volle Punktzahl. Aber wenn der andere sagt »Ich bin ja so was von vergesslich« und Sie antworten »Ha! Genau! Deine Mutter ist übrigens tot!«, dann wären Sie übers Ziel hinausgeschossen.

BONUSSCHRITT: Man beleidigt sich gegenseitig, *ein Leben lang*

Ist das Paarungsritual abgeschlossen – wenn beide Seiten einander ihr Vertrauen bekundet und sich als einander ebenbürtig erwiesen haben –, ist der unvermeidliche nächste Schritt eine lebenslange Eskalation. Hier ein ganz grober Wegweiser durch die Höhen und Tiefen des Beschimpfens, denen Sie auf Ihrer gemeinsamen Reise bis auf den Gipfel (oder an das untere Ende?) des Freundschaftsberges begegnen werden.

1. drollige Eigenheiten (»Du bist ja so ein Tollpatsch!«)
2. Persönlichkeit in ihrer Gesamtheit (»Wegen deiner Schusseligkeit wirst du nie ans Ziel deiner Träume kommen.«)
3. unübersehbare körperliche Merkmale (»Du Glatzkopf!«)
4. weniger offensichtliche körperliche Merkmale (»Bevor dir die Haare ausgefallen sind, wusstest du da, dass dein Kopf aussieht wie ein Kürbis, den nicht mal ein französischer Markt verkaufen würde?«)
5. Mütter, Anfänger (»Yo Mama!«)
6. Mütter, Fortgeschrittene (»Deine Mutter sieht aus wie eine geschmolzene, walrossförmige Kerze, die jemand mit zu Fäusten geballten Händen in ihre ursprüngliche Form zurückboxen wollte.«)

Gute Arbeit, wirklich. Und während Sie nach und nach die verschiedenen Stadien der Freundschaft durchlaufen, sollten Sie irgendwann in die Situation kommen, wo jedes bisschen Korrespondenz zwischen Ihnen und Ihrem neuen Kumpel ein stetig steigender kreativer Versuch ist, dem anderen die Laune zu verhagln (siehe auch »Das Böse« für weitere Hinweise).

Der ultimative Engländer

Je besser man diese Fertigkeit trainiert, desto mehr Einfluss hat man. Indem man sich selbst schlechtmacht und andere mit wachsender Intensität beschimpft, um die besten Beleidigungen aus ihnen herauszulocken, entwaffnet man jeden tatsächlichen Gegner. Und von denen sammeln sich im eigenen Leben genügend an. Beleidigungen sind die Waffen von Tyrannen. Denn wohlgemerkt: Beleidigungen benötigen ein Ziel, um einen Treffer zu landen.

Setzt man sich selbst herab, schrumpft man als Ziel, bis man irgendwann gar keine Angriffsfläche mehr bietet.

Es handelt sich hier um das britische Äquivalent zur großen Erleuchtung: die Fähigkeit, jede Beleidigung locker wegzustecken. Der erleuchtete Brite hat derart viel über sich selbst gelästert, dass er schon fast nackt vor einem steht; nichts kann ihm etwas anhaben, nicht einmal er selbst. Der vollends selbstdiffamierte Mann hat sich einen Panzer zugelegt, eine Rüstung, die er selbst geschmiedet hat. Wie soll man bitte schön gewinnen gegen jemanden, dem noch mehr als einem selbst danach ist, sich eigenhändig die Fresse zu polieren? Darüber sollte man am besten nicht allzu viel sinnieren. Stattdessen vertrauen Sie lieber auf mich: Es ist so gut wie unmöglich.

Haben Sie das einmal verstanden, sollte der Weg in eine bessere Welt, wie ich hoffe, hell erleuchtet vor Ihnen liegen. Wir müssen fies uns selbst gegenüber sein. Und wir müssen ganz besonders fies unseren Kindern gegenüber sein, diesen kleinen Idioten, damit in ihren dummen kleinen Herzen eine neue und bessere Welt gedeiht.

Freundschaft auf Britisch

Jetzt, wo Sie wissen, wie man Briten als Freunde gewinnt, sollten Sie Ihre neu gewonnene Macht behutsam einsetzen. Es gibt nämlich noch einen weiteren Grund, weshalb die Briten eher zurückhaltend sind, bevor sie entscheiden, wen sie in ihr Leben lassen und wen nicht. Es liegt nicht daran, dass sie übertrieben wählerisch wären, was die Leute betrifft, mit denen sie ihre Zeit verbringen wollen; genau das Gegenteil ist der Fall: Die Latte auf dem Weg zu lebenslanger Freundschaft wird sogar derart tief angesetzt, dass ein jeder Probleme hat, Kontakt mit dem eigenen Bekanntenkreis zu halten.

Die Briten sehen Freunde nicht als etwas, das man sich aussucht. Freunde sind einfach nur Leute, denen man irgendwann einmal begegnet ist, gerne schon im zarten Alter von vier Jahren. Und dann hat man sich bis zum gegenwärtigen Tag regelmäßig getroffen, weil die eigene Kultur einem keine Möglichkeit an die Hand gegeben hat, sie zu ent-freunden. Wenn man Glück hat, findet man ein paar von diesen Leuten sogar recht nett. Wenn nicht, sind einem im Grunde die Hände gebunden, viel kann man nicht dagegen tun: Bleibt nur zu hoffen, dass es so was wie Reinkarnation gibt und man im nächsten Leben mehr Glück hat, was die ersten sechs Leute betrifft, die einem im Kindergarten über den Weg laufen.

Das Vereinigte Königreich ist eine Nation von Leuten, die es von der Wiege bis zum Grab stets eilig haben und in ihrem Sog alle möglichen Leute mit sich reißen, von den ersten Freunden aus der Krippe über Klassenkameraden, verflossene Partner, die beiden Typen, die auf einer Verkaufskonferenz einmal neben einem saßen, den Typen, mit dem man im letzten Job den Schreibtisch teilte, einen früheren Nachbarn, mit dem man sich den Gartenzaun teilte, bis hin zu irgendeiner dubiosen Gestalt, von der man nie so genau wusste, woher man die eigentlich kennt, abgesehen davon, dass die eigene Mutter behauptet, man wäre mit diesem Jemand befreundet, und es ein Foto gibt von 1989, auf dem alle zusammen in der Badewanne sitzen.

Sie wollen wissen, weshalb es so schwierig ist, mit einem Briten Freundschaft zu schließen? Das Problem ist, es ist kein Platz für Sie. Jeder ist ohnehin schon so überfordert und beschäftigt, weil man gezwungen ist, jede einzelne Beziehung aufrechtzuerhalten, seit man lernte, aufs Töpfchen zu gehen. Da ist es schwer, noch Zeit für neue Freunde zu finden, zumal man ja jede Woche noch die mindestens vierzig Zeilen lange Mail von irgendeinem Typen beantworten muss, nur weil der sich vor dreißig Jahren eine Bohrmaschine ausleihen wollte.

Doch selbst wenn ein Brite keine Zeit hat für neue Freunde oder er einen nicht besonders sympathisch findet, bedeutet das noch nicht, dass man nicht sein Freund sein kann. Man muss es nur *wollen*. Es ist immer die eigene Entscheidung, nie die des anderen. Folglich ist es durchaus möglich, einem Briten eine Freundschaft aufzuzwingen, einfach indem man nicht lockerlässt und immer wieder bei ihm aufkreuzt. Bisweilen ist es noch nicht einmal erforderlich, dass überhaupt eine der beiden Parteien aktiv wird – ich kenne Leute, die können sich im Grunde nicht ausstehen, sind aber schon seit Jahrzehnten »Freunde«, nur weil sie sich im selben Freundeskreis bewegen.

Doch wenn man einmal drin ist, ist man zum Glück auf der sicheren Seite, dann bleibt man auch drin. Einen treueren Freund als einen Briten kann man sich gar nicht wünschen. Komme, was wolle, er bleibt einem ein Leben lang erhalten. Die Briten haben so was wie ein angeborenes Pflichtgefühl, und das lässt sich leicht missbrauchen. Ein solcher Freund wird alles tun, worum man ihn bittet – ganz einfach, weil ihm nichts anderes übrig bleibt, ablehnen geht nicht. Nutzen Sie diesen Vorteil weise.

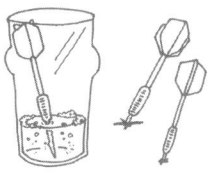

KAPITEL 5

Trinken mit den Briten

Da ich im Ausland lebe, bekomme ich nicht selten die Frage zu hören: »Was vermisst du am meisten an deiner Heimat?«

Und meine Antwort lautet jedes Mal gleich: die Pubs.

Da Sie nun mit den nötigen Fertigkeiten ausgestattet sind, wie man mit Briten Kontakt knüpft – Sie wissen, wie man die britische Persönlichkeit vorsichtig umschmeichelt, wie man sicher durch das Bedeutungslabyrinth eines Gesprächs steuert und das Minenfeld unserer sonderbaren sozialen Normen überquert, ohne Schaden zu nehmen –, ist es an der Zeit, dass Sie tatsächlich Freundschaften mit Briten schließen, und zwar in den freundlichsten Räumen ganz Großbritanniens: den Pubs.

Ich liebe Pubs, ernsthaft. Ich sage nicht, und das will ich in aller Deutlichkeit sagen, dass ich Alkohol liebe. Ich trinke schon gern, ja. Aber das sage ich nicht. Tatsächlich wäre ich sogar dann noch ein Fan der Pubs, wenn es dort keinen Alkohol gäbe. Da man aber nun mal Alkohol bekommt, liebe ich sie *wirklich*. Pubs, Pubs, Pubs. Ich liebe Pubs.

Und Sie können von Glück sagen, verehrter Miteuropäer, dass ich früher gleich mehrere Jahre lang in einem Pub gejobbt habe, kaum war ich alt genug dafür. Deshalb bin ich bestens geeignet, um Ihnen die kulturellen Gebräuche näherzubringen und um Ihnen ein paar exklusive Inneneinsichten in die wichtigste aller britischen Institutionen zu liefern. Und vielleicht werden auch Sie den bescheidenen britischen Pub ins Herz schließen.

Pubs

Falls Sie noch nie im Vereinigten Königreich waren, will ich Ihnen erzählen, was unsere wunderbaren Pubs so einzigartig macht.

Erstens sehen sie fast alle gleich aus – ein bisschen wie ein charmantes, altmodisches Gemeinschaftswohnzimmer, das sich im Verlauf von 800 Jahren nicht grundlegend verändert hat, abgesehen davon vielleicht, dass es heutzutage Kondomautomaten, Monster-Munch-Chips und Klosteine in den Urinalen gibt. Klingt vielleicht nicht nach einem Riesengewinn, aber haben Sie etwas Geduld.

Zweitens findet man sie überall. Wie ich schon sagte, meistens sind sie nur ein Bier entfernt. (Wenn man den intakten Zustand der Natur auf dem Land an unseren Hecken ablesen kann, dann ist der Zustand der britischen Kultur erkennbar an der Anzahl der Biergläser, die man in den Hecken findet.)

Drittens sind sie für *alle* da. Dort wo ich in Berlin lebe, gibt es Bars für Hipster, Bars für türkische Männer, Bars für die Suffköpfe aus der Nachbarschaft, Bars für Touristen, Bars für die Armen, Bars für die Mittelklasse und Bars für die Reichen. In Großbritannien gibt es einfach bloß Pubs – öffentliche Wohnzimmer für die Gesamtheit unserer Gesellschaft, weil wir hier doch alle gleich sind, nicht wahr? Haha. Ja, klar, Kumpel.

Zu guter Letzt sind Pubs auch noch für alles da; für jeden Zweck und für jede Gelegenheit. Das vereinfacht uns Briten das Sozialleben. In der magischen, legendären Zeit zwischen elf Uhr vormittags und elf Uhr nachts ist der Pub Café, Restaurant, Wohnzimmer, Taverne, Saloon, geselliger Klub, Gemeindezentrum, Spielhölle und Schaltzentrale für Klatsch und Tratsch. Darüber hinaus kann es als tragende Säule in jeder Lebensphase eines Briten gelten. Hierhin geht man als Kind mit der Familie zum Essen, hierhin geht man, sobald man volljährig ist, hierhin geht man, um Meilensteine und Erfolge im Leben zu feiern, hier trifft man sich mit Freunden, mit Verabredungen, vor Hochzeiten, wenn man in Scheidung lebt und nach Beerdigungen. Man kommt hierher, um glücklich zu sein. Und auch wenn man traurig ist, geht man in den Pub.

Mit anderen Worten, Pubs bieten der britischen Kultur in ihrer Gesamtheit ein Zuhause. Eigentlich bin ich mir noch nicht mal sicher, ob es ohne Pubs überhaupt eine Gesellschaft geben würde – vermutlich wären wir eine ungleiche, unzusammenhängende Masse von nüchternen, ständig beschämten Leuten, die sich in ihren Häusern verkriechen und hinter ihren Vorhängen hervorlugen und das Haus nur verlassen, um den Müll rauszubringen oder schnell in den Garten zu gehen und sich mutigerweise daran zu wagen, in der trügerischen Welt des »Draußen« unsere Wäsche zum Trocknen aufzuhängen.

Alkohol

Bevor wir in den Pub gehen, sollten Sie verstehen, welch einzigartige und besondere Beziehung wir Briten zum Alkohol haben. Das Trinken spielt in unserer Kultur eine derart übergeordnete Rolle, dass es vielleicht sogar wichtiger ist als das Beherrschen der englischen Sprache, damit eine soziale Interaktion stattfinden kann. Da ich aus England stamme, einem zentralen Mitgliedstaat vom exzessiven »Binge Britain« (Saufgelage-Britannien), bin ich nicht nur mit zwanglosen Besäufnissen aufgewachsen, sondern auch in der unerschütterlichen, sehr uneuropäischen Erwartung, dass das Trinken von Alkohol mit Freude verbunden ist.

Alkohol lässt die Hemmungen fallen, das wissen wir alle. Der durchschnittliche Brite ist ein riesengroßes Hemmnis in Menschengestalt. Witzigerweise reden wir Briten von »Dutch Courage« (also »holländischem Mut«), wenn wir uns denselbigen mit Alkohol antrinken. Wahrscheinlich reden die Holländer, die in ihrer Hauptstadt Amsterdam Hunderttausende von Junggesellen- und -gesellinnenabschieden miterleben müssen, im Gegenzug vom »britischen Grauen«.

Unser Bedürfnis nach einer harmlosen chemischen Hilfestellung, damit wir zu mehr Ausgelassenheit finden, ist der Grund, weshalb Pubs als das Fundament unserer Gesellschaft gelten können, der Fels, auf den unsere Nation gebaut ist. Und genau deshalb bekommt man in so gut wie jedem Raum, in dem man mehr als eine Stunde verbringt, unweigerlich Alkohol vorgesetzt.

Wie viele Beziehungen im modernen Großbritannien wären nie zustande gekommen, wäre nicht flüssiger Mut durch unsere Kehlen geflossen? Denn nur mit seiner Hilfe wagen wir es, uns einander anzunähern, uns gegenseitig auf den Zahn zu fühlen und uns gegenseitig zu »angeln«. So gut wie alle, würde ich wetten. In anderen Ländern mögen die Leute meinetwegen schon nach einem gemeinsamen Kaffee und einem Eis zu einem Paar werden, diese Freaks. Bei uns in Großbritannien aber ist Alkohol ein unverzichtbares Hilfsmittel in Bezug auf so gut wie jede soziale Interaktion. Darüber hinaus dient er allerdings noch den unterschiedlichsten Zwecken.

Die Briten setzen Alkohol ein, um einen misslungenen Abend zu retten, um eine langweilige Person erträglicher wirken zu lassen, um Freunde zu gewinnen, um sich die Zeit zu vertreiben und als krönender Abschluss so gut wie jeder Aktivität. Zum Beispiel: wenn einer stirbt (»Tut mir leid. Willst du einen trinken gehen?«), nach einer Geburt (»Glückwunsch! Willst du einen trinken gehen?«) oder kurz bevor jemand heimgehen will (»Na gut. Ist wohl besser so. Vielleicht noch einen Drink davor?«). Darüber hinaus ist Alkohol ein Geschenk, von dem man lange etwas hat – weil er uns durch jede einzelne Phase unseres chaotischen Lebens hilft: nach der Arbeit, am Wochenende, mit Freunden und Familie, um diese ganze überflüssige Freizeit und alle diese freiwilligen sozialen Beziehungen erträglicher zu machen. Für die Briten ist Alkohol nicht bloß irgendeine Droge – nicht nur ein zuverlässiger chemischer Trick für mehr Offenheit und Zusammenhangslosigkeit –, sondern ein verlässliches Tor zum Land der tausend Anekdoten, das immer zur Hand ist. Denn keine gute Geschichte fängt mit einem Glas Orangensaft an.

Ein Leben ohne Alkohol

Weil den Briten Alkohol als gesellschaftliches Schmiermittel so unheimlich wichtig ist, ist er so ziemlich die einzige Droge, für die man in der Gesellschaft stigmatisiert wird, wenn man sie *ablehnt*. Alkoholabstinenz wird in Großbritannien weitestgehend als asoziales Verhalten betrachtet, vielleicht sogar als antizivilisatorisch. Wenn man sich in einem Pub für ein Glas Wasser entscheidet, muss einem klar sein, dass einen die Leuten um einen herum ansehen, als hätte man die Scheibe einer Bushaltestelle mit einem Mülleimer beworfen und sie zertrümmert. Sicher, keiner *zwingt* einen in Großbritannien dazu zu trinken, wenn man es *partout* nicht will, aber man wird angeschaut, als hätte man es gewagt, die eigenen Hände im Bierglas des Anderen zu waschen.

Abstinenzler müssen sich in jedem Fall mit Fragen wie den folgenden abfinden: »Alles in Ordnung?«, »Stimmt was nicht mit dir?«, »Hat es was mit deiner Religion zu tun?« und/oder »Bist du auf Antibiotika?«. Trinkt jemand keinen Alkohol, wird er seine Gründe hierfür ausführlich darlegen müssen. Und wenn der Fragende schließlich mit »Oooookay, na schön« antwortet, wird es so klingen, als wäre er wohl oder übel gezwungen, Verständnis zu zeigen, allerdings nur widerstrebend, unmittelbar gefolgt von einer weiteren Frage, so was wie »Dann ... willst du vielleicht nur ein halbes Pint, oder wie?«.

Soweit ich es beurteilen kann, ist diese fast schon feindselige Reaktion auf die Ablehnung von Alkohol eine Form der Selbstverteidigung. Da die Anzahl der passiv-aggressiven Partikel, welche die britische Atmosphäre zu jeder Zeit erfüllen, als hoch einzuschätzen ist, ist das Leben meiner Landsleute von einem gewissen Maß an grundlegender Paranoia geprägt. Schließlich können sich hinter jeder noch so gewöhnlichen und scheinbar normalen Aussage ganz andere Bedeutungsschichten verbergen. Bei einem Satz wie »Mir ist heute nicht nach Alkohol« zum Beispiel. Ist man mit einem Briten im Pub und man selbst gibt die Bestellung auf – »einen Orangensaft und ein Bier, bitte« –, hört er mit seinem paranoiden Brit-o-matik-Hirn vermutlich irgendeine Variation von »Ich hätte gerne einen Orangensaft, bitte, aber mein Freund hier bevorzugt es, seine Leber zu ruinieren, sein Leben zu zerstören und die Gemeinschaft zu schwächen. Vielen Dank«.

Wie Sie vielleicht schon erraten haben, bin ich ein orthodoxer bekennender Trinker (und ein halbbekennender Anhänger von Trinkgelagen noch dazu – ich gehe zwar nicht jeden Sonntag in den Heiligen Pub, aber ich glaube felsenfest ans Trinken). Dennoch bin ich mir darüber im Klaren, dass es viele gute Gründe gäbe, nicht zu trinken. Gesundheitliche Gründe, finanzielle Gründe, weil man alles besser unter Kontrolle hat, weil man nicht zu einer Belastung für andere wird, bla, bla, bla. Deshalb fand ich es auch immer schon verstörend, dass ich im britischen Alltag quasi als normaler Mensch durchging, während der gesunde, wohlhabende, kontrollierte, unabhängige Langweiler sich ständig rechtfertigen muss gegenüber einer Jury von Besoffenen, die wissen wollen, warum er nicht wenigstens leidlich angetrunken aufgekreuzt ist.

Tatsächlich sind nur zwei Gründe bekannt, die in Großbritannien als Entschuldigung durchgehen. Die erste akzeptable Ausrede ist: »Nein, ich darf nicht, ich bin schwanger.« Aus offensichtlichen Gründen funktioniert diese Version nur wirklich bei einer Hälfte von uns gut. Das lässt den armen Kerlen, die sich nicht länger von ihren trinkenden Freunden unter Druck setzen lassen wollen, keine andere Wahl, als zu sagen: »Tut mir leid, ich trinke nicht. Ich bin Alkoholiker.« Das ist er, der einzige Freibrief, vermutlich, weil diese Ausrede nicht vom Brit-o-matik als passiv-aggressives Vorgehen gegen das Trinken an sich gewertet wird. Im Grunde trifft man damit nämlich nicht nur die Aussage »Ich trinke gern«, sondern sagt vielmehr »Ich trinke noch lieber als du«.

Gruppenzwang

Als ich noch auf der Universität von »Warum hab ich mir bloß keine anderen Unis angesehen, bevor ich mich an dieser beworben habe?« war, gab es da ein paar ausländische Studierende, die schockiert waren angesichts der Einstellung ihrer britischen Kommilitonen und Mitbewohner im Wohnheim. Bisweilen kam es zu kulturellen Differenzen, was ihre Ziele betraf, denn einige ausländische Studenten waren doch tatsächlich an der Uni, um so komische, fremdartige Sachen zu machen wie »studieren«. Und das ist etwas, das sich nicht mit den ureigensten britischen Prioritäten verträgt, welche darin bestehen, immer möglichst viel Lärm zu machen, sich zu jeder Gelegenheit zu verkleiden und mindestens neunzig Prozent des Studentendarlehens in die langfristige Zukunft von Tesco-Billigbier zu investieren.

Ich meine, das können Sie doch bestimmt nachvollziehen.

Da steht man nun, versucht, hundert kleine Schnapsgläschen voll Bier binnen hundert Minuten hinunterzustürzen, in einem schäbigen Obama-bin-Laden-Kostüm aus Klopapier und ans Kinn geklebten Schamhaaren, während man einen Porno an die Hauswand des Nachbargebäudes projiziert, mindestens zwölf Meter hoch, und dabei den Refrain von »Tubthumping« von Chumbawamba grölt – und dann sitzt irgend so ein komischer Typ aus Litauen in der Ecke, schreibt irgendwas und wirft einem zwischendurch missbilligende Blicke zu. Mann, das nervt total und lenkt ab!

(Verstehen Sie mich bitte nicht falsch, ja? Ich habe nichts gegen Einwanderer, die sollen nur herkommen, allerdings finde ich, sie sollten sich integrieren und sich unserer Kultur anpassen, oder liege ich da falsch? Wir sind hier in Großbritannien, klar? Und Großbritannien sollte britisch bleiben, jawohl. Legen wir den Stift also schön beiseite, mein Freund, okay? Vergiss für einen Moment dein Juraexamen und zieh dir bitte dieses Glas Sourz Apple rein, durch dieses Verkehrshütchen hier. Ja, so ist's recht. Eeeng-laaaand!)

Selbst jene ausländischen Studierenden, die speziell in der Absicht nach Großbritannien gekommen sind, um sich ins Koma zu saufen (sich also kulturell anzupassen), haben so ihre liebe Not mit bestimmten Konzepten, wie zum Beispiel dem »pre-drinking« (Vorglühen) oder mit Trinkspielen. Die Vorstellung vom Vorglühen finden andere in der Regel seltsam, weil das, was man vor dem Trinken tut, ja auch wieder nur Trinken ist, das Trinken vor dem Trinken sozusagen. Das Präfix »pre-« scheint hier überflüssig, ungefähr so wie in dem Satz »lasst uns alles vor-vorbereiten«. Was die Trinkspiele anbelangt, so könnte man zunächst der Ansicht sein: »Warum können wir nicht einfach nur saufen, ohne die Spiele?« Die Antwort lautet natürlich, dass der spielerische Rahmen es einem Briten ermöglicht, so viel zu trinken, dass er den nötigen Mut aufbringt, um sich mit seinen Freunden zu unterhalten.

Das »Local«

Weil unsere Pubs alle ungefähr gleich aussehen, geht der Großteil der Leute ihr Leben lang immer in ein und dasselbe. Diesen Pub nennen sie ihr »Local«. Wenn man oft genug in diesem »Local« verkehrt, gilt man als »Regular«, man ist also Stammgast. Wenn man im Local Stammgast ist, bestellt man meistens »the usual«, also »das Übliche«. Und wenn man als Stammgast oft genug das Übliche im Local bestellt, schenken die Barleute einem den Lieblingsdrink schon ein, kaum kommt man nur in die Nähe des Pubs. Wirklich.

Glauben Sie mir, wenn Trinken wirklich ein soziales Schmiermittel ist, dann ist der Motor Großbritanniens jedenfalls bestens geölt.

Angesichts des für gewöhnlich einfachen Pubprocederes wird ein Brite sich nicht eben wortreich äußern, wenn er einen auf einen Drink einlädt. Vermutlich beschränkt sich seine Frage sogar auf ein einfaches »*the* Pub?«, wenn man überhaupt das Glück hat, den Artikel noch mitgeliefert zu bekommen. Neunzig Prozent aller SMS, die ich als Erwachsener in England erhalten habe, lauteten schlicht … »Pub?«.

Die eigentliche Herausforderung für einen Nichtbriten, der eine solche Textnachricht erhalten hat, liegt darin, den fraglichen Pub zu finden, da ja jeder einzelne Pub aus der Pub-Massenfertigungsfabrik stammt und vom Namen her in irgendeiner Form Ähnlichkeit hat mit *The Crown and Rose and Hat and Biscuit and Horse and King*, etwas, das noch verkompliziert wird durch die Tatsache, dass sich genau gegenüber das *The Horse and Biscuit and Rose and Hat and King and Crown* befindet.

Das unsichtbare Schlangestehen

Wenn man das erste Mal *den* Pub betritt, oder auch *irgendeinen* Pub, kann es sein, dass einen irgendetwas stört. Anfangs wird es schwer fallen zu benennen, was genau es ist, doch irgendwas wird einem anders vorkommen im Inneren des Gebäudes, etwas, das einen Gegensatz darstellt zu der großen weiten Britenwelt da draußen. Man sieht in Richtung Bar und sucht nach der Stelle, an der man sich korrekt platziert, um abzuwarten, bis man ein pisswarmes Ale oder einen falsch ausgesprochenen Wein bestellen kann (»ein Glas Pee-no Grig-E-O, bitte«).

Und dann macht man eine erschreckende Feststellung: Da stehen Leute an der Bar, mit leeren Gläsern, und sie warten auf ihr »top-up«, darauf, dass man ihnen nachschenkt. Blöderweise aber ist da ... *keine Schlange* (!) zu sehen.

Moment ... kann das wirklich sein? Stehen die tatsächlich ungeordnet nebeneinander ...? Sodass es kein Vorne und kein Hinten gibt ...? Eine Anordnung ohne Anfang und ohne Ende ...?

Ha, nein, natürlich nicht. Keine Sorge, verehrter ausländischer Leser, es gibt da ganz gewiss eine Schlange. Es ist nur so, dass die Schlange in Pubs noch ein wenig ausgeklügelter ist – sie ist quasi unsichtbar, eine spezielle Art von Schlange, die lediglich in einer kollektiven und speziellen Dimension in den Köpfen aller existiert, wie im Film *Matrix,* nur dass sie gar nicht da ist. Der Barmann kennt sie genau, die Reihenfolge der Schlange, die gar nicht da ist. Die Gäste kennen die Reihenfolge der Schlange, die gar nicht da ist. Touristen kapieren das vielleicht nicht, aber irgendwann kommen sie von allein drauf, garantiert, nämlich sobald sie versuchen, sich vorzudrängeln.

Oh ja. *Niemand drängelt sich in einer unsichtbaren Schlange vor.*

Wenn ich als Barmann vergesse, wer als Nächstes dran ist ... denken Sie, dann werfe ich so einfach tausend Jahre kulturell erzwungene Höflichkeit über Bord und bediene einfach den Nächstbesten?

Nein, nein, nein, das wäre gar nicht angebracht. Stattdessen trete ich ein ganzes Stück zurück und verkünde laut und deutlich, sodass alle es hören, wobei ich so tue, als würde ich keinen von den Gästen sehen: »Wer ist der Nächste, bitte?« Und dann lasse ich den Blick von einer Seite der Bar zur anderen schweifen, während die Trinkenden sich gegenseitig den Platz ganz vorn anbieten und einen Wettstreit in Sachen Höflichkeit starten, sich gegenseitig unterbietend. Keiner würde je auf den Gedanken kommen, »Ich! Ich bin der Nächste!« zu rufen, sondern allenfalls »Sie! Sie ist dran! Ich schwöre bei Gott, sie war 33 Millisekunden früher da als ich!«. Da spielt es keine Rolle, wie »lang« die unsichtbare Schlange ist oder wie betrunken alle sind. Jeder kennt seinen exakten Platz darin. Die unsichtbare Schlange ist heilig und unantastbar, es sei denn, die Umstände lassen es nicht anders zu.

Trinkgeld

Es gibt tatsächlich nur zwei bekannte Ausnahmen im System der unsichtbaren Schlange. 1.) Wenn man ein dämonengeborenes seelenloses Monster ist, auch bekannt als das grausame und uralte Böse oder 2.) das genaue Gegenteil davon: ein von Engeln geschaffener heiliger Zauberer von absoluter und unvergleichlicher Liebenswürdigkeit.

Wie allgemein bekannt ist und auch immer wieder beklagt wird innerhalb der weltweiten Serviceindustrie, geben die Briten an der Bar niemals Trinkgeld. Nicht in der Heimat und auch nirgendwo sonst, also auch nicht in den ehemals britischen Gebieten. Wenn man als Tourist ins Vereinigte Königreich kommt, sollte man wissen, dass das Barpersonal kein Trinkgeld erwartet. (Genießen Sie es.) Wenn ein Barmann zu einem sagt: »Vier Pfund siebzig, bitte« und Sie antworten mit »Fünf«, nimmt er vermutlich an, Sie wollen feilschen, aber in die falsche Richtung. Dann bekommen Sie trotzdem das komplette Wechselgeld heraus, nur dass er Sie dabei mit leichter Besorgnis mustert.

Und trotzdem gibt es einen Weg – einen speziell britischen Weg –, dem Barmann ein Trinkgeld zukommen zu lassen, sollte man explizit den Wunsch verspüren, seine Dankbarkeit zu demonstrieren. Und zwar, indem man ihm *einen Drink ausgibt.* Ja, wir Briten geben Trinkgeld in Form von Alkohol. Weil das etwas ungewöhnlich ist, und wie es aussieht, kommt es auch immer mehr aus der Mode, reagiert ein Barmann in der Regel mit einem Maß an Dankbarkeit, das schon an Götzenverehrung grenzt. Versuchen Sie das, wenn Sie sehen wollen, wie einem Briten zur Abwechslung doch mal eine Gefühlsregung ins Gesicht geschrieben steht. Die Etikette ist denkbar einfach: Man bestelle die übliche Runde, und dann, ganz am Ende, sobald man den geschuldeten Betrag genannt bekommt, sagt man abschließend: » ... Und eins für Sie, mein Freund.«

Der Barmann wird Sie von diesem Moment an bedingungslos lieben, wie ein Hund sein Herrchen. Vielleicht trinkt er den Drink nicht sofort – das hängt ab vom Ruf des jeweiligen Etablissements und des Barmanns –, aber sehr wahrscheinlich setzt er einen »auf Ihre Rechnung« (»on your tab«), um ihn später zu trinken, am Ende seiner Schicht oder an einem ganz anderen Tag. Die Gewiefteren unter Ihnen haben sicher längst bemerkt, worauf das hinausläuft: Es handelt sich um eine etwas umständlichere Art, jemandem *den Wert* eines Drinks zu schenken, aber nicht in Form eines Drinks, sondern in Form eines *Kredits* für einen Drink. Es ist im Grunde eine Art Trinkgeld, nur verborgen hinter dem Deckmäntelchen des üblichen theatralischen Gehabes, bei dem man so tut, als gäbe es so was wie Geld nicht.

Wenn Sie also jemandem, der hinter der Bar steht, einen Drink kaufen (*zwinker, zwinker*), dann wird dieser Jemand das nächste Mal, wenn Sie die volle Kneipe betreten, vermutlich so tun, als wäre jeder in der Schlange unsichtbar, mit Ausnahme von Ihnen. (Ich will damit übrigens nicht andeuten, man könnte sich auf diese Weise klammheimlich einen besseren Service erkaufen, wie ein Mafioso, der dem Platzanweiser in einem Restaurant einen Fünfziger zusteckt, damit der ihm einen Tisch besorgt. Ich will damit sagen, dass Sie der Ente Brotkrumen hingeworfen haben, und jetzt hat die Ente Sie wieder bemerkt ...)

Barpersonal

Barangestellte haben in Großbritannien ein etwas höheres Ansehen – einen viel ehrwürdigeren und nobleren Ruf als in anderen Teilen der Welt, wie ich finde. Bei uns sind das nicht einfach nur Leute, die auf einen zukommen und fragen, was man denn gerne hätte, als wären sie Sklaven. Stattdessen geht *man selbst* auf *sie* zu, um *sie* um etwas zu bitten, und dann hofft man auf ihr Wohlwollen, als wäre man selbst der Sklave und sie die Pharaonen, nur eben Pharaonen auf Mindestlohnniveau, die auf klebrigem Boden stehen. Ihnen wird eine höhere Stellung zuteil. Sie sind die sagenumwobenen Hüter der Kasse. Die heiligen Aufseher über den Alkohol, die ehrwürdigen Wächter des Biers. Außerdem verkaufen sie auch noch Chips.

Hinzu kommt, dass man relativ oft auf sie zukommt, da es in unseren Pubs so was wie eine Bedienung am Tisch nicht gibt. Und es ist kulturell festgelegt, dass man stets einen Drink in der Hand zu haben hat. Ausgetrunken? Sofort einen neuen besorgen. Fast ausgetrunken? Dann stellt man sich wenigstens schon mal an. Schon mal angestellt? Danach noch zwei-, dreimal anstellen, nicht dass man den ersten Glockenschlag verpasst und drauf und dran ist, den gefürchteten letzten Glockenschlag, die sogenannte »last bell«, die zur letzten Runde aufruft, zu verpassen. Denn das ist dann das Ende vom Anfang der letzten verzweifelten Runde des Trinkgelages, ehe man zu Bett geht. Jetzt heißt es keine Zeit verlieren (denn die Pubs schließen tatsächlich schon um 23 Uhr).

Es gilt außerdem die vor langer Zeit festgesetzte Regel, dass es dem britischen Barpersonal gestattet ist, gewissen Leuten den Dienst zu verweigern, aus welchem Grund auch immer. Da ist man ein mies bezahlter Getränkesklave mitten in der Pubertät und mit sich überschlagender Stimme, und trotzdem hat man die Macht, aus einer bloßen Laune heraus einem langjährigen Gemeindemitglied das Sozialleben zu vermiesen. Dies ist das Erste, was man lernt, wenn man den Job als Barmann antritt. Immerhin kommen die Leute zu *dir* in den Pub, in *dein* Gemeinschaftswohnzimmer – da darf man dann nach Belieben selbst darüber bestimmen, wem man seine Gastfreundschaft angedeihen lässt und wem nicht. Man braucht noch nicht mal Gründe zu nennen, wenn man jemanden rauswirft oder ein Hausverbot ausspricht. Schließlich tut man das auch nicht, wenn jemand sich bei einem daheim ungebührlich oder rüpelhaft benimmt oder einem auf die Nerven fällt. Tatsächlich ist es in den meisten Fällen sogar besser, sich nicht groß zu erklären (erst recht dann nicht, wenn es ein Grund ist wie »Deine Frisur erinnert mich an eine Ananas, ich kann gar nicht richtig arbeiten, also *raus hier!*«).

Um diese einzigartige Eigenheit der britischen »Gastfreundschaft« in Pubs zu verdeutlichen, möchte ich Ihnen Malcolm vorstellen, den Wirt, für den ich früher einmal arbeitete – ein ungehobelter, furchtloser und ungeduldiger Typ mit Schnauzbart aus Grimsby im Norden Englands, einem jener seltenen Orte, die alles, was es darüber zu wissen gilt, in ihren Namen eingeschrieben haben (»grim« bedeutet »düster, trostlos«).

Eines warmen Tages – er hatte Schweiß auf der stets finster gefurchten Stirn stehen, und sein ohnehin arg strapazierter Geduldsfaden war an diesem Tag mächtig überspannt, weil der Biergarten voller Leute war, die ihren Spaß hatten –, wurde ich Zeuge, wie er ein Bier vor einen Kerl hinstellte und meinte: »Das macht dann drei Pfund fünfzig, bitte.«

»Oje«, entgegnete der Mann, starrte auf seine Handfläche und schob mit zerknirschter Miene ein paar Münzen hin und her. »Ich habe nur noch drei Pfund.«

Malcolm starrte ihn an, griff dann nach dem Drink, den er eben erst abgestellt hatte, und nahm einen kräftigen Schluck aus dem Glas, bis seiner Einschätzung nach Bier für etwa fünfzig britische Pence weggetrunken war.

»Okay. Dann macht das drei Pfund.«

Es war ein erstaunliches Schauspiel. Der Mann, ganz in seiner Rolle als erwünschter Gast, wusste gar nicht, was er sagen sollte. Dann entfuhr ihm ein leicht betretenes Pseudolachen, bevor er brav bezahlte und mit seinem Drei-Pfund-Bier, in das Malcolm seinen Schnauzer getaucht hatte, verschwand. Malcolm sah sich übrigens noch nicht einmal um, ob jemand was zu seiner Aktion zu sagen hatte. Er stürmte einfach nur wortlos davon in eine andere Ecke des Pubs, wo er seinen Arbeitstag im Gastgewerbe fortsetzte.

Der Barbereich

Der Bereich vor der Bar ist in Großbritannien ein besonders interessanter Ort – ist es doch der einzige Flecken in der gesamten britischen Kultur, an dem es erlaubt ist, ein Gespräch mit einem Wildfremden zu beginnen. Hier kommuniziert man allein dadurch, dass man an der Bar steht, unterbewusst die Botschaft, dass man bereit ist für ein Gespräch … mit dem Barpersonal, mit den anderen Herumstehenden, mit Gästen, die auf dem Weg zur Theke an einem vorbeikommen. Denn sobald man einen Drink bestellen will, dringt man tief in die Nett-o-sphäre vor.

Ein solches Bargespräch beginnt man, indem man irgendetwas zu einem beliebigen Thema sagt, man ist hier nicht an die üblichen vorsichtigen Gesprächseröffnungen über das Wetter, die Fußballergebnisse und/oder wie voll/leer es im Pub ist gebunden. Es ist Großbritanniens einzige Zone, in der Redefreiheit herrscht.

Im Grunde könnte man den Barbereich als das Immunsystem unserer Form der Zivilgesellschaft sehen: Diese unkonventionellen Parlamente der Massen sind Orte, an denen die Leute sich beklagen, sich streiten, debattieren und ihrem Ärger Luft machen können, in der Gewissheit, dass ihre wertlosen Meinungen ohnehin keine Rolle spielen und mit Fortschreiten des Abends immer weniger von Belang sind, weil sich dann jedes bisschen Sinn und Verstand mehr und mehr gegen die Häufung von leichten Alkoholvergiftungen behaupten muss.

Nur an der Bar kriegt man mit, wie Menschen sich über das »kaputte Großbritannien« unterhalten. Hierbei handelt es sich um eine spezielle Form der Selbsterniedrigung, nur übertragen auf nationale Ebene. Das beliebteste Thema in den britischen Bierhallen ist *alles, was im Land so schiefläuft* – zugegeben ein recht breit angelegtes Feld, das unter anderem mit einschließt, wofür wir unsere Steuern ausgeben sollten (»für nichts«), welche von den Politikern echte Bastarde sind (»alle«), wer von ihnen ständig danebenliegt (»alle«) und zu guter Letzt die unhaltbaren Zustände im NHS (dem Nationalen Gesundheitsdienst). Natürlich könnte es keinen besseren Ort geben, um sich über den NHS zu echauffieren, als einen Pub, bei einer Tüte frittiertem Schweinefett mit viel Salz, runtergespült mit sechs Pints Lager.

Da jeder die von der obersten Gesundheitsbehörde wöchentlich empfohlene Höchstdosis Alkohol locker an einem einzigen Abend konsumiert, kommt es bisweilen zu hitzigen Debatten. Kein Wunder bei der ganzen unterdrückten Wut, die hier endlich ihr passendes Ventil findet.

Es wurde sogar schon die recht plausible Vermutung angestellt, dies sei die eigentliche soziale Funktion von »Runden«. Ganz gleich wie hitzig so eine Pubdiskussion wird, muss sie spätestens alle vierzig Minuten unterbrochen werden durch das geheiligte Ritual der Geschenkevergabe. Da kann es vorkommen, dass ein radikaler Kommunist und ein radikaler Kapitalist kurz davor sind, sich lautstark anzubrüllen, nur damit mitten während des Zwists das Ganze mühelos ausgesetzt wird, wenn einer zum anderen sagt: »Du, sag mal, ist das meine Runde? Oh, tut mir leid, Kumpel. Das Gleiche wie vorher, oder? Kein Problem. Ja, bitte, Barkeeper! Noch mal zwei Pints, bitte. Wunderbar. Besten Dank. Hier, bitte schön, für dich. Gern geschehen. Na schön, dann mal Prost! Ah, das tut gut, und wie. Ähm, wo waren wir stehengeblieben? Ach so, ja, jetzt weiß ich's wieder. *Du scheiß Faschistenschwein ...!!«*

Wenn die an der Bar Herumstehenden mitbekommen, dass man selbst nicht aus der Gegend ist, kann es sein, dass das eigene Erscheinen als das große Ereignis der Woche gefeiert wird. Dann sollte man sich darauf gefasst machen, dass die Stammgäste einen mit liebevoller Zuwendung nur so zuschütten, einfach nur, weil sie sich keine Gelegenheit entgehen lassen, die sie von der »aufregenden Janice« ablenkt. Denn die will schon zum vierten Mal an diesem Abend ihre »Ich hab im Supermarkt eine Cornflakespackung fallen lassen«-Horrorstory zum Besten geben.

Wie in allen Bereichen, in denen Redefreiheit herrscht, sollte man auch hier berücksichtigen, dass man sich unter anderem Dinge anhören muss, die einem vielleicht nicht so gefallen.

Erinnern Sie sich noch, wie ich Sie gewarnt habe wegen der Hitlerimitationen, die bei einem Besuch im Vereinigten Königreich unvermeidlich sind? Nun, diese Warnung kommt speziell durch einen der Stammgäste in meinem früheren Local, einem Mann namens Short Story (also Kurzgeschichte, dabei war sein richtiger Name John. Leider kam der Typ nie auf den Punkt). Vielleicht war diese allgemeingültige Warnung gar nicht nötig, und Sie sollten nur in einem bestimmten Pub vorsichtig sein. Allerdings halte ich es für das Beste, einfach davon auszugehen, dass es in jedem Pub mindestens einen Typen wie Short Story gibt. Und deshalb habe ich meine Warnung auf nationale Ebene ausgeweitet, nur zur Sicherheit. Jedenfalls hatte *mein* Short Story immer ein besonderes Faible für Hitlerimitationen, und er hatte ein feines Komikernäschen dafür, jede noch so kleine Gelegenheit zu wittern, um in diese Rolle zu schlüpfen. Wann immer auch nur ansatzweise ein passendes Thema aufploppte, wurden die Stirnfransen sofort nach vorne gestrichen, und dann wurde ein Kamm aus dem Ärmel gezogen und als Schnauzbart missbraucht (keine Ahnung, ob das der eigentliche Grund war, warum er den immer dabeihatte). Und schon marschierte er um den Billardtisch herum, bemüht, die Beine vorbildlich im mehr als 90-Grad-Winkel hochzustrecken.

Als ich Linn das erste Mal in meinen alten Pub mitnahm, um ihr die Gruppe von Stammgästen vorzustellen, warnte ich sie vorab wegen dieser liebenswerten Marotte. Ich hatte nämlich Sorge, ich würde den ganzen Abend Angst haben müssen, dass es jeden Moment losgehen könnte. Zum Glück hatte ich mich umsonst gesorgt, denn es ging schon nach nicht mal zwei Minuten los.

Spitznamen

Da eine der wichtigsten Regeln der britischen Kultur lautet, man solle über sich selbst und diejenigen, die einem am nächsten stehen, herziehen, dauert es meist nicht lange, bis man Spitznamen verteilt und selbst einen abbekommt. Das ist dann so was wie die Goldmedaille für das große Verdienst, dass man sich ganz passabel selbst fertigmachen kann. Wenn man mehr als fünf Minuten in der Zone der Redefreiheit verbringt, also in der Nähe der Bar eines Pubs herumlungert, wird der eigene Name schon bald ersetzt, und zwar von den Leuten, die mit einem vor der Bar herumlungern. Das kann in Sekundenschnelle passieren und ein Leben lang anhalten, ein höchst riskantes Spiel, das in jede Richtung gehen könnte. Im Folgenden ein paar der einfachsten Arten von Spitznamen für alle, denen dieser Brauch noch nicht vertraut ist – durchgehend echte Beispiele aus meinem früheren Pub:

1.) Die Kurzfassung

Klingt Ihr Nachname vielleicht ohnehin im Ansatz schon recht amüsant? Dann haben Sie Glück, denn dann ist das jetzt Ihr Spitzname. Wer braucht schon langweilige Vornamen wie Jack oder Michael, wenn es Nachnamen wie Girdlestone und Swingle gibt, nicht wahr?

2.) Das Pimpen

Die britische Vorliebe für einfache Wortspiele führt dazu, dass sich jederzeit eine Lösung findet, um auch noch dem schlichtesten aller Namen einen neuen Touch zu verleihen. Und deshalb liest man in vielen Kontaktlisten in Handys Namen wie Bazza, Smithy, Wazzle oder Jimbob.

3.) Unterscheidungskriterien

Wenn zwei Leute den gleichen Namen haben, werden sie in Großbritannien sofort unterscheidbar gemacht, indem man ihnen einen neuen Namen anhand ihrer auffälligsten Merkmalsunterschiede verpasst. In der Regel kommen dann Namen dabei heraus wie »die dicke Teresa« und »die kleine Teresa«, »der schöne Steve« und »der hässliche Steve«, nur dass das natürlich rein ironisch gemeint ist. (Wenn man raten müsste, welcher von zweien wer ist, sollte man immer davon ausgehen, dass »die dicke Teresa« die Zierlichere von beiden und »die kleine Teresa« die Korpulente ist, die sich die Fritten mit vollen Händen einverleibt.)

4.) Der echt üble Spitzname, den man nie wieder loswird

Als ich noch an der Uni war, wohnte ich mit zwei Typen zusammen, die hießen beide Ben. Also unterschieden wir sie schon bald nach den Spitznamen »Englischer Ben« und »Irischer Ben«. Ganz einfach. Selbst am Telefon wusste man immer genau, mit welchem von beiden man es zu tun hatte, weil es nämlich im Vereinigten Königreich und in Irland eine unnötig große Anzahl an unterschiedlichen Dialekten gibt, da sind wir weltführend. Und dann kam ein dritter Ben dazu, noch ein Engländer, und jetzt hatten wir ein Problem. Er war nicht nur englischer als der »Englische Ben« (er trug Hosen mit Streifen drauf und trank mindestens die doppelte Menge Tee), nein, wir kannten den »Englischen Ben« inzwischen auch lange genug, um zu checken, dass das, was ihn vom »Irischen Ben« und von dem neuen Ben sowie von allen anderen Bens der Welt unterschied, seine charmante, unsägliche Nichtsnutzigkeit war. Der Junge konnte noch nicht mal eine Dose Bohnen öffnen, ohne dass er dabei die Bude in die Luft gejagt hätte. Deshalb degradierten wir ihn liebevoll zu »Rubbish Ben«. Und das blieb er dann. Für immer. Wir nennen ihn immer noch so, selbst zwölf Jahre danach. Aber was noch schlimmer ist, der Name verfolgte ihn sogar bis in seine Heimatstadt. Wie ich schon sagte: *ein höchst riskantes Spiel.*

PROFI-TIPP:

Wenn Sie schon eine Weile in Großbritannien sind und immer noch nicht verarscht werden, stellen Sie sich folgende Frage: Wirken Sie vielleicht zu einschüchternd auf andere? Ich habe zum Beispiel »Nutty Barry« noch nie deswegen aufgezogen, weil er so durchgeknallt ist. Er hat nämlich mal ein Holzscheit aus dem Fenster fallen lassen und ist dann selbst rausgekippt, als er es auffangen wollte. Der ist echt so richtig plemplem. Glauben Sie mir.

Andere Beispiele aus dem wirklichen Leben sind der zuvor erwähnte »Short Story« (wenn man ihn nämlich nach der Uhrzeit fragt, dauert es eine halbe Stunde, bis er es einem sagt), »Slow Day« (der läuft in seinen Tagträumen immer über eine Wiese und jagt einem Schmetterling hinterher), »Guns« (der hat mal gesagt »Ich glaube, ich habe schon jede denkbare Pistole abgefeuert«, ganz ohne ironischen Unterton, und das hat gegen jede Regel der Selbsterniedrigung verstoßen), »Kram« (Mark rückwärts gesprochen), »Smudge« (keine Ahnung, warum), »Nutty Barry« (der ist echt irre, glauben Sie mir. Er hat es mal geschafft, mit dem Kopf im Fenster eines fahrenden Autos stecken zu bleiben) und die drei armen, einsamen Frauen, die im machoverseuchten Büro meines Vaters arbeiten: Teresa, Gillian und Rachel (die sofort männlichere Vornamen abbekamen, und zwar recht unkreative): »Teresa the Geezer«, »Gilli-man« und »Rachel-bloke«.

Runden

Sobald man sich im Pub einigermaßen zurechtfindet, fällt folgende britische Besonderheit auf: Normalerweise geht man vom gemütlichen ruhigen Glas ganz entspannt und ohne wortreichen Protest über zu einem ausgewachsenen Besäufnis. Das geschieht im Vereinigten Königreich regelmäßig, aber völlig unbeabsichtigt; die Leute gehen zur Arbeit, ganz bewusst; aber das mit dem Saufen, das ergibt sich von allein.

Hierfür gibt es verschiedene Gründe. Erstens finden so gut wie alle sozialen Interaktionen im Pub statt, und deshalb verschätzt man sich relativ oft, was das anbelangt. Zweitens ist es so, dass es als asozial gilt, wenn man sich zu früh aus dem Pub verabschiedet: dann kommt der Gruppenzwang zum Tragen. Und letztlich wären da noch die Runden.

Auf den ersten Blick mag der Brauch mit den Runden eine harmlose, ganz entspannte und unbekümmerte Lösung für das Problem sein, wer die Drinks holt. Alle bestellen abwechselnd eine Runde; alle bezahlen abwechselnd eine Runde; alle wechseln sich darin ab, die Getränke zum Tisch zu tragen, weil es ja keine Bedienungen gibt, Kumpel. Leider hat das nicht nur zur Folge, dass jeder gleich mehrere Drinks konsumiert (zwei Freunde, zwei Runden, vier Freunde, vier Runden), sondern man passt sich zu allem Übel auch noch der Geschwindigkeit des am schnellsten trinkenden Mitglieds der Gruppe an statt an das langsamste, weil es ja niemandem gestattet ist, ohne einen Drink in der Hand dazustehen.

PROFI-TIPP:

Diejenigen, die als Fahrer auserkoren sind, trinken kostenlos. Denn schließlich haben diese tapferen Männer und Frauen schon genügend Aufopferungsbereitschaft gezeigt. Sie verdienen unseren Respekt, unsere Bewunderung und einen Orangensaft pro Runde.

Ähnlich wie bei der unsichtbaren Schlange mag das mit den Runden auf den ersten Blick ganz natürlich, unbekümmert und entspannt klingen. Ist es aber nicht. Jeder merkt sich genau, was bei diesen Runden passiert – wir führen eine in Stein gemeißelte Checkliste von Drinks in unseren Köpfen, die uns hilft, uns ein Bild vom Charakter des anderen zu machen. Hat jemand eine Runde ausgesetzt? Check. War das Bier des anderen teurer als das eigene? Check. Hatte ich in einer Runde nur Wasser, was in der nächsten Runde unberücksichtigt geblieben ist? Check.

Wir sind richtige Profis darin, Buch zu führen über geschuldete Drinks. Wenn jemand mir einen Drink kauft und ich denjenigen acht Jahre lang nicht sehe, kommt der *Scham-Schuldgefühl-Fairness-Trieb* sofort wieder durch und erinnert mich an die heimliche Liste in meinem Kopf, kaum sieht man sich wieder. Wie schon erwähnt, verschwinden Ängste und Sorgen im Leben eines Briten nie so ganz; sie werden nur verschoben und verlagert.

Alle diese Faktoren zusammen führen zu der Situation, dass sich eine Gruppe von Leuten vollkommen unabsichtlich vollkommen betrinkt und der Einzelne dann überrascht ist, wenn er das siebte Pint in der Hand hält. Dabei hatte man doch schon nach dem ersten verlauten lassen: »Okay, aber nur noch eins.«

After-work-Drinks

Gerade nach einem langen Arbeitstag gerät man schnell in ein unbeabsichtigtes Trinkgelage mit Kollegen, erst recht, wenn man in einer Stadt wie London lebt, wo die meisten Arbeitsstätten und Pubs im Stadtzentrum sind, die eigene Wohnung dagegen meist irgendwo außerhalb liegt, in Zone F, wo es nichts gibt außer einer hohen Kriminalitätsrate und der eigenen Unterhosen.

Zunächst mag einem fünf oder sechs Uhr abends – andernorts auch bekannt als »Zeit fürs Abendessen« – zu früh erscheinen, um seinem Blutstrom Alkohol zuzuführen. Man sollte allerdings nicht vergessen, dass in Großbritannien die Pubs bereits um elf Uhr nachts schließen, und das bedeutet, dass man früher anfangen muss, sonst bleibt einem nicht genügend Zeit für ein richtiges Besäufnis.

Tatsächlich gilt die Zeit von fünf bis sechs Uhr abends lediglich als Empfehlung, als Mindeststartpunkt für das Saufgelage. Ich habe selbst mehrere Freunde in London, die kein Problem damit haben, ein »flüssiges Mittagessen« zu sich zu nehmen (nur ein oder zwei klitzekleine Gläschen), um dann ohne viel Protest überzugehen zu »Drinks zum Wochenausklang« im Büro (»am Freitagnachmittag macht doch eh keiner mehr was in der Arbeit«), bevor man anschließend gleich ins Londoner Nachtleben katapultiert wird, bestehend aus Drinks vor dem Abendessen, Abendessen (optional), Drinks nach dem Abendessen, was wiederum fließend übergeht in die von wachsendem Bedauern begleiteten vorsamstäglichen Drinks, die um elf Uhr nachts dann ein jähes Ende finden. Das nennen die Briten »verantwortungsvolles Trinken«: Man schafft es locker, vor Mitternacht gleichzeitig rotzbesoffen *und* schon im Bett zu sein. Auf diese Weise bekommt man seinen erholsamen Schlaf, um am nächsten Tag wieder topfit zu sein für das Trinkgelage, das am Samstag ansteht.

Ich muss wohl nicht extra erwähnen, dass London am Freitag und Samstag nach Mitternacht dem Realität gewordenen schlimmsten Albtraum eines jeden überängstlichen Briten gleicht: die furchteinflößende Kulisse einer von Zombies beherrschten Stadt, voller marodierender Horden auf der Suche nach einer Dönerbude, zufällig sich ergebende offene Feldschlachten zwischen Fußballfans, asoziales Straßenkaraoke, ein verstärktes Aufgebot an Uber-Fahrern, heulende Sirenen und Alarmanlagen und der Horror vollgekotzter Böden in Nachtbussen. Sollte es je gelingen, die viel beschworene Festung Großbritannien (»Fortress Britain«) aufzubauen, wird man zweifelsohne auch eine Mauer um die Hauptstadt errichten müssen, zumindest für die Zeit zwischen Freitagabend und Montagmorgen, eine Art Westberlin mit Alkoholproblem.

Stärkende Mahlzeiten

Bei jedem ordentlichen spontanen Besäufnis kommt irgendwann der Punkt, dass man ein vertrautes Grummeln im Magen verspürt. Damit teilt der Körper dem Gehirn mit, dass man eine der wichtigeren Sachen vernachlässigt hat, die man sich hin und wieder in die Kauleisten schieben sollte: feste Nahrung. Es ist also an der Zeit zu essen. Zum Glück befindet man sich dafür ja bereits am richtigen Ort, einem Pub, denn hier gibt es immer, egal wie feuchtfröhlich und heruntergekommen und verstaubt und vernachlässigt es ist, irgendwo in einem Hinterzimmer garantiert einen multifunktionalen Bereich zur Zubereitung von Speisen. Wir Briten nennen das auch Mikrowelle. Wie wäre es also mit einem Happen guten britischen Essens?

Die Priorität für uns Briten liegt in puncto Nahrungsaufnahme auf einer möglichst schwammigen Konsistenz, welche Flüssigkeiten optimal aufsaugt. Raffinierte, dekadente europäische Dinge wie Geschmack, Farbe oder Form sind da nebensächlich. Wenn man sich die Speisekarte in einem Pub ansieht, findet man darauf ausschließlich Gerichte, die, wenn man sie in einen Eimer Wasser taucht und wieder herausnimmt, diesen komplett leer hinterlassen. Pubessen ist hier in Großbritannien also keine komplizierte Sache, wie die uralten Vorurteile über uns vielleicht vermuten lassen. Im Großen und Ganzen basieren die Speisen auf folgender Formel: *irgendwas* mit *irgendwas* dazu. Fisch und Chips. Würstchen mit Kartoffelstampf. Bohnen mit Toast. Sheperd mit Pie. Alles, was aus mehr als drei Farben besteht, würde man als übertriebenes Geprotze betrachten und müsste von daher mit viel Soße übergossen werden, damit es wieder zum üblichen bescheidenen braunen Einheitsfraß wird. Okay. Gut.

Sobald man fertig gegessen hat – und dieses irgendwas (mit irgendwas anderem) von dem ganzen Alkohol zu einer Pampe aufquillt, ein bisschen wie bei einer Schwangerschaft im Schnelldurchlauf –, gilt es, ein weiteres simples Problem zu lösen, für das es natürlich wieder eine superumständliche, superlangwierige britische Lösung gibt.

Die Sperrstunde

Nach dem Essen steht eine Debatte mit stetig steigender Tendenz zu passiv-aggressivem Verhalten auf dem Plan, einer Auseinandersetzung, bei der es darum geht, wer das Essen bezahlen soll. Meist streiten sich dann gleich mehrere Leute darum, weil sie sich aus Höflichkeit weigern, andere bezahlen zu lassen. Diese ausgedehnte Übung, die von Scham über Schuld auch noch Stolz und Aufschieberitis umfasst, sollte eine gute Weile dauern, während der Kellner (oder die Kellnerin) danebensteht und so tut, als hätte er seinen Spaß an diesem Spektakel. Dabei musste er ähnliche Szenen seit Beginn seiner Schicht schon mindestens neun Mal miterleben. Im Grunde will er bloß zurück an seine Arbeit. Vermutlich rührt daher auch die englische Bezeichnung für Kellner und Kellnerin, »*wait*er« und »*wait*ress*«.): Immer dieses Rumgetue.

Ist die Rechnung endlich beglichen, sollte der Rest des Abends relativ geschmeidig verlaufen, ein kontinuierlich verschwommener werdender Schleier exzessiven Trinkens, bis schließlich die unvermeidliche letzte Glocke ertönt. Diese spielt in Großbritannien eine extrem wichtige Rolle, weil unsere Kultur vorsieht, dass man uns genau sagt, wann wir zu Bett zu gehen haben. Dazu braucht es den verbindlichen Klang eines autoritären Gongschlags. Vermutlich würde unsere Gesellschaft gänzlich zusammenbrechen, gäbe es diese letzte Glocke nicht.

Das Problem ist, wir Briten checken es einfach nicht, wenn wir besoffen sind – erst recht nicht, wenn wir da so reinrutschen, also immer, weil man nämlich nicht bereit ist, sich einzugestehen, dass es (schon wieder) passiert ist.

Ich zum Beispiel kann ganz schwer einschätzen, ob ich betrunken bin – das stelle ich meistens erst im Nachhinein fest, wenn ich am Tag darauf irgendwo reinreihere. Und dann muss ich mir zu meiner Verblüffung immer irgendwelche Geschichten von Linn anhören, von wegen, dass das seltsame Verhalten meines Körpers vielleicht daher rühren könnte, dass ich mir gestern Abend sechs bis zwölf Bier einverleibt habe. Wenn man mich an besagtem Abend an irgendeinem Punkt gefragt hätte, ob ich betrunken bin, hätte ich vermutlich geantwortet: »Nein, natürlich bin ich nicht betrunken.« Keine Ahnung, woran das liegt. Entweder weiß ich wirklich nicht, dass ich betrunken bin, oder ich weiß zwar durchaus, dass ich betrunken bin, will es aber nicht zugeben, weil mein betrunkener Stolz es nicht erlaubt, aus Angst, mein guter Ruf als standfester Trinker könnte Schaden nehmen. Zur Hölle, ich könnte mitten auf der Verkehrsinsel eines Kreisverkehrs liegen, mit nichts am Leib als der Unterhose eines Wildfremden, und dazu einen Song von Right Said Fred in eine Pylone grölen, ich würde vermutlich immer noch darauf beharren, dass ich nicht besoffen bin. Wenn man bedenkt, dass vermutlich keiner meine gelallten Worte verstehen würde, bestünde durchaus Anlass, mir nicht zu glauben.

Ich möchte Sie, werte Leser, nun dazu auffordern, sich noch einmal gut einzuprägen, dass es besser ist, nicht auf das zu achten, was ein Brite sagt – weil er ja ohnehin was ganz anderes meint.

Bei Deutschen hat man dieses Problem selbstverständlich nicht, die sind wirklich erstaunlich gut in diesem speziellen Fall der Selbstdiagnose. Schon nach der Hälfte der zweiten Weinschorle fangen sie an, selbstbewusst zu verkünden, und zwar ohne dass irgendwer nachgefragt hätte: »Ich bin schon ziemlich angetrunken.«

Souvenirs

Ding, ding, ding! Okay. Höchste Zeit, nach Hause zu gehen, Kinder.

Wenn man einen britischen Pub verlässt – nachdem man sich noch eine Zeitlang gegen das Zubettgehen wehren wollte mit dem kindischen Versuch, sich in der Ecke zu verstecken und den Drink ganz genüsslich zu Ende zu trinken, während die zusehends genervten Barangestellten einen anflehten, doch bitte endlich zu verschwinden, damit sie bald zusperren könnten –, wird man geradezu genötigt, etwas aus dem Pub mitgehen zu lassen. Ein kleines Souvenir, als Andenken an die Zeit im Vereinigten Königreich. Erst denkt man vielleicht: »Wie unangebracht! Das würde ja nicht gerade von Respekt vor der Kultur meiner Gastgeber zeugen!« Aber dann kommt man wieder in ein durchschnittliches britisches Heim und stellt fest, dass es so was wie ein nationales Hobby ist, das eigene Heim mit Sachen vollzustopfen, die man aus dem Pub hat mitgehen lassen.

Man sehe sich die Küchen von Leuten der Arbeiterschicht, der unteren Mittelschicht, in Studenten-WGs, in den Wohnungen ehemaliger Studenten oder von eher unkonventionellen britischen Familien der Mittelklasse an, und man wird feststellen, dass mindestens die Hälfte der Gläser das Logo einer Brauerei trägt, was darauf schließen lässt, dass sie aus dem Pub entwendet wurden, und zwar nicht nur völlig schamlos, sondern sogar noch mit sichtlichem Stolz. Die Briten stellen ihre geklauten Gläser gerne zur Schau – Ehrenabzeichen und Beweise dafür, dass man mutig genug ist, klammheimlich eine Handtasche oder einen Wintermantel zweckzuentfremden, um die geschmacklose Beute eines Raubzuges im Vollsuff darin zu verbergen. Bisweilen rufen diese gestohlenen Dinge sogar bewundernde Reaktionen hervor, so was wie: »Oh, das ist gut! Wo hast du denn das her?«

»Aha, mein Bester, dieses wunderbare Trinkglas, das du da in der Hand hältst, stammt aus der 2004er-Werbekampagne von Stella Artois, wie ich glaube. Das konnte ich im *The Crown and Hat and Shoe and Sheath and Man* erwerben, nach einem ziemlich krassen Abend mit Big Arms Boris. Der konnte das Ding kaum tragen, du weißt schon, er hat doch so dünne Ärmchen. Ja, das war ein tolles Jahr für Gläser, guter Jahrgang. Oh, und hast du auch mein Cobra-Glas mit Goldrand gesehen, das aus dem Royal Bengal, diesem indischen Restaurant gleich neben dem *The King and Cart and Thing and Horse and Biscuit?* Ein erstklassiges Exemplar, wirklich. Jane konnte ganze fünf davon unter ihrer Bluse rausschmuggeln, wirklich toll.«

Die Briten sind richtige Langfinger, was wir vor uns selbst in der Regel moralisch so rechtfertigen, dass wir das Entwendete in den Preis mit einrechnen, den wir im Pub bezahlt haben. Indem wir uns darüber beklagen, dass ein Drink viel zu teuer war (als hätte uns irgendeine unbekannte Macht des freien Marktes dazu gezwungen, ihn nichtsdestotrotz zu bestellen), betrachten wir das Behältnis als eine Art kostenlose Dreingabe, die im Preis mit inbegriffen ist. »Fünf Pfund siebzig für ein Pint?! Wie bitte?! Ach so, Moment, verstehe. Ich glaube, der Preis ist schon ganz angemessen, sicher schließt er dieses Glas, die Barmatte, den Aschenbecher und das Dartboard mit ein. Das nehme ich alles mit nach Hause. Wunderbar – dann passt das ja.«

PROFI-TIPP

Die britische Polizei ist Weltklasse, weil sie unbewaffnet ist. Dies bedeutet, dass sie sich auf altmodische Weise um Kleinkriminelle kümmern muss, und zwar mit gesundem Menschenverstand, Anstand und viel Kreativität. Es bedeutet aber auch, dass man bei unseren Polizisten nicht ganz so vorsichtig sein muss wie bei denen anderer Länder, so schnell geht man da kein Risiko ein. Ist Ihnen schon mal aufgefallen, dass so ein Bobbyhut ein bisschen aussieht wie eine weibliche Brust? Sagen Sie das ruhig zu dem Typen, schließlich ist er nicht bewaffnet.

Manchmal ist der Wert des zukünftigen Diebesgutes noch nicht mal entscheidend. Ein Freund von mir – und ich glaube, ich sollte betonen, dass es hier um einen 45 Jahre alten Kerl namens Dave geht – torkelte einmal besoffen nach Hause mit einem Barhocker im Schlepptau, nur weil er beweisen wollte, dass er ihn unbemerkt rausschmuggeln kann. Am nächsten Tag brachte er ihn wieder zurück, ehe Malcolm ihn zur Schnecke machen konnte. (»Ich komme jetzt seit Jahren zum Saufen hierher«, grummelte Dave im Nachhinein, als hätte bei einer so langjährigen Geschäftsbeziehung der Hocker im Preis mit inbegriffen sein müssen.) Ein anderer Stammgast (»Gooner John«) – auch er ein Mann mittleren Alters – stahl einmal einen leuchtenden Schneemann, der als Weihnachtsdeko diente, ein Ungetüm von beachtlicher Größe. Anschließend schickte er aus allen Teilen der Welt Lösegeldforderungen dafür. Ich habe sogar einmal eine größere Gruppe von Leuten dabei beobachtet, wie sie die Hauptstraße meiner Heimatstadt entlangzogen, mit einer ganzen Biergartenkombi aus Tisch und Bänken für sechs Leute. Diese Gruppe, das waren übrigens meine Cousins und ich (21, 23, 24 und 25 Jahre alt zu dem Zeitpunkt), und wir wurden mit dieser Biergartenkombi von einem vorbeifahrenden Streifenwagen erwischt und höflich aufgefordert, sie doch bitte an ihren angestammten Platz zurückzubringen. (Anmerkung: Britische Polizisten sind großartigerweise nicht bewaffnet.)

Die Zukunft des Pubs

Und jetzt, meine lieben Miteuropäer, muss ich sie um etwas bitten. Wie schon erwähnt, liebe ich Pubs (und wie ich sie liebe, ehrlich), und deshalb muss ich Ihnen leider sagen, dass ihre Existenz bedroht ist.

Obwohl sie die Gesamtheit der britischen Kultur ausmachen, sind Pubs mehr und mehr bedroht, von innen wie von außen. Da spielen höhere Steuern auf Alkohol eine Rolle, aber auch alternative Formen der Unterhaltung für Zuhause bis hin zu den Aasgeiern, die über dem Immobilienmarkt kreisen und darauf lauern, sich auf diese Häuser zu stürzen und ihnen die Gedärme herauszureißen, nur damit sich ein fürchterlich verwöhnter saudischer Prinz oder ein reicher russischer Oligarch auch noch einen Billardtisch in sein kleines Nest des Eigennutzes stellen kann.

Jede Woche schließen durchschnittlich 27 Pubs, doch die Briten – wie Fische im Wasser, die das Wasser gar nicht wahrnehmen – scheinen nicht zu kapieren, was das für eine Tragweite hat. Vermutlich werden sie erst verstehen, was da los ist, wenn es zu spät ist. Deshalb bin ich der Meinung, dass man die Pubs unter den Schutz der UNESCO und des Heritage Fund (das dem Denkmalschutz dient) sowie des WWF stellen sollte – sowohl des World Wildlife Fund *als auch* der World Wrestling Federation – und des IMF und von Black-Lives Matter und der NATO und Albus Dumbledore. Jeremy Corbyn sollte sie zu Staatseigentum erklären, Vladimir Putin sollte Flugabwehrgeschütze in Position bringen, und die Vereinten Nationen sollten das tun, was die Vereinten Nationen heutzutage eben so tun. Es ist an der Zeit, dass wir uns entschlossen daranmachen, unsere Pubs zu retten. Verdammt, vielleicht sollten wir diesen Quatsch mit der »täglich erlaubten Höchstdosis« über Bord werfen und stattdessen eine Empfehlung aussprechen für eine »täglich vorgeschriebene Mindestmenge«, zum Wohle der Nation. Die Briten muss man vor sich selbst schützen.

Als Reaktion auf schwindende Profite greifen die Wirte zu immer findigeren Maßnahmen, wie sie die Leute wieder in den Pub holen und zum Trinken bewegen – mit Themenabenden, Quizmaschinen, Fernsehgeräten, die rund um die Uhr Nachrichten zeigen. Und doch kann das nicht die Lösung sein, weil all diese Dinge ja wirklich grauenhaft sind.

Wann immer ich mich in einem von diesen charmanten holzvertäfelten Räumen mit knisterndem Kaminfeuer und heimeliger Atmosphäre umsehe, Räume, die für Stabilität und Kontinuität stehen, einem Bindeglied zwischen Vergangenheit und Gegenwart, dann komme ich eigentlich nicht auf den Gedanken, *hm, ist schon recht kuschelig und hübsch hier drinnen, aber … wisst ihr, was hier fehlt? Ein Hauch von Las Vegas! Wenn die hier bloß einen riesigen, dauerblinkenden Farbbildschirm hätten, der die ganze Zeit bing, bing, bing, dingering, ding, ding, bing, bering, bering, DRING, DRING, DING, DING, DING, DING macht.*

Erst kürzlich kam ich an meinem alten Pub vorbei, da hatten die so ein Banner draußen hängen, auf dem stand »Tarot- und Handlesenacht« – eine absolut traumatische Erfahrung. Für mich war das ein bisschen so, als wäre ich acht Jahre alt und komme gerade am Schlafzimmer meiner Mum vorbei, und da sehe ich sie ausgerechnet mit dem Mann im Bett, den ich dabei beobachtet habe, wie er den Weihnachtsmann umbringt. Wir – ich und Sie, verehrter Miteuropäer – dürfen Pubs nicht diesem grausamen Schicksal überlassen.

Dafür sind Pubs eigentlich nicht da. Vielmehr stellen sie einen Ort dar, wo man einfach nur schweigend dasitzt, stundenlang, und Bier trinkt. Zwischendurch geht man zur Toilette, um Raum für mehr Bier zu schaffen, während so ein Typ namens Clever Ron einem in regelmäßigen Abständen brühwarm seine Meinung über irgendwas kundtut, das er gerade vor fünf Sekunden in der Zeitung gelesen hat, und zwar in der Sorte von Zeitung, die nach Zeitung aussieht, es in Wirklichkeit aber gar nicht ist. Alles andere wäre ein Sakrileg.

Pub-TV

Die mit Abstand schlimmste Entwicklung für mich aber ist eine Sache, die sich mehr oder weniger sang- und klanglos durchgesetzt hat: die Omnipräsenz von Fernsehgeräten, auf denen rund um die Uhr ein Nachrichtensender läuft. Keiner braucht dermaßen viele Nachrichten, und erst recht keine 24 Stunden von dem verdammten Zeug, und schon gar nicht an dem Ort, an den man kommt, weil man diesem anderen Ort entfliehen möchte, wo der eigene Fernseher steht. Noch dazu haben es die Fernsehgeräte ausgerechnet zu einem historischen Zeitpunkt in die Pubs geschafft, wo die Nachrichten immer verrückter werden – in dem Jahrzehnt, da sich in unserer globalisierten Welt, die so sicher ist wie nie zuvor, mit einem Mal etwa zwei Milliarden zusätzliche Kameras in den Taschen ihrer Bewohner finden, wodurch sichergestellt ist, dass man nicht mehr in einem Pub sitzen kann, ohne auch nur ein einziges schreckliches Ereignis irgendwo auf der Welt zu verpassen.

Erst kürzlich waren ein alter Freund und ich in unserem Local (okay, ich sage zwar »unser« Local, aber von meiner Wohnung ist es zugegebenermaßen ungefähr tausend Meilen entfernt). Neil und ich sind schon befreundet, seit wir Teenies waren, sehen uns aber heutzutage leider nicht mehr so häufig. Das ist in erster Linie ihm anzukreiden, weil er immer noch da wohnt, wo er immer gewohnt hat, statt wie ich nach Deutschland auszuwandern. Obwohl wir uns also kaum mehr sehen (Neils Schuld), fiel mir auf, dass er mir gar nicht richtig zuhörte.

Also drehte ich mich um, nur um den üblichen Verdächtigen vor Augen zu haben – den 24-Stunden-Nachrichtensender, auf dem gerade zu sehen war, wie eine Feuerwerksfabrik in die Luft ging, dann in die Luft ging, in die Luft ging, wieder in die Luft ging, um dann noch mal so richtig in die Luft zu gehen. Da bin ich also und erzähle ihm irgendwelche langweiligen Storys aus meinem Leben (»In Deutschland gibt es gleich ganze drei Artikel – ist doch irre!«), während sich 1 cm neben meinem Kopf, dort wo Neils Blick hingeht, Szenen abspielen wie aus der Apokalypse, wenn die Apokalypse von Disney gesponsert wäre und mit Michael Bay als Regisseur. Wie soll ich da denn mithalten können? Unmöglich.

Wenn man mal länger in einem Pub sitzt, ganz allein und ohne ein Wort zu sagen, mit einem Bier vor sich, und sich umsieht (wie es sich verdammt noch mal gehört), dann beobachtet man dieses Phänomen überall: Leute, die ihren Freunden nur mit halbem Ohr zuhören, ein Auge auf dem Bildschirm, auf dem die 24-Stunden-Nachrichten gerade einen Handyfilm zeigen von einem Helikopterabsturz, von einer humanitären Krise, aus einem Kriegsgebiet, von Krawallen und/oder von einem Politiker, den alle Welt hasst, wie er gerade in einen Gully fällt. Unsere Gehirne sind selbstverständlich nicht dafür gemacht, solche Dinge zu ignorieren, weshalb die Nachrichten auch so eine extreme Faszination auf uns ausüben. Wir können nicht *nicht* hinsehen. Selbst wenn wir Freunde oder Verwandte vor uns haben. Die könnten tot umfallen, wir würden es nicht mitkriegen. Fernseher müssen aus den Pubs *verschwinden*.

Irgendwann habe ich mir angewöhnt, mich einfach ans Fernsehgerät heranzupirschen und es klammheimlich auszuschalten. Wissen Sie, was passiert ist? Nichts. Ist keinem groß aufgefallen, weil selbstbewusstes Auftreten der beste Tarnumhang der Welt ist. Hätte es jemand bemerkt, hätte es auch keine Rolle gespielt – wenn man etwas mit ausreichend viel Selbstbewusstsein tut, gehen die Leute um einen herum automatisch davon aus, dass man dies in ganz offizieller Funktion ausübt. Keiner hat es vermisst. Keiner hat sich beschwert. Es war schlicht so, dass der Bann gebrochen war, und sofort widmeten sich alle wieder ihren Freunden, als wären sie aus einem Traum erwacht. Das letzte Mal, als mich einer von den Barleuten dabei ertappte, als ich den Fernseher ausschaltete, erklärte ich bloß, ich würde ihn nur aus- und einschalten. Gute Ausrede übrigens, wenn Sie sich an meinem Ein-Mann-Kreuzzug zur Errettung der Briten vor sich selbst beteiligen wollen. Gehen Sie einfach in einen Pub. Stecken Sie den Spielautomaten aus. Und schalten Sie das Fernsehgerät ab. Wenn Sie erwischt werden, sagen Sie einfach: »Keine Sorge, ich stelle ihn nur aus und wieder an, es gab da ein technisches Problem. Ich und mein Freund haben uns seit acht Jahren nicht gesehen, wir konnten uns kaum auf diese Krawalle konzentrieren in diesem Land, von dem wir noch nie was gehört haben.«

Eine ganze Weile war das im Pub mein Lieblingsthema, ständig beschwerte ich mich über die Fernsehgeräte. Offenbar übertrieb ich es damit derart, dass Neil mir eines Tages beim Betreten des Pubs ein kleines Geschenk überreichte: eine nagelneue durchschlagende Waffe, um meinen ideologischen Krieg gegen die moderne Welt eskalieren zu lassen. Ich öffnete das Päckchen und fand darin eine

Universalfernbedienung vor; ein winziger Schlüsselring mit einem einzigen Knopf dran, auf dem »Aus« stand. Ich lachte wie ein Irrer.

Hinter meinem Rücken stand die Welt in Flammen, also der gleiche Scheiß wie immer. (Tss, wieder mal typisch!) Doch war jetzt nicht der richtige Zeitpunkt für Chaos und Tragödien, Tod und Vernichtung, die Banalität des Bösen, dazwischen Werbeunterbrechungen. Nein, jetzt war die Zeit für Spaß und Beleidigungen, Bier und Pullern. Ich richtete meine neue Geheimwaffe auf den Fernseher, und – ein leises Klick! – schon konnte ich mich wieder der guten alten Offlineunterhaltung widmen, meinem furztrockenen, langweiligen Gespräch: »Also, wie ich schon sagte, im Deutschen gibt es ›der‹, ›die‹ und ›das‹, und die verwendet man völlig willkürlich. Es heißt *das* Mädchen, also Neutrum, und *die* Banane ist dafür weiblich. *Eine Banane! WEIBLICH!* Ist doch lachhaft!«

KAPITEL 6

Zu Hause bei den Briten

Etwa zwei Drittel aller Briten kaufen sich ein Haus, während dies auf dem Festland nur ein Drittel der Bevölkerung tut. Wir Briten widmen uns anscheinend mit einzigartiger Hingabe unseren Häusern sowie dem bloßen Gedanken, ein Haus zu besitzen. Einerseits verständlich. Schließlich sind Häuser in erster Linie eine Wettervermeidungsmaßnahme.

Andererseits aber wundert man sich, wie viele Schulden ein Brite dafür bereit ist zu schultern, und das oft schon in sehr jungem Alter. Sie kennen vielleicht das uralte Sprichwort »Für den Engländer ist sein Haus sein Schloss«? Ich glaube, das ist eine Metapher. So wie ich das sehe, heißt es eigentlich: *Für den Engländer ist sein Haus eine riesengroße Hypothek.*

Auf Kontinentaleuropäer – die ihre Wohnungen hauptsächlich aus dem Grund mieten, um irgendwo ihre Unterwäsche wechseln zu können, ohne dass sie dafür verhaftet werden – wirkt die britische Obsession mit dem Hauskauf besonders amüsant, als würden sie alle ihre von Nässe geprägten kleinen Leben damit verbringen, den teuersten und langwierigsten Sklavenvertrag auszuhandeln, nur für ein paar Ziegelmauern, in denen man Familie und Besitz unterbringt.

Oh, ihr gedankenlosen Europäer, mit eurem Wein zum Mittagessen und eurem Technopop und euren nachmittäglichen Nickerchen und eurem sexy Sex, ihr kapiert es einfach nicht, oder?

Hauskauf

Wenn Sie uns Briten vollends verstehen wollen, müssen Sie begreifen, dass ein Haus nicht einfach nur ein Haus ist, sondern eine *Investition*. Großbritannien ist überfüllt, schon vergessen? Viel zu viele Immigranten hier. Und nicht nur das, Margaret Thatcher persönlich vermöbelte den sozialen Wohnungsbau mit ihrer Handtasche, bis er auf dem freien Markt einen qualvollen Tod starb, und jetzt hat die Baubranche nicht mehr das nötige Personal, um mit der Nachfrage Schritt zu halten. Nicht ausreichend Immigranten. Denken Sie gar nicht drüber nach, glauben Sie mir: Es ist ein Albtraum. (Es sei denn natürlich, man besitzt ein Haus. In dem Fall ist es schwer, das Gerede von Albträumen zu hören, stattdessen flüstern einem des Nachts die eigenen vier Wände beruhigend zu: »Wir sind reich, wir sind reich, wir sind reich ...«)

Abgesehen davon, dass man in einer Investition leben darf, wo man in der kuscheligen Wärme eines lebenslang belastenden Darlehens Zuflucht nehmen kann, sind die Vorteile von Wohneigentum offensichtlich. Nachdem man 25 bis 30 Jahre geblecht hat, nur um darin zu hausen, hat man folgende Möglichkeiten: a) man bleibt mietfrei darin wohnen, b) man zieht aus und vermietet es, nur um sich ein bisschen was von dem bezahlten Geld zurückzuholen, c) man zieht aus und verkauft es zu einem höheren Preis, als das kleinere Haus kostet, in das man eigentlich gleich ziehen hätte können, oder d) man stirbt und vererbt es an die eigenen Kinder, die ansonsten zum Scheitern verurteilt sind. Man denke an die vielen Möglichkeiten, die man in 25 bis 30 Jahren hat! Das Leben ist viel zu kurz! Lasst uns Häuser kaufen!

Mieten

Der Mietmarkt in Großbritannien ist nicht unbedingt der beste, auch ein Grund, weshalb die Leute lieber kaufen. Und weil die Leute lieber kaufen, haben wir in Großbritannien keinen sonderlich soliden Mietmarkt. Verstehen Sie? Es ist hoffnungslos.

Die strengen Mietmarktkontrollen in Ländern wie Deutschland machen das Mieten für Paare wie Linn und mich tatsächlich attraktiver, die wir gelegentlich gern eine Avocado essen, während wir aus dem Fenster schauen und überlegen, was wir alles tun könnten, wenn wir nicht im fünften Stock wohnen würden. Weil unser Vermieter uns nicht so einfach rauswerfen kann, außer vielleicht, indem er uns hier rausschleift, sodass wir Kratzspuren am Boden und an den Wänden hinterlassen, haben wir aus unserer Wohnung ein richtiges *Zuhause* gemacht. Was die gemieteten Apartments in London betrifft, betrachten meine Freunde sie eher als temporäre, hellbeige Personenlagerstätten. Sie halten den Regen ab. Sie verbergen Geheimnisse. Jeden Moment könnte eine Planierraupe angefahren kommen, daher lohnt es sich nicht, einen Nagel in die Wand zu schlagen und ein Bild aufzuhängen. *Nein, nein.* Am besten benutzt man Blu Tack und hat immer einen gepackten Koffer gleich neben der Tür stehen, allzeit bereit, in die nächste von der Gentrifizierung bedrohte Gegend zu fliehen, wenn die Ölbarone und Oligarchen einem das Haus unterm Hintern wegkaufen, damit sie ihr Geld sicher darin bunkern können.

Kein Wunder also, dass das Mieten im Vereinigten Königreich lediglich als Übergangslösung betrachtet wird für das Wettervermeidungsproblem und dass so viele junge Briten beschließen, dieses Stadium komplett zu umgehen, indem sie so lange in ihren Kinderzimmern wohnen (manchmal sogar mit Ehepartner und einer zunehmenden Schar an Kindern), bis sie im Alter von 38 Jahren genug angespart haben, um was zu kaufen.

Wenn man heutzutage auf der wunderbaren britischen Behausungsleiter aufsteigen will, läuft das so, als würde man mitten in ein »Reise nach Jerusalem«-Spiel platzen, nur in einer größeren Dimension und mit anderen Regeln, und das ganz ohne Musik, ohne Stühle und ohne irgendeine Aussicht auf ein bisschen Spaß. Tatsächlich hat man, so wie ich das sehe, heutzutage nur dann eine Chance zu »gewinnen«, wenn die gesamte Erbfolge gleichzeitig bei einem tragischen Busunfall ums Leben kommt und einem gleichzeitig zugeneigt war UND außerdem nicht übers Ohr gehauen wurde von irgendeiner Sekte, einem Anwalt, einem Kredithai oder einem nigerianischen E-Mail-Betrüger.

Während die Generation, die alles im Griff hat – der Wählerblock bestehend aus den Babyboomern, die allmählich den Gipfel der Bevölkerungspyramide erreichen und dabei sämtliche Ressourcen aufsaugen –, auf dem ganzen Reichtum sitzt und sich über alles beklagt, ist die Situation junger Menschen in Großbritannien schwierig – vergleichbar mit etwas, das ich als das »schwedische Kuchendilemma« bezeichnen möchte.

Ein Freund von mir, der eine Zeitlang in Schweden lebte, hat mir einmal erzählt, dass es dort als unhöflich gilt, wenn sich jemand das letzte Stück von dem Kuchen nimmt, den ein anderer ins Büro mitgebracht hat. Stattdessen macht man es so, dass man das Kuchenstück teilt und sich die Hälfte nimmt. Der Nächste macht es genauso, und so weiter, bis die Letzten in ihrer Gier nach Zucker nicht mehr Kuchen, sondern Atome spalten.

Aufgrund von Überbevölkerung und unkontrollierter Zuwanderung in unseren winzig kleinen Inselstaat geschieht auf dem britischen Immobilienmarkt gerade etwas ganz Ähnliches. Bald schon wird das Haus eines Engländers nicht mehr sein Schloss sein, sondern ein Zweiunddreißigstel des ehemaligen Schlosses von jemand anderem, für das man dann ein Leben lang bezahlt, und in der exakten Millisekunde des eigenen Todes wird dieses Haus dann in 32 »gemütliche Maisonettewohnungen in Camden« umgewandelt. (Auf dem Kontinent besser bekannt als *Schuhschachteln*.)

Gästeetikette

Erhält man je von einem Briten eine Einladung ~~in seine Geldanlage~~ zu ihm nach Hause, sollte man die entsprechenden Umgangsformen kennen, sobald man den gut gepflegten, aber zweckfreien Vorgarten durchquert, sich die Füße an den zwei oder drei aufeinanderfolgenden Fußmatten abstreift und die metaphorische Schwelle in ~~seinen Schuldenberg~~ sein Schloss überschreitet.

Profi-Tipp:

Viele Briten haben einen Vorgarten, der nur zur Zierde da ist und niemals von keinem für was auch immer benutzt werden darf. Keiner weiß so genau, wofür er eigentlich da ist. Wenn Sie mit einen Briten aus der Fassung bringen möchten, setzen Sie sich mit einer Decke in seinen Vorgarten und machen ein Picknick. Wenn er protestiert, entschuldigen Sie sich ausgiebig und fragen ihn, wofür der Garten da ist.

Befindet man sich im Haus, hat zunächst oberste Priorität, dass man lobende Worte verliert über das Dekor, als wären der Windfang, der Flur oder die Fußmattensammlung bereits ausreichender Beweis dafür, dass man es mit einem Einrichtungsgenie zu tun hat. Als Nächstes muss man irgendwie rausfinden, ob man sich in einem »Schuhe an«- oder »Schuhe aus«-Haus befindet (vielleicht hat man sogar das Glück, sich in einem von diesen inzwischen legendären »Vollteppich«-Häusern zu befinden, inklusive dem Heiligen Gral britischer Gemütlichkeit, einem mit Teppich ausgekleideten Badezimmer ...).

Kommt man anlässlich einer Party oder eines anderen geselligen Ereignisses in ein Haus, wird die eigene Höflichkeit noch einmal auf eine besonders harte Probe gestellt, denn dann ist in besagtem Flur bereits eine größere Schar von Briten versammelt, aufgestellt in einer ordentlichen Reihe, um einen zu begrüßen. Ich nenne das das »Hallospalier«. Wenn Sie also eintreffen, rate ich Ihnen, erst einmal tief Luft zu holen, weil Sie nämlich jeden Moment hineingesogen werden in das Gebäude, von einem reißenden Strom an wohlmeinenden Verlegenheiten. Ausländer werden es schwierig finden, da mitzuhalten, während die Briten einen unermüdlich bombardieren mit einem einzigen Erguss verbaler Art, so was wie *Hallo, Kumpel, alles in Ordnung, hey, wie geht's, siehst gut aus, hi, ja, wunderbar, alles in Ordnung? Nein, ja, ja, gut, danke, wie geht's, hallo, mein Lieber, alles in Ordnung? Ja, kann nicht klagen, alles bestens, Kumpel, hallo, hi!* Wir Briten schaffen es in einem einzigen Atemzug durch das gesamte »Hallo-Spalier«, ohne zusammenzubrechen. Doch alle anderen sollten das gar nicht erst versuchen, jedenfalls nicht, ohne es vorher eingehend zu trainieren, zumal dieser hektische Ausbruch von Höflichkeiten und Smalltalk zusätzlich begleitet wird von einer körperlichen Komponente bestehend aus unbeholfenem, unangenehmem und peinlichem Händeschütteln, kombiniert mit halbherzigen Umarmungen, High fives, freundschaftlichen Fauststößen, einem Küsschen, zwei Küsschen, drei Küsschen-Zusammenstoß-Verwirrung.

Höflichkeiten vor dem Essen

Sobald das Essen auf dem Tisch steht, ist es bei uns wie in den meisten Ländern üblich, allen einen guten Appetit zu wünschen. Allerdings gibt es in Großbritannien keine eigene Variante von »bon appétit«, aus Gründen, die selbsterklärend sind, wie ich befürchte.

Als ich Großbritannien das erste Mal verließ, um nach »Europa« zu reisen – jenem fernen Reich der Nacktbadestrände, Croissants und Akkordeonmusik, die vom Wind von Café zu Café getragen wird –, stellte man mir mehrfach die Frage, was wir Briten denn sagen würden, bevor wir essen.

»Keine Ahnung«, erwiderte ich damals immer. »Ich glaube, wir sagen einfach *bon appetite* oder so ...«

»Oh«, entgegneten die Leute dann meist enttäuscht.

PROFI-TIPP:

Drei Dinge fehlen in keinem normalen britischen Kühlschrank: ein Sechs-Liter-Kanister Milch, Käse und Schinken. Davon abgesehen finden sich nur noch industriell hergestellte Lebensmittel, die sowohl Käse als auch Schinken enthalten, vermarktet mithilfe eines absolut unromantisch klingenden Produktnamens, so was wie »Mit Käse gefüllte Käse-Schinken-Sticks, mit Schinkengeschmack (jetzt mit extra viel Milch)«.

Irgendwann hatte man mir diese Frage derart oft gestellt, dass ich mir bewusst wurde, was die höflichste, lustigste und britischste Art wäre, den durch die Frage implizierten Erwartungen zu begegnen: nämlich mit der klassischen witzelnden Art der Selbsterniedrigung, wie es für mein Inselvolk üblich ist.

»Wir sagen ›viel Glück‹«, antworte ich seither, jedes Mal höchst zufrieden mit mir selbst, genau wie beim ersten Mal, als ich diesen spontanen Geistesblitz hatte, »und ›schau am besten nicht hin‹!«

»Ach!«, lautet die Reaktion dann immer. Offenbar sind die meisten mit dieser Antwort zufrieden, als hätten sie nichts anderes erwartet.

Über die echte britische Küche muss man nur eins wissen, nämlich dass das Ziel eher ein aufgeblähter Bauch und nicht unbedingt guter Geschmack ist. Wenn man es so sieht, ergibt alles irgendwie einen Sinn. Wir lassen die Kohlenhydratbombe schon recht früh hochgehen. Das Essen fängt daher meist mit irgendeiner Pampe an – Kartoffeln, Brot oder Pasta –, und dann arbeiten wir uns je nach Ambition nach außen vor. Kann man diesen Akt von kulinarischem Terrorismus mit einem Pie vervollkommnen? Kann man das Ganze vielleicht sogar in Pieform bringen? Kann man Käse drauftun? Oder es mit Käse füllen? Oder es mit Käse umwickeln? Käse durchschieben? Wie wäre es mit ein wenig Kartoffelbrei als Beilage? Oder mit Coleslaw? (Mit Sicherheit einer der britischsten Beiträge zum Büfett aus aller Welt ... wie könnte man Möhren und Kohl denn wohl sonst verfeinern, als sie unter einem Berg Mayonnaise zu begraben?) Brot?

Weißbrot? Getoastetes Weißbrot? Getoastetes Weißbrot ... und das dann noch *paniert?*

Dazu Baked Beans.

Ein bisschen Soße obendrauf.

Gebraten.

Wenn sonst nichts hilft, tut man ein paar Kartoffelchips dazu und trage das Essen auf.

So zumindest sieht das Klischee aus, aber ob da nun was dran ist oder nicht, sollte gewiss kein Engländer wie ich entscheiden. Woher soll ich das wissen? Zum Glück wird kein Engländer wie ich je in Verlegenheit kommen, sich wegen dieses Rufs rechtfertigen zu müssen, wo wir doch unterhalb von Schottland leben, unserem verregneten Hut und viel gepriesenen Lieferanten des »Scotch Egg«, bestehend aus einem ganzen hartgekochten Ei, umhüllt von Wurstbrät, mit Brotkrumen paniert und anschließend frittiert, um dann vom Geist der Diabetesvergangenheit in Besitz genommen zu werden.

Wie der englische Comedian Marcus Brigstocke einst sagte: »Only the Scottish would ›scotch‹ an egg.« (*to scotch* – im Keim ersticken)

Barbecues

Die Briten haben im Laufe der Jahre ja schon viele recht exzentrische Dinge erfunden, von Cricket über Marmite, Bovril (wie Marmite, nur zum Trinken) über Morris-Dancing bis hin zum ungenutzten Vorgarten. Und dennoch sticht eine Erfindung deutlich inmitten der anderen hervor. Wenn man lange genug bei einem Briten zu Hause verbringt, hat man vielleicht das Glück, Zeuge eines *Allwetter*-Barbecues zu werden.

Da das am häufigsten auf das britische Wetter angewandte Adjektiv »wechselhaft« ist, vor allem in der Frühlingsommerherbst-Zeit, bleibt den Briten irgendwann keine Wahl mehr, als ein Machtwort zu sprechen. Man kann ja nicht ewig warten, also schreibt man sich tapfer das Wort »B.B.Q.« in den Kalender, verschickt Einladungen und fängt dann an, sich einen Vorrat an Burgern zuzulegen. Von da an ist man gnadenlos den Göttern ausgeliefert.

Wenn der Tag der Abrechnung naht, erreicht der unablässige Smalltalk über das Wetter einen ganz neuen Höhepunkt mit wilden Spekulationen, Ränkespielen und Gerüchten, die in die Welt gesetzt werden. Tage- und wochenlang starren die Leute dann sorgenvoll auf den Kalender mit den ominösen drei Buchstaben und flüstern kaum hörbare Gebete vor sich hin, von wegen, die Wolken mögen Gnade walten lassen (»Bitte, oh bitte, lasst es nicht regnen«). Doch selbst wenn die Stunde null bevorsteht und keine Wolke am strahlend blauen Himmel zu sehen ist, in keiner Richtung, darf man sich noch nicht entspannen oder sich falsche Hoffnungen machen. Auf das Wetter ist kein Verlass.

Sie denken jetzt vielleicht, ich übertreibe wieder einmal. Tue ich nicht. Ich habe sogar ein Video, auf dem ist mein Stiefvater zu sehen, der Letzte, der sich noch nicht ins Haus zurückgezogen hatte, weil er unbedingt der Erste sein wollte, dem die heldenhafte Tat gelingt, eine legendäre Grillwurst im Freien zu braten, während er unter Dauerbeschuss von Hagelkörnern so groß wie Murmeln stand. Trotzdem kämpfte er unbeirrt weiter und kauerte sich unter einen riesigen »Fosters«-Sonnenschirm aus irgendeinem Pub (der natürlich im Preis eines Getränks inbegriffen war), um sich vor den Einschlägen der harten Eisgeschosse zu schützen. Aus der Küche riefen ihm indessen die Frauen zu: »Lass es einfach, Roger! Wir hauen sie in die Pfanne! *Rette dich!*«

Das Schlimmste aber war, dass das Thema der Grillfeier »Karibik« war.

Wir hatten alle tropische Klamotten an.

Weihnachten

Die Winterfestivitäten sind dafür zum Glück umso einfacher. Weihnachten dauert in Großbritannien von Mitte November bis Mitte Januar und kann schlicht als die Zeit eingeordnet werden, da wir den Kapitalismus feiern, und zwar ausgiebig. Für die meisten Briten fängt die Weihnachtszeit erst dann »offiziell« an, wenn die entsprechende Coca-Cola-Werbung läuft. Das ist tatsächlich eine Verbesserung gegenüber dem früheren System. Damals fing es nämlich an, wenn die Oma das erste Mal missbilligend mit der Zunge schnalzte und meinte: »Tss, ich kann es nicht fassen! Gibt schon wieder Weihnachtszeug zu kaufen! Dabei haben wir doch erst Juni! Die fangen von Jahr zu Jahr früher an!«

Was das Weihnachtsfest an sich (am 25. Dezember) anbelangt, so fällt es mitten in die Weihnachtszeit und ist daran zu erkennen, dass jeder Einzelne den ganzen Tag lang eine olle Papierkrone auf dem Kopf hat. Die nächsten vierundzwanzig Stunden ist dann alles geprägt von Gier, Überfluss und unbegrenztem Wachstum. Wir essen, bis uns die Bäuche wehtun. Wir trinken, bis wir einschlafen. Jede freie Minute wird genutzt für Spaß und Spiele, das geht so weit, dass in der Regel keine Zeit mehr bleibt, um auch noch Vergnügen daran zu finden. Die Kinder werden mit zuckrigem Zeug überhäuft sowie mit so viel kunterbuntem Plastik, wie in eine überdimensionale Dekosocke eben so reinpasst. Und Oma bekommt gerade so viel Sherry eingeschenkt, dass sie frühzeitig einnickt. Damit bleibt den anderen Gästen wenigstens ihre ganz eigene Art des Rassismus erspart, der typisch ist für Kriegsgewinnler, aber ansonsten natürlich nicht böse gemeint ist.

Selbstverständlich hat Weihnachten durchaus seine positiven Seiten, aber die haben wir Briten allesamt geklaut. Der große Weihnachtsbaum in London stammt aus Norwegen, die Weihnachtsmärkte kommen aus Deutschland – der internationalen Heimat von Weihnachten –, und zum großen Verdruss der UKIP-Unterstützer wurde bereits mehrfach vorgebracht, die ganze Sache würde ursprünglich auf einen bärtigen Typen aus dem Mittleren Osten zurückgehen. Das Einzige, was die Briten zu den Feierlichkeiten beigetragen haben, ist der Christmas Cracker, ein Knallbonbon – inspiriert vom französischen Bonbon, nur dass die Briten wieder ihr ganz eigenes Ding daraus gemacht haben. Sie haben nämlich das Ganze in etwas Plastikplunder verpackt, der für den Mülleimer und anschließend den Hals einer Meeresschildkröte oder so ähnlich bestimmt ist. Ho ho ho, frohe Weihnachten!

Geschenke sind nicht einfach nur wichtig; es geht um nichts anderes.

Die Briten brauchen nicht viele endlose Wochen damit zu verbringen, in mühsamer Handarbeit ein kunstvolles Holzpferd zu schnitzen: Der gleiche Grad an Zuwendung lässt sich schließlich auch ausdrücken, indem man einfach auffällig viel Geld ausgibt. Die Briten sind sogar derart vom Konsum bestimmt, dass man die Weihnachtseinkäufe nicht in einer Art Anfall erledigt, sondern gleich eine Einkaufsorgie draus macht.

Die Kultur des exzessiven Schenkens ist mittlerweile so allgegenwärtig, dass es nicht mehr lange dauert, bis der »Boxing Day« (am 26. Dezember) zu einer vierundzwanzigstündigen Periode umgewandelt wird, in der alle nur die doppelt erhaltenen Geschenke zurück in ihre Schachteln packen. Um sie ins Pfandleihhaus zu bringen. Oder wir boxen einfach einen Tag lang. Ich meine so richtig boxen. Wir prügeln uns alle gegenseitig, bis wir noch mehr Zeug bekommen.

Wenn die EU das Vereinigte Königreich wirklich an seinem wunden Punkt treffen will (und gleichzeitig dem Planeten etwas Gutes tun), dann sollte man sich überlegen, ob man nicht Handelssanktionen auf neue Produkte auferlegt. Das betrifft dann so was wie Mini-Golf-Sets für den Schreibtisch, Toilettenpapier mit Donald Trumps Visage auf jedem einzelnen Blatt, Bücher wie das, was Sie gerade lesen – und das von Mitte November bis Mitte Januar, bis die ganze künstlich erzwungene festliche Stimmung endlich abklingt, die Weihnachtsdeko verräumt wird und das letzte Stück Truthahn seine Reise in einem erbärmlichen kleinen Sandwich beendet. Und dann ist es so, als hätte jemand einen überdimensionalen Schalter umgelegt, auf dem Weihnachten steht.

Dürfte ich?

Wenn man als Gast in einem britischen Heim verweilt, muss man zwingend wissen, dass die Briten bei allem immer erst um Erlaubnis fragen.

»Soll ich meine Schuhe ausziehen?«

»Kann ich den Wein in den Kühlschrank stellen?«

»Soll ich mich schon setzen?«

Natürlich basiert das zum Großteil allein auf der üblichen Höflichkeit und auf allgemein guten Manieren. Immerhin wird das in so gut wie jeder Kultur von Gästen erwartet. Das Besondere bei den

Briten aber ist, dass sie so unheimlich oft nachfragen, bei so gut wie allem, auch wenn die Antwort von vornherein klar ist.

»Könnte ich kurz aufs Klo verschwinden?«

»Dürfte ich mir vielleicht ein Glas Leitungswasser nehmen?«

»Ist es okay, wenn ich Ihren Sauerstoff atme?«

Das letzte Mal, als meine Mutter in Deutschland zu Besuch war, nahm ich sie mit zu Linns Eltern. Ich hoffe sehr, dass Ihnen bewusst ist, wie potenziell stressig diese Art von Ereignis ohnehin schon ist, ganz ohne das zusätzliche Gewicht möglicher Missverständnisse, kommunikativer Fehlinterpretationen und entgangener Witze. Ich brauche wohl nicht zu betonen (Achtung, Untertreibungsalarm!), dass ich ein klein wenig nervös war.

Schließlich fand ich folgende Lösung: Ich folgte meiner Mutter die ganze Zeit durchs Haus wie ein nervöser Schatten, nie mehr als einen Fuß hinter ihr, und versuchte, jede Interaktion auszubügeln, die anderen vor meiner Mutter zu beschützen und sie vor ihnen und alle vor allem. Vermutlich habe ich mich selten uncooler aufgeführt als bei der Gelegenheit, abgesehen von dieser einen Busfahrt vielleicht, die ich am Rande bereits erwähnte.

Am ersten Tag frühstückten wir alle gemeinsam im Garten; im Kühlschrank fand sich das typisch deutsche Überangebot, nur dass das jetzt auf dem Tisch stand und gegessen wurde, ohne dass ausdrücklich Erlaubnis erteilt wurde. Meine Mutter war ganz offensichtlich nicht an dieses System gewöhnt, und mir entging nicht, wie das Höflichkeitsdilemma in ihr wütete, während sie sich auf dem Tisch umsah, weil sie nicht wusste, was sie tun sollte. Ich konnte genau sehen, dass der Brit-o-matik in ihrem Inneren auf Hochtouren lief. *Gibt es da irgendetwas, das ich nicht essen sollte? Wie viel darf ich mir nehmen? Kann ich einfach von allem nehmen? Was, wenn ich einen Fehler mache?* Also nahm ich den Brotkorb und hielt ihn ihr vors Gesicht, und dann schob ich ihr einfach der Reihe nach diverse Dinge hin und feuerte eine Erlaubnis nach der anderen auf sie ab.

»Willst du Tee?«

»Oh ja, bitte.«

»Und Brot?«

»Oh, das wäre fein.«

»Vielleicht noch irgendwas drauf, für den Geschmack?«

»Na ja, wenn es okay ist, das wäre wunderbar ...«

Natürlich weiß ich das alles so genau, weil es *mir* vor all den Jahren nicht anders erging, als ich das erste Mal bei Linns Eltern zu Besuch war. Ich habe mich *ganz exakt* so verhalten wie sie – sah mich auf dem Tisch um, ließ den Blick von einer Leckerei zur anderen wandern, riss mir allenfalls ein bescheidenes Stück Croissant von einem Quadratzentimeter ab, auf dem ich herumkaute, und tat dann so, als sei das ja schon reichlich gewesen, besten Dank auch, während ich insgeheim die Eier, Wurstwaren und verschiedenen Käsesorten anschmachtete und mir inständig wünschte, ich würde aus einer dieser Eier-aus-Stahl-Tod-oder-Ehre-Rambo-Kulturen stammen, in denen man einfach alles isst, was einem vorgesetzt wird, ohne dass man erst groß um Erlaubnis fragt.

Ist schon ein sonderbares Verhalten. Im Grunde ist es so, als würde man ernsthaft die Möglichkeit in Betracht ziehen, man könnte in einer Welt leben, in der neun Leute zusammen zum Frühstück an einem Tisch sitzen, wobei das ganze Essen allein einer ausgeklügelten Verschwörung dient, die aufdecken soll, wie es um die eigene Höflichkeit bestellt ist. Totaler Unsinn, klar. Und doch scheint es mir als Brite ratsamer, einfach abzuwarten und erst mal zuzuschauen, nur so zur Sicherheit, man weiß ja nie.

Wenn ich so über die durchaus reale Möglichkeit nachdenke, dass ein Brite bei so etwas *zu kurz kommt*, sofern man sich nicht explizit um ihn kümmert, erinnert mich das an eine Geschichte, die meine Freundin Sara mir einmal erzählt hat. Als sie ihrem Hund Duke beibringen wollte, ein Leckerli *nicht* zu essen, bevor er nicht die ausdrückliche Erlaubnis dafür bekommen hatte, bewegte sie sich erst stückweise immer weiter von dem Leckerli weg, ehe sie ihre Zustimmung gab. Eines Tages versuchte sie, den Raum ganz zu verlassen, erhielt dann aber einen Telefonanruf und vergaß vollkommen, was sie gerade tun wollte. Zehn Minuten später kam sie zurück ins Zimmer und stellte fest, dass Duke sich nicht von der Stelle bewegt hatte, das Leckerli wenige Zentimeter von seiner Nase entfernt. Nur dass in seinen Augen ein fieberhafter Ausdruck der Begierde lag und er am ganzen Körper zitterte, eine Pfütze Sabber von der Größe eines Toilettensitzes um ihn herum. Das entspricht dem durchschnittlichen britischen Gast.

Zum Glück lässt diese lähmende Unfähigkeit, keinem zur Last fallen zu wollen, mit der Zeit nach, je öfter man mit vernünftigeren Kulturen in Kontakt kommt. Das war für mich eine immense Erleichterung, weil mir dieses Problem keineswegs am Arsch vorbei-

ging, sondern einmal das genaue Gegenteil der Fall war, und zwar
buchstäblich.

Ich hatte Probleme mit dem Steißbein.

Bloß keine Umstände!

Wir haben nun also die Punkte »das Haus betreten« und »sich im
Haus aufhalten zum Zwecke diverser hausgebundener Aktivitäten«
abgehakt. Bleibt nur noch das Verlassen des Hauses. Zum Glück ist
das eine recht simple Sache, wenn auch zeitraubend, und man benötigt ein gewisses Durchhaltevermögen, um das »Abschiedsspalier«
zu überstehen. Doch es gibt noch eine Alternative, über die wir
sprechen müssen: das Übernachten. Seltsamerweise lassen sich die
möglichen Tücken einer ersten Übernachtung in einem britischen
Zuhause für mich am einfachsten erklären, indem ich von meiner
ersten Übernachtung in einem deutschen Heim erzähle. Anschließend überlasse ich es Ihnen, die Lektion auf die 65 Millionen anderen Menschen wie mich zu übertragen.

Als ich nach Berlin zog, übernachtete ich die erste Woche bei einem
deutschen Mädchen namens Marie. Die hatte ich im Jahr zuvor über
CouchSurfing kennengelernt. Zusammen mit ihrem Ehemann Emie,
den ich noch nicht kennengelernt hatte, wohnte sie in einer »Andert-
halb-Zimmer-Wohnung«. Den Ausdruck »Anderthalb-Zimmer-
Wohnung« hatte ich bis dahin nie zuvor gehört. Um ehrlich zu sein,
war mir auch nicht klar gewesen, dass es so was wie halbe Zimmer

gibt, ich kannte sie nur ganz, also ein Zimmer, zwei Zimmer. (Weil ich in der Kultur des »schwedischen Kuchendilemmas« großgeworden war, war ich davon ausgegangen, dass ein Zimmer, das man teilte, ganz einfach zu zwei Zimmern wurde. Den Preis dafür konnte man dann getrost verdoppeln.) Jedenfalls, um zum eigentlichen Punkt zu kommen: Neben Maries Schlafzimmer gab es eine Art Abstellkammer, verborgen hinter einer dünnen Wand und einer »Tür«, die lediglich aus einem Vorhang bestand. Und in diesem engen, fensterlosen Kabuff gab es ein sehr clever konstruiertes Hochbett. Gäste konnten es über eine Leiter erreichen, um dann vom Fußende aus hineinzuklettern und zu schlafen – und das recht bequem. Den halben Raum teilte man sich mit Klamotten, Fotokisten und dem Staubsauger.

Hier schlief ich also, als ich mitten in der Nacht aus dem Schlaf hochfuhr und feststellte, dass irgendwas komisch war an meiner gegenwärtigen Situation. Ich konnte mich nicht mehr rühren.

Als ich es versuchte, fuhr mir ein scharfer, stechender Schmerz durch Rücken und Beine. Wenn ich mich absolut still hielt, war der Schmerz wieder weg. Doch sobald ich versuchte, meinen Körper zu verlagern, stellte ich fest, dass das nahezu unmöglich war. An diesem Punkt sollte ich vielleicht noch erwähnen, dass es stockdunkel um mich herum war. Oh, und ich war nackt. Also so richtig splitterfasermäßig nackt, ohne Pyjama, ohne Unterhose, die europäische Art von nackt.

Während mir das Ausmaß meiner misslichen Lage dämmerte, versuchte ich, im Dunkeln mit den Zehen nach meinen Klamotten am Fußende des Bettes zu tasten. Vielleicht konnte ich sie mir ja irgendwie angeln und hochziehen, bis ich sie mit den Armen greifen konnte. *Autsch, ah, autsch, autsch, autsch, ah ... Scheiße.* Es war aussichtslos. Was daran lag, dass die Sachen gar nicht am Fußende des Bettes waren; sie lagen unten am Fuß der Leiter.

Ich kämpfte mich also nach unten, die ganze Zeit vor Schmerz zusammenkrümmend, blind und schwach und ohne jegliche Anmut, wie ein armer Wurm, der in einer mondlosen Nacht eine Tätowierung verpasst kriegt.

Ich schlängelte mich vorwärts, zuckte zusammen, schlängelte mich weiter, wartete ab, Zentimeter für Zentimeter kämpfte ich mich unter Schmerzen bis zur Leiter vor, dann Schritt für Schritt unter Schmerzen die Leiter nach unten, bis ich endlich am Fuß angekommen war, wo mir bedauerlicherweise bewusst wurde, dass ich mich leider nicht bücken konnte, um meine Klamotten aufzuheben. Die Schmerzen waren inzwischen so unerträglich, dass ich mich buchstäblich nicht mehr runterbeugen, geschweige denn einen weiteren Schritt machen konnte. Ich versuchte die Zehen zu bewegen, um zumindest vorläufig zu testen, ob die in den Prozess des Voranschreitens involvierten Teile überhaupt einsatzfähig waren. Doch leider hoben sie sich keinen Millimeter vom Boden, ohne jäh von einem bohrenden Schmerz gestoppt zu werden. Ich saß so richtig in der Klemme.

Um es mal mit dem typisch britischen Understatement auszudrücken: An diesem Punkt wurde mir bewusst, dass sich meine *leicht missliche Lage* zu einem *kleineren Problemchen* ausgewachsen hatte. Ich brauchte ganz offensichtlich Hilfe.

Trotzdem war sich ein Teil von mir nicht sicher, um was für eine Sorte von klassischem »Notfall« es sich hier handelte – wenn ich mich nicht bewegte, war ja im Grunde alles in Ordnung, aber nur fast. Angesichts der Umstände (ich rekapituliere schnell mal: ein verwirrter, nackter, blinder, in der Bewegung eingeschränkter, schweigsamer CouchSurfer, stand ich hier in einer Abstellkammer mit einem seltsamen Fall von leichter, harmloser, aber nichtsdestotrotz absoluter Lähmung, und das um vier Uhr morgens), wie sollte ich da auch nur *anfangen*, um Hilfe zu bitten?

Mir fiel nichts Passendes ein, das ich hätte rufen können; etwas, das nicht völlig verrückt, nach Drohung oder total gruselig klang; etwas, das die Situation angemessen erklärte, ohne für allzu große Beunruhigung zu sorgen; etwas, das auf jemanden, den man eben aus dem Traum gerissen hat, einigermaßen zusammenhängend und logisch klingt, wenn er einen Engländer hinter einer Wand um Hilfe flehen hört, weil er um vier Uhr morgens ein nicht näher benanntes Problem hat.

Ich sollte einfach *irgendwas* sagen, beschloss ich schließlich. Bevorzugt etwas möglichst Kurzes und Prägnantes, das nichtsdestotrotz die wesentlichen Punkte abdeckte. Es sollte also mindestens so was beinhalten wie »Bitte wacht auf«, »Keine Panik!«, »Ich bin's nur, Paul, euer CouchSurfer«, »Ich habe da ein Problem«, »Tut mir leid, wenn ich euch wecke«, »Müsste ungefähr vier Uhr morgens sein, keine Ahnung, ich kann nichts sehen«, »Ich bin hinter der Wand«, »Alles okay, ja, ich kann mich bloß nicht mehr bewegen«, »Könnt ihr Hilfe rufen?«, »Kann sein, dass ich ein klein wenig gelähmt bin, nichts weiter«, »Nein, nein, bloß keine Umstände«, »Bitte kommt nicht hier rein«, »Ich kann mich nicht rühren«, »Weiß nicht, was los ist«, »Ich brauche Hilfe«, »Alles schwarz um mich herum«, »Hilfe«, »Noch nicht«, »Ist Emie da?«, »Ich bin nackt«, »Bitte, kann Emie mir eine Unterhose anziehen?« und »Tut mir leid«.

Es war ein bisschen viel auf einmal, und ich wusste nicht recht, womit ich beginnen sollte. Die Optionen kamen mir allesamt ziemlich bescheuert und peinlich vor, wieder und wieder wirbelten sie mir durch den Kopf, begleitet von der wenig hilfreichen sarkastischen inneren Stimme, die mein Leben erzählte, während ich nach außen hin immer wieder zusammenzuckte wegen der stechenden Schmerzen, jedes Mal, wenn ich nur das Gewicht verlagerte oder probierte, vorsichtig mit den Zehen zu wackeln.

»Hallo« ...? *Nein, das ist doch krank,* dachte ich. *Die schlafen tief und fest. Da kannst du doch* nicht »Hallo« *rufen.*

»Hi!« ...? *Viel zu fröhlich. Du bist gelähmt, du verdammter Idiot.*

»Hallo? ...?« *Eine Frage? Du hast dich ja nicht im Wald verirrt.*

»Tut mir leid« ...? *Nein, viel zu daneben.*

»Ich sitze fest« ...? *Total beknackt.*

»Seid ihr wach?« ...? *Willst du die jetzt ernsthaft mit einer Frage aufwecken?*

»Hilfe!« ...? *Du kannst doch nicht einfach »Hilfe!« sagen, so ganz salopp in normaler Lautstärke, du kranker Irrer.*

»Leute ...?« ...? *Oh ja, klar, spitzenmäßige Idee. Was, bist du ... Amerikaner?*

»Ich bin verletzt!« ...? *Quatsch. Viel zu übertrieben.*

»Ähm« ...? Ähm, das wird wohl nicht ganz ausreichen.

»Marie, ich hatte einen Unfall!« ...? Herr im Himmel, ein »Unfall«? Ein »UNFALL«? Du kannst doch hier nicht von einem Unfall sprechen ... bist du denn total beknackt?

Wieder und wieder drehte der Brit-o-matik sich im Kreis, brachte diverse Ideen vor, nur um sämtliche Vorschläge sarkastisch abzuschmettern. NICHTS schien geeignet. Es gab einfach viel zu viel Erklärungsbedarf, aber keine Möglichkeit, dies in die richtigen Worte zu kleiden, ohne dass es komisch klang. Na ja, noch komischer. Soll man einfach anfangen, die Story zu erzählen, obwohl sie echt seltsam klingt? Noch dazu jemandem, der noch nicht ganz bei Bewusstsein ist, in der Hoffnung, er möge trotzdem checken, worum es geht? Oder versucht man erst, die volle Aufmerksamkeit des dem anderen zu kriegen, um ihn dann ominöserweise in das eigene »Zimmer« (die Abstellkammer) zu bitten, weil man reden müsse, während man nackt im lautlosen, schattigen Abgrund der Kammer darauf wartet, dass er kommen möge. Und dabei hofft man, der andere möge nicht ausflippen und mit einem Baseballschläger in der Hand angetanzt kommen. *WIE ZUM TEUFEL SOLL MAN DA BITTE ANFANGEN?*

Mir fiel damals jedenfalls nichts ein, und ich bin auch heute noch ratlos – ganz anders als bei der Sache mit dem »Vorfall«, wo im Nachhinein klar war: *SCHEISSEGAL WAS* zu sagen, wäre die optimale Lösung für das Problem gewesen.

Folgendes habe ich dann unternommen. Ich stand da. Ich stand einfach nur da und unternahm nichts. Unbeweglich, hellwach, am

Fuße einer Leiter, in der tiefschwarzen Stille einer geheiligten Abstellkammer, und das *STUNDENLANG*. Ich stand einfach nur da. Kerzengerade. Die Augen weit aufgerissen in einem stockfinsteren Raum. Zu
Tode gelangweilt. Immer stärker fröstelnd. Einen Arm an der Leiter,
die Wand etwa zehn Zentimeter von meinem Gesicht entfernt, wie ein
zeitweilig gelähmtes menschliches Straßenschild.

Es war deprimierend, als hätte Morrissey mit einem Mal den Job
als Chefschreiberling für das Drehbuch meines Lebens übernommen.
Es war buchstäblich eine tiefschwarze Nacht, still, einsam und qualvoll für mich. Ich war gelangweilt, deprimiert, ich fror und war zunehmend genervt von mir selbst, weil ich genau wusste, dass das Erste, was
Marie und Emie zu mir sagen würden, sobald ich ihnen mitteilte, was
geschehen war, was sich ja wohl nicht vermeiden ließ, Folgendes wäre:
»Warum um alles in der Welt hast du uns denn nicht früher geweckt?«

Und doch bildete ich mir ein, ich würde ja gar nicht die ganze
Nacht darauf *warten*, dass sie aufwachten. Das wäre ja zu verschro-
ben. Ich konnte mich nur nicht entschließen, wie ich sie aufwecken
sollte, und das dauerte nun mal zufällig die halbe Nacht. Ich war
dermaßen beschäftigt damit, vorab das winzige mentale Dilemma
zu lösen, welche Worte oder Sätze ich denn verwenden sollte (außerdem, sollte ich es rufen? Flüstern? Laut sagen?), ohne dass ich mich
schämen müsste, sie über die Lippen zu bringen. Und dann, endlich,
nachdem die Nacht vorüber war, wachten sie auf. *OH, ICH DANKE
DIR, LIEBER GOTT!* Sie gaben sich einen Guten-Morgen-Kuss. Und
dann hörten sie nicht mehr auf, sich zu küssen.

ACH SCHEISSE, LIEBER GOTT.

Und dann war es auch schon zu spät.

Meine Welt der Dunkelheit, der Trauer und des Schmerzes nahm kein Ende, nur dass das Ganze nun begleitet war von einer zunehmend peinlichen Geräuschkulisse im Hintergrund. Und jetzt hatte ich ein neues Problem: Ich hatte nicht nur nach wie vor die gleichen Dinge zu erklären wie schon vor fünf Minuten, jetzt musste ich auch noch erklären, warum ich die halbe Nacht dagestanden hatte und dann gleich noch länger, in meinem selbst auferlegten Gefängnis der Finsternis, wie ein bescheuerter, beschissener Baum, während sie beide Sex hatten. Oh, und habe ich schon erwähnt, dass ich nackt war? Okay, gut. Wollte mich nur noch mal vergewissern.

Zum Glück warf mir das Schicksal in dem Moment eine Rettungsleine zu: Ihr Wecker schrillte. Kaum hörte ich den, richtete ich mich kerzengerade auf (autsch) und stellte fest, dass das meine Chance war. *Jetzt oder nie,* dachte ich!

»Marie ...?«, rief ich, meine Stimme laut und unüberhörbar. Endlich erfüllt sie ihren Zweck.

»Paul ...?«, erwiderte sie, etwas zögerlich. » ... alles in Ordnung mit dir?«

»Oh ja«, sagte ich, »aber, ähm, ich hab da ein kleines Problem.«

Also machte ich mich daran zu erklären, was geschehen war, in einem einzigen, durchgehenden Satz, der alles an relevanten Informationen beinhaltete. Am Ende krümmten sich die beiden vor Lachen. (Was soll ich sagen? Bin eben ein Naturtalent.) Nachdem die unvermeidliche Frage kam – »Warum um alles in der Welt hast du uns denn nicht gleich aufgeweckt?« –, riefen sie ihre Hausärztin an, steckten mich in einen Morgenmantel (danke, Emmie) und erzählten einer zunehmend amüsierten Medizinerin meine Story. Die lachte mit ihnen über mein lächerliches Verhalten (typisch britisch?), während sie die Spritze vorbereitete, um sie mir in den Hintern zu rammen. Und dabei kicherte sie die ganze Zeit, ihr Gesicht nur wenige Zentimeter von meinem nackten Arsch entfernt. Sie gab mir an der schmerzenden Stelle eine Injektion, und binnen einer Stunde war der Schmerz weg.

Und das war's dann. An diesem Morgen hatte ich die drei wichtigsten Lektionen meines Lebens gelernt: 1.) Die Briten brauchen, oft sogar daheim, Erwachsene, die auf sie aufpassen; 2.) Höflichkeit kann ähnlich lähmend sein wie eine Lähmung; und 3.) Morphium ist verdammt spitzenmäßiges Zeug.

Die frühen Morgenstunden

War man in einem britischen Heim über Nacht – und hat diese hoffentlich in einem Bett verbracht und nicht in einem selbst auferlegten stockfinsteren Gefängnis, in dem man herumstand wie ein beschissener, bescheuerter Baum –, erwacht man mit etwas Glück erholt und regeneriert zu den fröhlichen Klängen des Morgens, dem Gesang der Vögel und der ausspuckenden Müllmänner, während sie den sorgfältig vorsortierten Recyclingmüll in den Lastwagen kippen, in dessen einem großen Behälter alles wieder zusammenkommt. So machen es jedenfalls unsere Müllleute – ich entschuldige mich vielmals bei allen anderen Müllmännern, sollten sie es anders handhaben. Ich wollte sie nicht mit dem Schmutz anderer Müllleute bewerfen.

Die Briten sind nicht eben Fans der frühen Morgenstunden, ist ja klar, weil so ein unangenehmer, enttäuschender Tag eigentlich unvermeidlich mit dem Morgen beginnt. Doch sie haben einen denkbar einfachen Weg gefunden, dafür zu sorgen, dass alles nur noch besser werden kann. Dazu muss man den Tag nur völlig falsch beginnen.

Wie Frank Sinatra angeblich einmal gesagt haben soll: »Leute, die nicht trinken, tun mir leid. Wenn sie morgens aufwachen, fühlen sie sich schon so gut, dass es den ganzen Tag über keine Steigerung mehr geben wird. Besser werden sie sich den ganzen Tag nicht fühlen.« Und das ist genau die Art von lässiger Selbsttäuschung, die wir Briten zu hundert Prozent unterstützen können. Trotzdem ist es nicht ganz einfach, wirklich *jeden* Morgen mit einem fetten Kater aufzuwachen, besonders unter der Woche. Und deswegen hat unsere Kultur auch die Wettervorhersage, das gebratene Frühstück und den Verkehrsstau erfunden.

Sich über das Wetter zu informieren ist ein Kinderspiel. Man marschiere einfach vorbei an sämtlichen Fenstern bis zum Fernseher, stelle ihn an und warte auf eine nette, qualifizierte und höfliche Person, die einem verrät, auf welch wechselnde Formen von Regen in welcher Intensität und von welcher Dauer man sich einzustellen hat. Denn der ist unvermeidlich und wird von allen Seiten auf einen einpeitschen. Nun können Sie sich im Geiste ein paar Notizen machen für den bevorstehenden Tag und die damit einhergehenden Gespräche (»Ich habe das Gefühl, noch vor sechs Monaten war das Wetter komplett anders!«). Und dann beginnen die notwendigen Vorbereitungen für das winzige bisschen Outdooraktivität zwischen Haustür und Autotür und Autotür und Bürotür. Ganz gleich auf welches Minimum sich dieses Draußensein reduzieren lässt, ist es das Sicherste, sich für sämtliche möglichen Wetterbedingungen zu kleiden – man nehme einen Regenschirm mit, die Sonnenbrille, einen Mantel, die Flipflops, Sonnencreme, Notfallzelt und Taucherausrüstung, dann ist man für den durchschnittlichen britischen Nachmittag bestens gerüstet.

Als Nächstes steht das Morgenmahl auf dem Programm. Das englische Frühstück wird – völlig zu Recht – vom Rest des Planeten mit Grauen und Entsetzen beäugt. Nicht nur, dass es sich um eine fetttriefende Pampe handelt, nein, die fetttriefende Pampe wird noch dazu *viel zu früh* verspeist. Sehen wir es doch mal so: Es ist nicht die Sorte Mahlzeit, nach der man noch zu einer Runde Joggen imstande wäre. In einer bescheidenen Welt von Obst und Müsli und Brot und Käse sind nur wenige Menschen auf die grausame Realität unserer Morgenmahlzeit vorbereitet, für die ein Stück Gemüse und ein halber Bauernhof durch einen See aus heißem Pflanzenfett gezogen wird, um dann als geschmackloser, fettig glänzender Haufen auf dem Teller zu landen.

Das sogenannte »Full English« ist natürlich eine wahre Köstlichkeit, wie jedes Essen, das die eigene Lebenserwartung wieder um ein ganzes Jahr verringert. Um Ihnen in Erinnerung zu rufen, was genau wir da von unseren inneren Organen verlangen, wenn sie das Frühstück verdauen müssen, und das so kurz nachdem wir aus dem Land der Träume erwacht sind, fassen wir noch einmal zusammen, was zum »Full English« dazugehört: Eier (gebraten als Spiegelei), Speck (gebraten), Würstchen (gebraten), Black Pudding (Blutwurst, gebraten), Hash Browns (vergleichbar mit Rösti, gebraten), Tomaten (gebraten), Pilze (gebraten), Bohnen (gegart, aber lassen Sie sich bitte nicht davon abhalten, sie noch mal kurz im Bratfett zu schwenken) und optional noch ein paar Pommes (frittiert). Nun werfe man noch ein wenig Brot ins Nährstoffvakuum: getoastetes Weißbrot mit Butter beschmiert zum Beispiel oder gebratenes Brot, also schon Brot, aber gebraten. Zum Schluss kommt noch Soße dazu. In Großbritannien gibt es Soße in zwei Sorten, und die heißt ganz ominös je nach Wohnort entweder »rote« oder »braune« Soße.

Und zu guter Letzt, falls Sie sich so richtig die volle Dröhnung geben wollen, watscheln Sie ruhig über die nördlichste Grenze Englands rüber nach Schottland, wo Sie dem Ganzen, als wäre es nicht schon übel genug, die ultimative Krone aufsetzen können: Mit Haggis, einem Gericht, das alles darstellt, was wir Engländer niemals essen würden, aber dafür in einer Art widerlicher Socke gekocht.

KAPITEL 7

Briten im Ausland

Britische Touristen haben im Ausland einen recht unterirdischen Ruf weg, vermutlich deshalb, weil die britische Vorstellung vom perfekten Urlaub sich von der der meisten Touristen unterscheidet. Das britische Idealbild nämlich sieht vor, dass man sich an einen Ort begibt, in dem alles exakt so ist wie daheim, bloß mit Sonne.[2]

Somit sind wir nicht gerade bekannt dafür, dass wir uns anpassen und nicht *auffallen*. Das machen wir aber wieder dadurch wett, dass wir uns durch Besäufnisse auszeichnen. Für die sind wir nämlich weltberühmt. Genau wie für unsere Vorliebe, in wilden Horden zu reisen, unsere Abneigung gegen das Trinkgeld, unsere Unfähigkeit, eine Fremdsprache zu erlernen, unsere Unfähigkeit zu erkennen, dass es nicht als zweite Fremdsprache gilt, wenn man Englisch spricht, nur eben lauter, und unsere besonders innige Beziehung zum Beer-Bike, das schlimmste Übel der modernen Metropole. Hinzu kommt noch unsere Neigung, auf jedem Trip mindestens einen Fauxpas zu begehen, der kulturell so gar nicht geht – so was

---

2   Oder billigem Bier, einem Rotlichtbezirk oder jeder Art von Nachtleben, das auch nach 23 Uhr 31 weitergeht.

wie in den Brunnen eines Kriegerdenkmals springen, mit Ketchup beschmiert und nach Lager stinkend, während auf einer Parkbank ganz in der Nähe ein älterer Herr sitzt und leise weint, seine Seele ruhelos beim Anblick des Soldatenhelms. Kein Wunder also, dass wir regelmäßig die Umfragewerte toppen, wenn es um die schlimmsten Touristen der Welt geht.

Als jemand, der den Großteil seiner Zeit als »Brite im Ausland« verbracht hat, nicht selten unterwegs mit einem ganzen Rudel von »Briten im Ausland« auf Familienurlaub und sogar bei Junggesellenausflügen (ich entschuldige mich vielmals bei den Städten Amsterdam, Bratislava und Ibiza-Stadt), fiel mir immer schon eine Besonderheit auf – etwas, das manchmal urkomisch und manchmal abgrundtief beschämend auf mich wirkte. Es geht um die Art, wie gewisse britische Urlauber mit dem Ziel ihrer Reise umgehen: Als wären das keine *echten Orte*, sondern eher so etwas wie gigantische Disneyland-Urlaubs-Freizeitparks, nur ohne Umzäunung, ohne irgendwelche Limits, ohne eine Sperrstunde. Und kaum sind sie wieder weg, existieren diese Orte nicht mehr für sie.

Wenn ein Brite in einen Flieger steigt, sieht er das nicht als Luftbrücke in ein anderes Land auf dem Globus. Viel eher ist das so was wie der Schrank ins Fantasiereich Narnia.

Der Junggesell(inn)enabschied

Bevor für einen Briten ein toller Urlaub beginnen kann, ist das Ziel seiner Reise für ihn nicht viel mehr als ein Mythos.

Das gilt ganz besonders für Junggesellenabschiede im Ausland, wo das Ziel des Trips lediglich einen austauschbaren Hintergrund bildet für eine kontinuierliche Aneinanderreihung von Peinlichkeiten und weniger einen realen Ort darstellt, an dem reale Menschen leben, die normale Dinge tun wie arbeiten und zur Arbeit pendeln und sich ärgern über ganze Horden von sexy Proletenengelchen, die der Trambahn einen riesigen aufblasbaren Penis in den Weg werfen. Wenn Gruppen von 16 Männern, die allesamt das gleiche T-Shirt tragen mit der Aufschrift »Cock-Block's Stag!!!« (zu Deutsch »Bumsbremses« Junggesellenabschied), in ein Restaurant einfallen, um was zu futtern, ist das selten die Sorte Restaurant, in der ein Paar – ein heulendes Kind zwischen ihnen – die eigene Scheidung bespricht. Wenn Briten ein Bier-Bike anheuern, dann nicht auf denselben Straßen, die andere Leute benutzen, um eine Schwangere, die gerade ihr Kind kriegt, ins Krankenhaus zu transportieren.

Für den britischen Urlauber existiert das Ziel der Reise nur zeitweilig, wie ein Videospiel mit zunehmend detaillierten Spiellevels, durch die man steuern kann, ohne dass es irgendwelche Nachwirkungen hätte. Ziel ist es dabei, von Bar zu Restaurant zu Bar zu Klub zu Bar zu Unterkunft zu Bar zu ziehen, ohne allzu viele Unannehmlichkeiten, beiläufiges Chaos, Panik unter Pendlern und kulturelle

Missverständnisse zu verbreiten. Dabei steckt man gerade einmal so viel in die lokale Wirtschaft, dass noch keine globalen Sicherheitsmaßnahmen ergriffen werden und Menschen mit britischem Pass die Einreise verweigert wird.

Ist der Junggesellenabschied überstanden, wird der Ort aufs Neue zum Mythos verklärt, wo die glorreichen Fabeln von Helden und Legenden weiterleben in den berüchtigten Pubgeschichten. So wie dieses eine Mal, als »Mud Flaps« (Tom), »Chunder« (Adam) und »Dr. Mong« (Dave) in einer Mülltonne vor den Houses of Parliament feststeckten oder als »Sambuca« (Samantha), »Chops« (Charlotte) und »Have-a-Banana« (Hannah) sich bei der örtlichen Rolltreppenetikette verschätzten, um ein Uhr nachts am Hauptbahnhof, und alle kurzfristig von der Polizei festgehalten wurden wegen Verdachts auf Terrorismus. *Hach, das waren noch Zeiten.*

Britische Vielfalt

Weil die Briten sich im Urlaub aufführen, als würde der Ort nach ihrer Abreise ohnehin aufhören zu existieren, kümmert es sie auch einen Dreck, welchen Ruf sie als Touristen hinterlassen. Schließlich ist das nicht ihr persönliches Problem, sondern das Problem der Landsleute, die nach ihnen kommen.

Ist man als Brite auf Reisen, spürt man bisweilen den Ruf, der einem vorauseilt. Dann fühlt man sich gezwungen, sich extragesittet zu benehmen, respektvoll und unterwürfig, um wenigstens einen

Bruchteil der Klischees abzubauen. Andere Male spürt man, dass die Erwartungshaltung genau ins Gegenteil ausschlägt, und dann hat man das Gefühl, die Einheimischen wären enttäuscht, wenn man nicht binnen 45 Minuten nach der Landung besoffen und nackt auf einem Dach steht und tanzt.

Das Problem, dass die Briten andere Länder lediglich wie etwas größer angelegte Ferienanlagen behandeln, könnte sich außerdem noch verschlimmern, je erschwinglicher das Reisen dank Billigflug-linien wird. Mittlerweile werden Flugtickets schon zum gleichen Preis verscherbelt wie durchschnittliche Bus- oder Zugreisen inner-halb Großbritanniens.

Früher konnte es sich nur eine bestimmte Gruppe von Reisenden leisten, zum europäischen Festland überzusetzen und es, etwa mit dem Zug, zu bereisen, einen Hut auf dem Kopf, auf der Suche nach romantischen Landschaften, hoher Kochkunst und Kultur. Heute müssen sich – dank Ryanair und EasyJet – fast alle europäischen Städte der schaurigen Bedrohung von Junggesellenabschieden stel-len, denn jeder Ort, den die Briten auf der Landkarte finden, ist wie mit einem unübersehbaren rot-weiß-blauen Pfeil markiert.

Es gab eine Zeit, da waren Amsterdam und Hamburg die einsa-men Ziele für diesen wirklich unschönen britischen Export. Wenigs-tens hatte man dort die notwendige Infrastruktur – Dönerbuden, irische Pubs und Go-Kart-Bahnen –, um die drohenden Horden von Briten problemlos aufzunehmen. Die zelebrieren dann um vier Uhr morgens lauthals auf einem ruhigen Platz das Trinkspiel »FUZZY DUCK, FUZZY DUCK, FUZZY DUCK«.

Billigflugreisen haben dazu geführt, dass kein Ort mehr sicher ist. Junggesellen- und Junggesellinnenabschiede entdecken allmählich – ein bisschen wie die tapferen Pioniere früherer Zeit – auch die ruhigeren Ecken Europas, die früher gerne übersehen wurden. Während RiotOnAir und QueasyJet die Punkte auf der Landkarte immer mehr miteinander verbinden, erleben viele Europäer einen ersten Vorgeschmack auf Brummies (Leute aus Birmingham), Scousers (Liverpool) und Neandertaler (Glasgow)[3]. Das sind allesamt Briten, die so grundverschieden klingen von den Stimmen, die man von irgendwelchen Tonbandsprachkursen kennt, dass sich genauso gut auch mitten in der eigenen Stadt ein Portal nach Mittelerde geöffnet haben könnte, durch das sie geschlüpft sind.

Zum Glück sind die allerschlimmsten Exemplare spielend leicht auszumachen, weil sie nämlich kurze Hosen mit Union-Jack-Flagge tragen und/oder ein englisches Fußballtrikot, was man ihnen beides am Flughafen ausgehändigt hat, bevor sie das Mutterland verlassen haben. Und die Klamotten tragen sie jetzt wie riesengroße Sticker, auf denen steht: *ACHTUNG: BRITE IM AUSLAND.*

Kein Wunder, dass wir Briten überall auf dem Kontinent zu Recht gefürchtet sind, schließlich torkeln wir aus den Billigfliegern mit der Zurückhaltung eines Volkes, das immer noch denkt, das alles gehöre ihnen. Und dann stolpern sie durch die Gegend, tun ganz enttäuscht, als wollte man ihnen das Pfand nicht zurückzahlen, dabei haben sie doch die Quittung ganz brav aufgehoben.

---

3 Sorry.

Ja, das Britische Empire mag Geschichte sein, doch in unseren Köpfen existiert es fröhlich fort.

Eine »Weltsprache« als Muttersprache

Aus einer Vielzahl an Gründen, die unter anderem zu tun haben mit Hollywood, den Beatles, Microsoft, der kleinen Raupe Nimmersatt und der willkürlichen Ausdehnung des Britischen Empire in alle Ecken der Erde, die nicht darum gebeten haben, ist Englisch zur »Weltsprache« avanciert. *Ein Hoch auf uns!* Das bedeutet nämlich zwei Dinge: 1.) Unsere Kultur wird nur in sehr geringem Maße von anderen Kulturen durchdrungen, weil wir ja ohnehin schon ertrinken in der kulturellen Vielfalt der englischsprachigen Welt; und 2.) können die Briten heute sorglos in jede größere Stadt der Welt reisen. Wenn sie nämlich mit all den wunderschönen jungen Leuten zusammenrempeln, die dort flanieren, können sie sich in ihrer eigenen Muttersprache entschuldigen und erklären, man habe sich verlaufen, würde frieren, kenne sich nicht aus, sei hungrig, durstig oder dämlich, und so überleben sie leichter, um noch mal in Urlaub zu fahren.

In dieser Hinsicht haben die englischen Muttersprachler quasi eine Art Sprachenlotterie gewonnen, ohne je einen Teilnahmeschein dafür erworben zu haben.

Ganz typisch ist, dass die Briten nur folgende drei Reaktionen kennen, um mit diesem kolossalen Fall von Schweineglück umzugehen: 1.) Sie legen eine absolut unverdiente, selbst zugesprochene Überheblichkeit an den Tag; 2.) eine Art von unnötiger, selbst auferlegter Beschämung; oder 3.) eine Art hart erkämpftes, selbstzerstörerisches Bestreben, die Sprache tatsächlich richtig zu erlernen.

Es ist nicht auf den ersten Blick ersichtlich, welche der drei Optionen am meisten nervt.

Die erste Möglichkeit, wenn Sie sich erinnern, klingt ein bisschen wie folgt: »Tja, nun, es hat doch ohnehin keinen Zweck, eine Fremdsprache zu erlernen, nicht wahr? Schließlich sprechen doch alle Englisch.« Diese Leute ziehen marodierend um die Welt und behandeln jede verbale Begegnung mit einem Einheimischen, als würden sie ihm einen Gefallen tun. Sie betrachten sich selbst als so was wie Entwicklungshelfer, die den Leuten großzügig die Chance gewähren, »ihr Englisch zu benutzen«, und zwar in der Annahme, sie würden das gut finden. »Wisst ihr, das ist so was wie eine kostenlose Unterrichtsstunde für die.« *Wie mildtätig von dir, oh du gütiger Lehrer!*

Die zweite Reaktion ist eine fast schon perfekte britische Kombination aus Scham, Selbsterniedrigung und stillem, traurigem, zwecklosem Nörgeln, alles vereint in einem einzigen, unverwechselbaren Gefühl. Das klingt dann folgendermaßen: »Oh, das ist schlimm, nicht wahr? Alle im Ausland sprechen so gut Englisch, ist es nicht so, und wir können gar nichts. Wir sind im Grunde zu nichts nutze, oder? Zu NICHTS nutze. Eine Schande. Ich hatte neun Jahre lang Französisch in der Schule, aber da haben wir nur gelernt, wie der Inhalt eines Federmäppchens heißt. Nicht mal daran kann ich mich erinnern. Scheißregierung.«

Der eigentliche Punkt ist folgender: Ganz gleich, als wie schlimm ein Brite diese angebliche Schande und Peinlichkeit empfindet, trägt er sich in Wirklichkeit nicht mit der Absicht, irgendwas daran zu ändern. Denn hinter der Fassade der Höflichkeit hegt er insgeheim den Gedanken: »Ach, was soll's, bringt doch nichts, eine Fremdsprache zu lernen, oder? Es spricht ja ohnehin jeder Englisch.« Mit anderen Worten, es ist eine Beschämung von der Sorte »Ojemine«. Ein resigniertes »Tja, nun, was sollen wir groß dagegen tun? Ist ja egal« – um diese Sorte von Bedauern handelt es sich. Das ist wieder einmal eine Aussage nach dem Motto »Eigentlich meine ich das Gegenteil von dem, was ich sage«.

Zu guter Letzt wäre da noch der charmante, aber doch absolut aussichtslose Versuch, in letzter Minute eine Fremdsprache zu erlernen. Ein paar britische Touristen, die sich allzu sehr schämen, versuchen noch, sich unter die Einheimischen zu mischen, das sind aber allenfalls gutgemeinte Bemühungen, denn in Wirklichkeit gelingt ihnen das höchstens mit der Eleganz angeschossener Giraffen bei einem Limbowettbewerb im Windkanal.

Schritt eins ist ein unschuldiges, aber ernst gemeintes »Gutentag, Frauline« oder »Gracias, Señor« dem Servicepersonal gegenüber, um denen zu versichern, dass man ihr Geschlecht eindeutig identifiziert hat, gefolgt von einem ratlosen »ähm«, und der Rest kommt dann auf Englisch.

Schritt zwei ist der klägliche Versuch, irgendwas Sinnvolles zu sagen, ein kunterbuntes Gemisch aus Fremdsprachenfetzen, die in der Auslandsabteilung unserer Gehirne verstauben. Ein Satzbeispiel wäre so was wie »Holà, Madame, wo ist … the toilet?« Sie wissen schon: eindeutig falsch, aber freundlich und gut hörbar vorgetragen.

Und dann geht es schließlich über zu Schritt drei: Kommt genügend Willenskraft, Hingabe und ein laufendes Nachschlagen im Reisewörterbuch zum Einsatz, bekommen die meisten Briten gerade mal noch das örtliche Äquivalent für »Hallo. Tut mir leid. Ich spreche kein [*Ihre Sprache*]. Sprechen Sie Englisch, bitte? Entschuldigung« heraus. Englische Muttersprachler, die es derart weit schaffen, sind in der Regel unheimlich stolz auf sich selbst und bringen fast den ganzen Urlaub lang ihr neu erworbenes Vokabular zum Einsatz, also »bitte«, »tut mir leid« und »danke«, nur abwechselnd, und das die ganze Zeit.

Hat ein Holländer oder Däne darauf mit einem zurückhaltenden »ja, ein kleines bisschen« geantwortet, fängt der Brite an, mit ihm in einer Geschwindigkeit und mit einer komplexen Ausdrucksweise zu parlieren, als wäre derjenige direkt im Nachbarort großgeworden. So betrachtet ist klar, warum es im besten Interesse aller war, Englisch kurzerhand als Weltsprache zu akzeptieren. Hat man heutzutage keine vorab übersetzte englische Speisekarte vorzuweisen im Restaurant, schneidet man sich ins eigene Fleisch.

Speisekarten

Die größten Vorteile von englischsprachigen Speisekarten sind folgende: 1.) Sie sind touristensicher; 2.) man kann die Preise schon vorab so hoch ansetzen, dass das Trinkgeld, das man nicht bekommt, inbegriffen ist; 3.) man kann sie schön vereinfachen, um langes und umständliches Herumgetue von vornherein auszuschließen.

Vielleicht liegt es daran, dass Briten das unbestimmte, aber beharrliche Gefühl hegen, früher selbst Besitzer des Restaurants gewesen zu sein, wie eine Erinnerung aus einem vergangenen Leben. Jedenfalls betrachten meine Landsleute so eine Speisekarte, die man ihnen präsentiert, von vornherein als etwas, das Ausgangspunkt für Verhandlungen ist.

Man sehe sich die klassische britische Art, eine Bestellung aufzugeben, an. Das klingt ungefähr folgendermaßen: »Oh, bonjour, señorita! Ich hätte gerne das Rindsgulasch mit Kartoffelknödel und Rotkohl, bitte. Dankeschön. Aber kann ich bitte Coleslaw haben statt Rotkohl, bitte, ja? Tut mir leid, por favor, ich bereite Ihnen hoffentlich keine Umstände. Oh, und statt der Knödel, wäre es wohl möglich, ein paar Pommes zu bekommen? Wäre das okay? Grazie. Oh, oh! Und statt Gulasch, das mit dem Rindfleisch ... könnte ich das Rindfleisch vielleicht in einer Lasagne bekommen? Das ist lieb, danke. Mercy bo-kuh.«

Wenn man es sich recht überlegt, ist das eigentlich eine ganz schön verblüffende Sicht auf eine Speisekarte. Das ist fast so, als hätte der Koch – dessen Lebensaufgabe sehr wahrscheinlich im Kochen besteht – die Speisekarte so geschrieben wie ein Kleinkind, das die Zeilen noch nicht so ganz trifft. Ich persönlich würde empfehlen, liebe Miteuropäer, sich gar nicht lange damit aufzuhalten, einem Briten die Speisekarte auszuhändigen. Man könnte ihm genauso gut eine Liste an Zutaten nennen, die man vorrätig hat, und dann können die Verhandlungen beginnen.

Servicepersonal

Das erste Mal, dass meine ganze Großfamilie mich in Berlin besuchen kam – ganze zehn Personen, ein Überraschungstrip für meine Mutter zum Geburtstag –, da versuchten Linn und ich, sie in »authentische« Lokale auszuführen, in denen auch die Einheimischen essen. Wir wollten sie mit neuem, andersartigem Essen bekannt machen, das sie vielleicht noch nie zuvor probiert hatten. Dieser Plan ging im Großen und Ganzen nach hinten los. Wie Sie sich vielleicht erinnern: Der Definition nach gilt *nicht vertraut = fremd.*

Eins unsrer Lieblingsrestaurants ist ein Italiener ganz in der Nähe unserer Wohnung. Das Lokal ist bekannt für seine gute und einfache Küche, es gibt dort nur Pizza und Pasta. Man serviert nur Rotwein, Weißwein oder Bier; die Kellner sprechen ausschließlich Italienisch; und der Aspekt der »Gastfreundlichkeit« besteht darin, dass einem verschwitzte Serviceleute im Vorbeieilen einfach das Essen auf den Tisch knallen, während sie sich gegenseitig beschimpfen. Das nennt man »authentisch«.

Kaum hatten wir das Restaurant betreten, stellten wir fest, welch großen Fehler wir begangen hatten: *Es gab keine Speisekarten auf Englisch.*

Sofort kam Panik auf. Hilfesuchend sahen sich meine Verwandten nach einander um, doch von dieser Seite war keine Hilfe zu erwarten. Linn und ich mussten also herhalten und versuchen, die Speisekarte zu übersetzen. Also lasen wir die gesamte Speisekarte laut für die aufgebrachte Runde vor, sodass das halbe Restaurant mithören konnte. Weil meine Familie aber ein ziemlich ungesitteter Haufen ist, unterbrachen sie uns ständig mit irgendwelchen Witzen oder frechen kleinen Beleidigungen, was einerseits komisch war, andererseits aber auch bedeutete, dass sie gar nicht richtig zuhörten. Und wenn sie zugehört hatten, dann hatten sie das Vorgelesene unmittelbar wieder vergessen und starrten aufs Neue ratlos auf das zweiseitige unverständliche Gekrakel. Wenn Sie wissen wollen, wie anstrengend das für uns war, dann stellen Sie sich bitte folgendes Szenario vor: Wir liefen an einem Tisch für zwölf Personen ständig hin und her, versuchten angestrengt, ganze Listen mit Pizzen zu übersetzen, die Zutaten aufzulisten, und zwar in einem Tempo, so rasant, wie die anderen es wieder vergaßen; und dabei versuchten wir verzweifelt, meine Familie davon abzuhalten, mit den Kellnern in Kontakt zu treten. Von allen Seiten stürmten sie mit Fragen auf uns ein. Überall nur ratlose Gesichter. Schließlich lief alles völlig aus dem Ruder. Ich bekam mit, wie Linn erklärte: »Die haben bloß Rotwein, Weißwein oder Bier.« Mein Onkel nickte und bestellte dann umgehend einen Wodka mit Cola light. »No, scusi«, erwiderte der Ober auf seine italienische Art. »Ahh, okay«, sagte mein Onkel dennoch unbeirrt, »dann eben Wodka mit ... *normaler Cola?*«

Auf der gegenüberliegenden Tischseite versuchte ich immer noch krampfhaft zu erklären, dass »die nur klassisch italienische Pizza haben«. Woraufhin mein Stiefvater eine Pizza Hawaii ordern wollte. Der Kellner sagte etwas auf Italienisch, und ich kann nur vermuten, dass es so was war wie »Wir haben nur italienische Pizza. Pizza

Hawaii ist keine italienische Pizza. Die kommt aus Hawaii.« Daraufhin erkundigte sich mein Stiefvater dann beim Ober, der ganz authentisch darauf beharrte, kein Englisch zu sprechen, ob der Koch denn nicht vielleicht ein bisschen Ananas auf eine italienische Pizza legen könne – zum Beispiel auf die mit Schinken?

Linn und ich wurden von allen Seiten bombardiert – kaum hatten wir ein Problem gelöst, tat sich das nächste auf. Wir fühlten uns weniger wie Ärzte auf dem Schlachtfeld, sondern vielmehr wie Feuerwehrleute nach einem Atomkrieg, die nichts haben als einen einzigen Eimer Wasser. Bis wir endlich bestellt hatten, waren wir noch übler durchgeschwitzt als die Kellner.

Die Rechnung

Ist man ein übermäßig einfühlsamer Mensch – ein Mensch also, der mit dem Servicepersonal mitfühlt, in Echtzeit, noch während sich so ein Ereignis abspielt –, schlage ich vor, soll man sich einen Löffel nehmen und auf den Griff beißen oder die Zähne in einem Brötchen vergraben, sollte man je in die Verlegenheit kommen, in einer größeren Gruppe von Briten eine Bestellung aufgeben zu müssen. Man wird es bitter nötig haben, das baut Spannungen ab. Sieht man Briten im Restaurant beim Aufgeben einer Bestellung zu, erfordert das jede Menge Geduld, weil sie immer so umständlich und so unentschlossen sind. Allerdings sind schon übermenschliche Kräfte nötig, wenn man sich noch dazu unter dem durchdringenden Blick eines Wiener Kellners am Riemen reißen soll. Denn der steht sicherlich das erste Mal in seiner 30-jährigen Karriere für längere Zeit still.

Nun ja, wir Briten mögen umständlich und unentschlossen *erscheinen*. In Wirklichkeit aber ist es gar nicht so, dass wir nicht wüssten, was wir wollen; das tun wir nämlich schon, tief in den geheimen, unterdrückten Winkeln unserer Seele. Nur ist es so, dass in unseren Gehirnen im Hintergrund alle möglichen parallelen Kalkulationen ablaufen, sodass am gesamten Tisch ein Verhandlungsklima erzeugt wird, das nicht benannt werden darf. Nach außen hin geben wir also etwas leicht Abwiegelndes von uns, so was wie »Ach, sieht doch alles gleich gut aus, nicht wahr?«. Doch innerlich läuft der vom Grauen angetriebene Brit-o-matik auf Hochtouren und stellt wilde Berechnungen an: *Wird mein Essen länger dauern als das der anderen, bis es fertig ist? Nicht dass ich die Gruppe aufhalte? Werde ich zu gierig rüberkommen? Krieg ich auch genug Essen für mein Geld? Ob ich wohl fragen kann, was für ein Fleisch die für »Schnitzel« verwenden? Oder werde ich dann für den Rest des Urlaubs den Spitznamen »Schnitzel-Mystery-Mark« nicht wieder los?*

Hinzu kommt, dass die Briten nur zwei Formen des Bezahlens kennen, ob sie nun daheim sind oder im Ausland. Entweder bezahlt eine einzige Person alles zusammen (»Ich übernehme das, weil ich so ein toller Hecht bin«), oder man teilt die Rechnung untereinander auf, und alle zahlen gleich viel. (»Okay, das macht dann 108 Pfund für jeden – ja, das gilt auch für dich, Hungry Tom, weil du immer so viel Salat fressen und Wasser trinken musst, du knausriger Veganer.«)

Die einzige Option, die hier fehlt, ist vermutlich diejenige, die Sie selbst am besten kennen. Und die sieht so aus, dass jeder das bezahlt, was er hatte. Das tun die Briten abwertend ab als »going Dutch«. Eine Theorie besagt, dieser Ausdruck (der andeutet, dass jemand geizig ist) gehe zurück bis ins 17. Jahrhundert, in die Zeit der Englisch-Niederländischen Seekriege – basierend auf einer ganz ähnlichen Propaganda wie bei den Amerikanern, die ihre *French fries* umbenannten, nachdem Frankreich sich nicht an der Irakinvasion beteiligen wollte, das dumme Volk. Von da an hießen sie offiziell nur noch *Freedom fries*. (Mir wurde erzählt, dass im Ersten Weltkrieg Sauerkraut vergleichbar zu »Liberty cabbage« wurde. Zum Glück können wir Briten uns immer auf die Amerikaner verlassen, da stehen wir mit unserer Lächerlichkeit nicht so allein da.)

Da wir Briten uns also aus uraltem Bauernstolz die einfachste, fairste und absolut vorzuziehende Option der getrennten Kasse verweigern, bleibt uns wieder einmal nichts weiter übrig, als das selbst gelegte Minenfeld zu überqueren, das auf unserer verqueren Vorstellung von »Fairness« fußt. Keiner will seine Entscheidung allzu überstürzt treffen, aus Angst, er könnte hinterher von Schuldgefühlen überwältigt werden oder sich schämen müssen. *Ist es okay, wenn ich eine Vorspeise nehme? Kann ich es wagen, zwei Beilagen zu bestellen? Ist es in Ordnung, wenn ich ein Lager ordere, obwohl Jim nur einen Orangensaft hatte? Und obwohl Karen fürs Taxi bezahlt hat? Wobei Karen Jim auch noch beim Umzug geholfen hat?*

Sicher, in der *Theorie* sagen wir Briten gerne Dinge wie »Aber klar doch, bestell dir, wonach immer dir ist!«. Doch machen wir uns nichts vor, in Wirklichkeit wird ein Tisch voller Leute, die an einem Caesar Salad herummümmeln, nicht wie durch ein Wunder übersehen, dass man selbst den Hummer auf Trüffeltatar an gemischtem Grillteller bestellt hat, dazu einen halben Liter Dom Perignon. Stattdessen kommt das ganz groß auf den geistigen Notizzettel, nicht wahr? Aber keine Sorge, die Rechnung wird trotzdem gerecht aufgeteilt – dazu wiederholt Beteuerungen, von wegen »So ein Quatsch! Natürlich ist das in Ordnung! Schließlich sind wir doch im Urlaub!«. Man kann sich allerdings darauf verlassen, dass diese Leute sich in irgendeinem Teil ihres Gehirns bereits daranmachen, einen zu enterben und die Einladung zu Weihnachten zurückzuziehen.

Wenn man vorab schon weiß, dass man die Kosten zu gleichen Teilen splitten wird, hat dies zwei mögliche Konsequenzen: Die erste Variante möchte ich als »*Geteilte Rechnung, halbierte Träume*« bezeichnen. Es handelt sich um einen für alle verpflichtenden Unterbietungswettbewerb, bei dem keiner das bekommt, was er gerne hätte, weil keiner scharf darauf ist, als Vielfraß abgestempelt zu werden; jeder befürchtet, die anderen könnten so wenig bestellen, dass sich die Rechnung am Schluss wie eine Einzelauflistung perfekter Bescheidenheit liest, mit nur einem einzigen Schandmal darauf, auf dem groß der eigene Name steht.

Die zweite Option nenne ich »*Geteilte Rechnung, geteiltes Leid*«. Dieses Modell ist nun eher vergleichbar mit einem Wettrüsten. Hier wird von Anfang an mit harten Bandagen gekämpft: Irgendein hungriger, halb verdursteter Draufgängertyp bestellt eine Vorspeise, eine Hauptspeise, drei Beilagen, einen halben Liter Bier und einen Krug Wein für alle. Natürlich beschwert sich keiner. Nope, es herrscht absolute Stille, abgesehen von den leisen Kratzgeräuschen, weil alle sich im Geiste eifrig jede einzelne Indiskretion notieren. Um nie wieder vergessen zu werden.

Wo die Kiste der Pandora nun schon mit dem Brecheisen aufgezwungen wurde, tut der Rest der Gruppe alles, um da mitzuhalten. Sonst sieht man sich am Ende mit einem ungerecht hohen Anteil an der Rechnung konfrontiert, obwohl man sich selbst gar nichts gegönnt hat. Man stelle sich ein Pokerspiel vor, bei dem jeder völlig ungeachtet der eigenen Karten bei jeder Runde mitgeht, im Poker-Fachchinesisch auch »call« genannt. Macht das Spaß? Ja. Ist es klug? Nein. Jedes bestellte Bier wird zu einer ganzen Runde. Bei jedem Naan-Brot gehen die anderen mit, erhöhen vielleicht sogar noch. Bei jeder Coleslaw- oder Hummus-Eskalation ziehen alle Beteiligten aus reinem Eigennutz nach. Vielleicht erkennen Sie bereits die inhärente Logik dieser riskanten Strategie mit ihren negativen Auswirkungen? Ganz genau, es ist der beste Weg zum Zerbrechen *einer Freundschaft in gegenseitigem Einvernehmen.*

Es ist nicht nur schwer zu verhindern, dass eine Rechnung auf diese Weise total ausartet, nein, oft hat dies auch noch Vergeltungsmaßnahmen zur Folge. Man möchte doch meinen, die Briten müssten den Aspekt der Selbstsabotage hinter dieser Strategie erkennen, aber wir kommen nun einmal nur schwer raus aus diesem Denken, von wegen: »Ach, du nimmst die Schwarzwälder Kirschtorte? Tja, wenn das so ist, mein Freund, bestelle ich mir einen doppelten Scotch. Den trinke ich dann genüsslich, während du isst. Oh, wie wäre es mit diesem Single Malt? Ja, danke schön, der ist genau das Richtige. *Genieß deinen Kuchen, du Bastard.*«

Ewige Vergleiche

Auch wenn immer die Gefahr besteht, dass meine Familie mit ganzen Streubomben an Peinlichkeiten um sich wirft, egal, wohin wir gehen, freut es mich jedes Mal sehr, wenn sie mich in Berlin besuchen kommt. Ich habe eine Weile gebraucht, bis ich den Dreh raushatte (zum Beispiel nur in riesige, weiträumige Restaurants gehen, wo der Koch keinen festen Glaubensgrundsätzen nachhängt, was seine Arbeit betrifft, und dem es darüber hinaus schnuppe ist, was die Gäste bestellen). Doch sobald Derartiges geklärt ist, sind britische Touristen wirklich pflegeleicht und lassen sich kinderleicht bei Laune halten. Erstens sind sie ohnehin mehr daran interessiert, ein paar Cent zu sparen, als irgendwelche Sehenswürdigkeiten zu besichtigen. Und zweitens ist alles in bester Ordnung, solange eine Bar in der Nähe ist. Drittens folgen sie einem überallhin, wenn man sie dazu auffordert.

Am besten aber finde ich, wie aufrichtig überrascht sie sind und wie sehr sie sich freuen, wenn sie im Ausland etwas auch nur annähernd Nettes sehen. Und die Freude drückt sich dann so gut wie immer dadurch aus, dass sie ihrer Enttäuschung über das Vereinigte Königreich lautstark Ausdruck verleihen. Wir Briten zelebrieren schöne Dinge normalerweise nicht. Wir beklagen uns lediglich darüber, dass wir selbst nichts Schönes vorzuweisen haben.

Wieder einmal hebt das Ungeheuer eines kaputten Großbritanniens sein hässliches Haupt, einer Gesellschaft kurz vor dem Kollaps, die unter dem Gewicht der Enttäuschung über sich selbst zusammenzubrechen droht. Da bleibt britischen Touristen gar nichts anderes übrig, als sich auf nationaler Ebene selbst kleinzureden. Kaum haben sie etwas auch nur ansatzweise Schönes vor Augen – interessante Straßenkunst, einen Gemeinschaftsgarten, eine Recyclingtonne –, schon schnalzen sie mit der Zunge und schütteln die Köpfe, bevor sie traurig bemerken, dass es »so was in England nicht geben« würde. Im Grunde ist das das immer wiederkehrende wehmütige Mantra britischer Touristen.

Man nenne ihnen zum Beispiel den Preis für ein Bier. »Herr im Himmel, das würde in England ja das Doppelte kosten!« Man erklärt ihnen, dass die U-Bahn barrierefrei zugänglich ist. »Wow, in England könnte man den Leuten da nicht trauen.« Man beobachtet, wie ein paar Leute nach einem Picknick ihren eigenen Müll aufklauben. »Jetzt seht euch das an. In England würden die das einfach liegen lassen, oder?« Man erklärt ihnen, dass man im Kino Bier kaufen kann. »In England würde es schon zu Tumulten kommen, noch während der Abspann läuft.«

Einmal fragte mein Freund Gordo, der an einem kalten Tag an einem Tisch vor einem Café eine Wolldecke entdeckt hatte, wofür die denn sei. »Das ist eine Decke, damit die Leute sich zudecken können, wenn ihnen kalt ist«, erklärte ich.

»Und wer hat sie da hingelegt?«

»Die vom Café.« Er machte ein misstrauisches Gesicht, weshalb ich ihm das Konzept näher zu erläutern versuchte. »Du weißt schon, falls jemand von den Gästen friert.«

»Wow«, meinte er schließlich. »Das wäre in England undenkbar.« Die eigentliche Implikation ist natürlich, dass man so was Wertvolles wie eine billige Ikea-Decke nicht einfach draußen liegen lassen könnte, weil unser Land so voller Langfinger ist. Da müsste man die Decke schon festnageln oder an einen Wachhund dranbinden. Im Vereinigten Königreich müsste man vermutlich auch den Tisch und die Stühle festketten, genauso den Aschenbecher und die Untersetzer, vielleicht sogar die Gäste, nur um auf der sicheren Seite zu sein.

PROFI-TIPP:

Die vielleicht liebenswerteste Eigenheit der Briten ist die Tatsache, dass sie in den Urlaub ihre eigenen Teebeutel mitnehmen – um sicher zu sein, dass sie sich stets eine hübsche Tasse Tee zubereiten können, selbst in fernen Ländern. Man beachte aber: Das wird sie nicht davon abhalten, darüber zu lästern, dass das örtliche Wasser zu hart oder zu weich ist.

Jetzt, da Berlin mir nicht mehr ganz neu und fremd ist, finde ich es toll, alle diese kleinen Details durch die Augen meiner Verwandten zu sehen. Das erinnert mich dann wieder daran, warum es mir hier so gefällt. Und je unbedeutender diese eine schöne Sache ist, über deren Fehlen in unserer Heimat sich meine Familie beklagt, desto mehr weiß ich sie zu schätzen. Ehrlich, das könnte alles sein – eine Parkbank, die noch nicht Opfer von Vandalismus geworden ist, die Streichhölzer, die man an einer Bar kostenlos bekommen hat, die Telefonzelle, die nicht erst kürzlich als Urinal missbraucht wurde. Ganz gleich, was es ist, sie schütteln trotzdem ihre Köpfe und sagen: »Seht ihr das? Wieso kriegen wir das nicht hin? Wir sind einfach solche Nieten, deshalb.«

Andererseits ist es viel schlimmer, wenn sie sich bei einer Sache nicht sicher sind und dann umständlich nach Worten kramen, um trotzdem was Nettes zu sagen (frei nach dem sehr schlauen britischen Meinungsfiltersystem, das da lautet »Hast du nichts Nettes zu sagen, sag lieber gar nichts«). Meine Mutter hat ein ausgesprochenes Talent dafür, Dinge mit wenigen Worten auf den Punkt zu bringen und gleichzeitig alle Romantik und Anmaßung mit einem Schlag zu demontieren. Im Grunde beschreibt sie alles, was sie in Berlin sieht, mit einer Abwandlung der Worte »alles ein bisschen anders, ja, als würde man Shabby Chic mit was Antikem mischen, ich verstehe, dass dir das gefällt«. Ein vernichtendes Urteil zu Berlins Graffiticharme, den DIY-Bars und der künstlerischen Gegenkultur, da werden Sie mir gewiss beipflichten. Ich brauche wohl nicht zu erwähnen, dass es nichts Zuverlässigeres gibt als eine britische Mutter, wenn es darum geht, einen Anflug von Größenwahn zu bremsen. Die holt einen garantiert zurück auf den Boden der Tatsachen. Scheiße, vielleicht könnte man sogar der Hipsterepidemie in Kreuzberg quasi über Nacht ein Ende bereiten, indem man eine Busladung voll wohlmeinender britischer Mütter herankarrt. Die würden dann nur »kurz mal vorbeischauen«, um sich »die neue Bleibe anzusehen«. Vermutlich ist Bowie deswegen irgendwann wieder weg von hier.

»Englische« Pubs

2015 kam mein alter Schulfreund Gordo (sein echter Name lautet Adam) zusammen mit Kollegen von der Arbeit für ein Wochenende nach Hamburg. Anlass war ein Junggesellenabschied. Gordo arbeitet in einer Bank, aber nicht in einer von den guten Banken, sondern in einer, von denen man eher in den Panama Papers liest. Gordo ist einer der Menschen, die ich am liebsten mag – er ist eine Art stylischer, musikbesessener Fachidiot; mit fotografischem Gedächtnis, weshalb er die Texte von Liedern auswendig kann, die eine ganze Jukebox füllen würden. Außerdem kann er bei so gut wie jedem Film sagen, in welchem Jahr er gedreht wurde. Leider ist sein Verstand gleichzeitig so gestrickt, dass er dieses fotografische Gedächtnis tatsächlich dazu benutzt, Texte auswendig aufzusagen von Liedern, die eine ganze Jukebox füllen würden, und einem bei jedem Film zu sagen, in welchem Jahr er gedreht wurde. Seine Arbeitskollegen dagegen kann ich nicht ausstehen. (Sorry, Gordo.) Ich weiß gar nicht, wie ich auf die Kürze zusammenfassen soll, was an ihnen alles nicht so toll ist. Ich sage es daher einfach mal so: Sie waren allesamt *genau* die Sorte Menschen, die in einer Bank arbeiten würden.

An diesem Wochenende nahmen Linn und ich den Zug hoch nach Hamburg. Wir wollten uns am frühen Nachmittag mit ihnen treffen und fanden sie bereits in einem recht angetrunkenen Zustand vor. Offenbar waren sie ihrem Zeitplan bereits einen halben Tag voraus. Gordo hatte glasige Augen und war nicht mehr allzu reaktionsschnell, er lallte den Text zu irgendeiner Dylan-B-Seite nur noch undeutlich vor sich hin, einen Schmierer Sonnencreme auf der Nase, was seine halb abgeschlossene Umwandlung in einen Saufzombie, der sich schon am helllichten Tag volllaufen lässt, nur noch betonte. Der angehende Bräutigam selbst hatte seine Verwandlung bereits vollständig hinter sich gebracht und gehörte somit zu den hoffnungslosen Fällen. Man stelle sich einen Zombie vor, der ein menschliches Hirn direkt aus dem Schädel schlabbert, tausche dann den Schädel gegen eine Schachtel aus und das menschliche Hirn gegen Pommes, und schon bekommt man eine recht gute Vorstellung davon, wie es um sein Befinden zu diesem Zeitpunkt bestellt war.

Wie es unter Briten im Urlaub so Brauch ist, hatte die gesamte Gruppe sich gleich nach ihrer Ankunft am Flughafen in London ans Trinken gemacht, und seitdem wurde ohne Unterbrechung gebechert. Das Vorglühen vor Flügen und Urlauben und vor dem eigentlichen Besäufnis hat stolze Tradition in Großbritannien; so wichtig ist es, dass mir bei meinem letzten Aufenthalt am Flughafen Stansted ein Plakat von Ryanair ins Auge stach, auf dem stand: »Noch ein letztes Pint vor dem Abflug?« Das ist doch wirklich verblüffend. Schließlich ist Ryanair weder eine Bar noch ein Laden oder ein Restaurant. Es handelt sich immer noch um eine Fluggesellschaft.

Es ließ sich also nicht vermeiden, dass Gordo und seine Kumpel zurück in ihre Unterkunft gingen, um den Rest des Tages ihren Rausch auszuschlafen – noch so eine typisch britische Tradition bei Junggesellenabschieden. Wir einigten uns also darauf, dass wir später alle zusammen ausgehen würden, sobald sie wieder annähernd menschliche Züge angenommen hatten.

Stunden später trafen wir uns alle vor dem Pub, den sie vorgeschlagen hatten. Er hieß schlicht »The English Pub«.

Ja, Sie haben richtig gelesen.

»The *English* Pub«. Sie hatten Flüge gebucht, Taxis bestellt, waren buchstäblich tausend Meilen in einer futuristischen Flugmaschine durch die Luft geflogen, die angetrieben wurde von flüssigem, 100 000 000 Jahre altem komprimiertem Dinosauriersaft, hatten für ein Hotel bezahlt, ihr Geld umgetauscht gegen Euro, um dann in dem einzigen Pub im Umkreis von Hunderten von Meilen zu landen, der genauso aussah wie der, in dem sie vorhin am Flughafen gewesen waren.

Tja, ich sagte: »... trafen wir uns *alle*«. Der zukünftige Bräutigam schaffte es nicht mehr raus. Sein Fehlen fiel selbstverständlich auf, weil er schon bewusstlos war, bevor er überhaupt richtig ausgegangen war, das erste Opfer seiner eigenen Party. Das ist auch so eine britische Tradition bei Junggesellenabschieden: Die Person, für die die Party in erster Linie veranstaltet wird, ist schon so besoffen oder hinüber und/oder hat sich durch Gruppenzwang ins vorzeitige Koma befördert, dass sie von dem Moment an, wo man an diesem Poster mit der Frage »Noch ein letztes Pint vor dem Abflug (ins katatonische Nirvana)?« vorbeikommt, nichts mehr mitkriegt.

Also blieben wir den ganzen Abend mit ihnen zusammen in diesem »English Pub«, ohne uns ein einziges Mal woandershin zu bewegen, in die Innenstadt von Hamburg zum Beispiel.

Als wir sie am darauffolgenden Abend wiedertrafen, waren sie alle im »The English Pub« ... *schon wieder!*

Wir konnten es nicht fassen. Blitzschnell beschlossen wir, dass das ein Ende haben musste. Da der angehende Bräutigam noch nicht einmal anwesend war, waren wir der Ansicht, Gordo habe keinerlei vertraglich bindende Verpflichtung, bei seinen Kollegen zu bleiben. Also schleiften wir ihn zum nächstbesten Geldautomaten und beschlossen dann, ihn zu entführen. Wir nahmen ihn mit in ein nettes kleines Lokal mit einer Jukebox. Das hieß, wenn ich mich recht entsinne, »The Not The English Pub«. Und dann dauerte es nicht lang, bis er seine beste Mick-Jagger-Imitation zum Besten gab, mitten auf der Tanzfläche vor einer ganzen Horde von Bewunderern. Er fand das toll. Am Ende sagte er noch: »Der Laden ist der Hammer. Ich wünschte, die anderen würden einfach hierherkommen.«

Darauf erwiderte Linn: »Der Laden wäre nicht mehr derselbe, wenn diese Typen hier wären.«

»Stimmt auch wieder«, pflichtete Gordo ihr bei.

In dem Moment wurde mir bewusst, wie genial die Sache mit dem »The English Pub« tatsächlich war. Indem man solche Briten, die ins »The English Pub« gehen wollen, ins »The English Pub« lockt, sorgt man dafür, dass die Briten, die ins »The English Pub« gehen wollen, nirgendwo anders sind. Stattdessen pfercht man sie in einen sicheren kleinen, geografisch begrenzten Bereich, den man

unter Kontrolle halten kann. Das ist so was wie eine Quarantäne-
zone, in die sich die schlimmste Sorte Touristen freiwillig begibt.
Nur dass es keiner Barrikaden bedarf, um sie vom Rest der Stadt
fernzuhalten, denn mit Angeboten wie »Zwei Getränke zum Preis
von einem« auf Turbojäger und Sky Sport bleiben sie aus freien
Stücken drin.

Wir und die Amerikaner

Als ich erwähnte, wir Briten gälten als die übelsten Touristen welt-
weit, vergaß ich eines einschränkend zu erwähnen: Wir belegen den
heiß begehrten ersten Platz im ständigen Wechsel mit den Amerikanern. Das ist so was wie ein Wettstreit unter Freunden, bei dem
wir uns gegenseitig darin ausstechen, wer den schlimmsten Ruf abbekommt.

Die USA und das Vereinigte Königreich unterhalten eine »besondere Beziehung« zueinander. Das gereicht beiden Seiten gleicher-
maßen zum Vorteil, wie man uns immer wieder ins Gedächtnis ruft
(sprich, eine Hand wäscht die andere). Doch sehen wir den Tatsachen
ins Auge, die Beziehung ist trotz allem nicht *restlos, gänzlich, vollkommen* gleichwertig, ist es nicht so? Natürlich nicht. Das ist uns Briten
sonnenklar. Und deshalb behandeln wir die Amerikaner, trotz klei-
nerer Trivialitäten, zum Beispiel dass die USA über eine Navy verfügen, die alle restlichen Navytruppen der Welt zusammengenommen
besiegen könnte, mit überheblicher Herablassung, wie einen lächer-

lichen, peinlichen Stiefsohn, der wild entschlossen ist, uns zum Gespött zu machen.

Natürlich darf man nicht ein ganzes Volk über einen Kamm scheren, das wäre eine arg simplistische Sicht der Welt, wie sie eigentlich Faschisten und Comedians vorbehalten ist. Und doch machen die Briten bei den Amerikanern bereitwillig eine Ausnahme, denn tief im Herzen ist jeder im Vereinigten Königreich der Überzeugung, dass die ja *im Grunde* immer noch britisch sind. Nur dass wir sie vor ein paar hundert Jahren mit einer Power-Rangers-Pausenbox losgeschickt und das Machtzepter an sie weitergereicht haben. Und jetzt sehen wir wie Hippieeltern aus der Ferne zu, wie sie rund um die Erdkugel von einem Fettnäpfchen ins nächste stolpern und sich aufführen wie ein übergewichtiges Kind auf Zucker.

Doch wir werden uns nicht einmischen, nein. Die müssen ihre eigenen Fehler machen und daraus lernen!

Diese im Ansatz überhebliche Haltung – die begünstigt wird durch Dinge wie Automatikfahrzeuge, vorgeschnittenen gummiartigen Käse, Scientology und die Wahl ihres Staatsoberhauptes – findet in der höflichen britischen Kultur so gut wie keine Erwähnung, das wird eisern totgeschwiegen. Doch es sei Ihnen versichert, tief in uns drin ist es da und brodelt unterschwellig vor sich hin, verborgen unter der Oberfläche unserer stoischen, emotionslosen Hüllen. Nur gelegentlich tritt es hervor ans Tageslicht, in kleinen, überraschenden Ausbrüchen, wo wir wütend Dampf ablassen allein bei der Erwähnung folgender drei verbliebener, absolut akzeptabler Vorurteile:

1. Sitcoms:

Wir Briten brauchen uns die amerikanischen Remakes unserer geliebten Sitcoms nicht anzusehen, um zu wissen, dass sie einer »Verflachung« unterzogen wurden. Das wissen wir instinktiv und ohne tatsächliche Beweise dafür. Unsere gefühlte Überlegenheit in allem, was Humor betrifft – die natürlich allein auf unserem eigenen Urteil basiert –, zeigt sich darin, dass wir kein Problem damit haben, uns *Friends* anzusehen und uns über die lustigen Geräusche zu amüsieren, die die Charaktere darin machen, während amerikanische Produzenten sich gezwungen sehen, Millionen zu investieren und »unsere« Shows nachzuahmen, und zwar Einstellung für Einstellung, nur weil eine der Hauptpersonen irgendwo mal was von einem Teebeutel sagt.

2. Sprache

Die Briten, allem voran die Engländer, klammern sich unterbewusst nach wie vor an der überholten und irrationalen Vorstellung fest, Englisch wäre in irgendeiner Weise »unsere Sprache«. Und wenn die Amerikaner sie nicht »ordentlich zu verwenden wissen«, dann sollen sie sich »verdammt noch mal ihre eigene zulegen«. Schon erstaunlich, dass sie das sagen, noch dazu über eine Sprache, die vom Germanischen abstammt.

Für die Briten gibt es kein schlimmeres Beispiel als das Wort »football«, was die Tatsache betrifft, dass die Amerikaner *»unsere* Sprache« übernommen haben. Es dauert bestimmt nicht mehr lange, dann bezeichnet jeder hier in Großbritannien den American

Football herablassend nur noch als *»handegg«*. Wir sind nämlich darüber hinaus auch der Überzeugung, die Amerikaner hätten unsere Sportarten geklaut, würden sie aber nicht korrekt spielen, weil sie dazu eine viel zu geringe Aufmerksamkeitsspanne haben. Tatsächlich weiß jeder Brite, ob er die Regeln des Spiels nun kennt oder nicht, dass es sich beim American Football im Grunde um Rugby handelt, nur mit Schulterpolstern.

3. Tourismus

Zwar sind wir Briten auf der ganzen Welt bekannt dafür, dass wir uns in Restaurants danebenbenehmen, weil wir mit dem Finger auf uns aufmerksam machen, furchtbar laut reden und dann denken, das wäre eine absolut angemessene Form der Übersetzung in eine Fremdsprache; außerdem springen wir nach Fußballspielen in Brunnen von Kriegerdenkmälern, was vollkommen inakzeptabel ist. Trotzdem war es während der acht Jahre, die George W. Bush die USA vor aller Welt mit dem Taktgefühl eines tollpatschigen Kamels bei einer Hochzeit repräsentierte, so, dass amerikanische Touristen sich rechtfertigen mussten, wenn sie Großbritannien besuchten, als müssten sie als Botschafter auftreten sowohl für ihr Land wie auch für ihre geistige Zurechnungsfähigkeit. Bis Obama auf den Plan trat, mit seiner magischen Fähigkeit, ganze, zusammenhängende Sätze zu bilden.

Natürlich sah es nach dem Brexit-Votum so aus, als würde sich das Blatt nun wenden für unsere herablassende Überheblichkeit. Für einen kurzen Augenblick in der Geschichte hatten sie auf ihrer Seite des Atlantiks Obama, diesen rationalen, absolut fähigen Technokraten, während wir lediglich eine Zirkusnummer namens Boris Johnson dagegenzusetzen hatten.

Zum Glück dauerte diese Phase nicht lang, was gut war fürs britische Ego. Denn die USA und Russland beschlossen, Donald Trump zum nächsten Präsidenten zu wählen, und dessen einzige Qualifikation für den Job war die Tatsache, dass er Probleme erkannte. Was er auch lautstark kundtat. Ja, »The Donald«, wie er von seinen rückwärtsgewandten Anhängern liebevoll genannt wird, schien wie durch Zauberei in unser Universum getreten zu sein, nur um George W. Bush im Vergleich wie einen weisen, kundigen und staatsmännischen Menschen dastehen zu lassen. Auch Sarah Palin wirkt neben ihm im Nachhinein betrachtet gebildet, und sogar Mitt Romney – mit seiner magischen Unterhose und den »Ordnern voller Frauen« – wird nun zum fabelhaften Helden der griechischen Mythologie, nur mit republikanischer Gesinnung. Doch keiner profitierte mehr als Großbritannien von dieser Ablenkung, weil die ganze Welt im gleichen Moment die Köpfe in Richtung USA wandte.

Wieder einmal war Amerika seinem Ruf als unser großer legasthenischer Stiefsohn und Verbündeter gerecht geworden – indem man dort genau im entscheidenden Moment zur Ablenkung für einen lauten Knall sorgte, ein bisschen wie ein dicklicher Junge mit ADHS auf einem Sprungbrett, der ruft: »Mom! Mom! Mom! Sieh her zu mir! Mom! *Sieh dir das an!*«

Oder wie es ein Kommentator auf Twitter ausdrückte: Die USA hatten der Welt nur eins zu sagen, nachdem es so aussah, als wäre der Brexit das Dümmste, Destruktivste, das sich ein Land selbst antun kann:

»Halte mal meinen Drink.«

Fußballfans

Im Vorfeld des Referendums von 2016 kam man in den Genuss einiger ironischer Situationen. Zum einen war da die Ironie, dass ausgerechnet Großbritannien – das immerhin einen Ruf als Weltreich vorzuweisen hat – verkündete, »sich nicht von anderen fremdbestimmen zu lassen!«. Dann kam hinzu die Ironie, dass Großbritannien – bekannt für seine Royal Family – sagte, man habe »die nie gewählt!«. Und dann war da noch die vermutlich größte Ironie von allen: die stereotype Furcht der »Little Englander« vor Leuten, die sich innerhalb Europas frei bewegen; und das zu einem Zeitpunkt, da Hunderttausende englische Fußballfans marodierend durch Frankreich zogen, wo die Europameisterschaft ausgetragen wurde. Am Ende blieb kein Stein auf dem anderen, die Hooligans schlugen alles kurz und klein.

PROFI-TIPP:

Es ist zu beachten, dass es in Großbritannien nicht als akzeptable Einstellung gilt, wenn man keinen Fußball schaut, keinen Spaß daran findet, nichts davon versteht oder kein Interesse daran hat. Daher ist es das Beste, so zu tun, als würde man Fußball schauen, Spaß daran finden, es verstehen oder Interesse daran haben, indem man ein paar vorgefertigte Meinungen bereithält, die man aus dem Ärmel schüttelt, wann immer man in die Verlegenheit kommt. Meine Favoriten sind folgende: »Wann führen die endlich den Videobeweis ein? Hm? Wann?« und »Himmel, da steckt so viel Geld dahinter, nicht wahr? Hm?«.

Wenn irgendwer sich fürchten sollte vor Menschen, die sich frei bewegen innerhalb Europas, dann sind es zweifelsohne jene Länder, die mutig genug sind, die Europameisterschaft auszutragen in einem Jahr, in dem England es durch die Qualifikationsrunde geschafft hat. (Ähem.) Nur durch einen schmalen Streifen Wasser geschützt und ohne eine Visumspflicht, sollte der Kontinent sich hüten vor Briten in rein theoretisch unbegrenzter Anzahl, die über ihre hübschen historischen Städtchen herfallen, durch die Straßen jagen, bis Oberkante Unterlippe abgefüllt mit belgischem Lager und bekleckert mit Currysoße, wie sie auf örtliche Wahrzeichen und Teile der Infrastruktur klettern, unter lauten Gesängen, die vom Sieg Englands künden – und das mit einem Optimismus, der ungetrübt ist durch die gesammelten Fakten seit 1966 zum Thema England und

Gewinnen (!).Wann immer man eine Horde Menschen »Football's coming home, it's coming home!« singen hört, sollte man sich bewusst machen, dass man hier Zeuge eines Aufmarschs von Leuten wird, die einem kollektiven Wahn unterliegen, den *Englandfans*.

Schaltete man im vergangenen Juni an einem beliebigen Abend im Vereinigten Königreich den Fernseher ein und guckte Nachrichten, konnte man sich darauf verlassen, dass man einen Leave-Befürworter zu sehen bekommen würde, wie er sich über die Massen an Ausländern beklagt. Und im nächsten Beitrag sah man sich unweigerlich mit den peinlicherweise stets gleichen Szenen konfrontiert, nämlich mit von oben bis unten in britische Flaggen gehüllte Briten, die die Schlussszene von *Braveheart* nachspielten, nur in den Kopfsteinpflasterstraßen irgendeiner hübschen europäischen Stadt.

Es war die zweite Flüchtlingskrise des Jahres. Ich meine, ich will den IS ja nicht auf noch mehr Ideen bringen, aber wenn die bei der Europameisterschaft wirklich ein großes Blutbad und Schrecken hätten verursachen wollen, hätten sie bloß einen Freibierstand in der unmittelbaren Nähe einer Frittenbude aufstellen müssen.

Tatsächlich benahmen sich die Englandfans im benachbarten Frankreich derart daneben, dass man kurz davor war, die Nationalmannschaft von dem Turnier auszuschließen. Und deshalb schleifte die British Football Association in einem Akt äußerster Verzweiflung und fragwürdiger Entscheidungen ausgerechnet Wayne Rooney vor eine Fernsehkamera, wo er zu Ruhe aufrufen sollte. Für diejenigen, die ihn nicht kennen: Wayne Rooney ist ein typischer Schlägertyp, nur mit Fußballschuhen. Das war das fußballerische

Äquivalent zu Pavarotti, den man dazu auffordert, sich für Diäten auszusprechen. Zum Glück schieden die Briten dann recht schnell aus dem Turnier aus. (Ähem.)

Das neuste brandheiße Thema unter den Briten nach dem Brexit ist ein »punktebasiertes Einwanderungssystem«, wie in Australien, wo wir früher Leute hin verschifft haben, die wir loswerden wollten. Wenn es darum geht, mit meinen Landsleuten zu verhandeln, denke ich, sollte die EU etwas ganz Ähnliches vorschlagen, nur umgekehrt, und zwar indem man alkoholische Einheiten verwendet statt Punkte. Wenn man beispielsweise schon am Flughafen mehr als drei Pint hatte, bevor man überhaupt versucht hat, Großbritannien zu verlassen, dann darf man nicht ausreisen.

KAPITEL 8

Die britische Weltsicht

Offensichtlich treffen wir diese bisweilen nervigen, manchmal liebenswerten Inselkauze an einem kritischen Wendepunkt in ihrer langen, bewegten Geschichte an. Wo sich unsere gemeinsame Zeit mit den Briten nun also dem Ende zuneigt, sowohl was dieses Buch betrifft als auch in der Einheit der Europäer, stellt sich die Frage ... was soll nun aus ihnen werden?

Unsichere Zeiten stehen uns bevor, daran besteht kein Zweifel, und nie schien es schwerer als jetzt vorherzusagen, was uns in dieser verrückten historischen Phase noch so bevorsteht. Das Vereinigte Königreich – welches sich vielmehr anfühlt wie ein Geteiltes Königinnenreich – befindet sich erstmalig am Ende einer Sackgasse. Steuert das Land, wie manche denken, auf eine glänzende und glorreiche Zukunft zu, die Energie und Exzentrizität der Leute unberührt vom Einfluss des Kontinents, bestimmt dazu, einmal mehr die Weltführung zu übernehmen (in den Bereichen der glorreichen Serviceindustrie, so was wie dem Versicherungswesen zum Beispiel)? Oder haben die Briten sich, wie andere glauben, ganz königlich selbst in den Fuß geschossen, dazu auserkoren, allen um sich herum auf die Nerven zu fallen, während sie mehr und mehr Blut verlieren, bis sie schließlich einen beeindruckenden historischen Sturzflug hinlegen hinein in die Bedeutungslosigkeit?

Wer weiß? (Das Stadium »*einigen wir uns darauf, dass wir uns uneins sind*« haben wir momentan noch nicht erreicht.)

Da das »Britenproblem« noch eine ganze Weile im internationalen Licht der Öffentlichkeit stehen wird, wäre es interessant, sich zu fragen, wo sie als Nächstes hinwollen, nachdem sie sich einen riesigen Scheißhaufen direkt vor die eigene Tür gesetzt haben.

Um erste Hinweise darauf zu bekommen, was passieren könnte, nimmt man, wie ich denke, am besten die britische Weltsicht unter die Lupe: Denn die Überzeugungen der Menschen sind die beste Orientierungshilfe, wenn wir vorhersagen wollen, wie sie handeln werden. Wenn es Hinweise gibt auf eine mögliche Zukunft, dann finden wir die am ehesten in der Vergangenheit.

Versuchen wir also eine Diagnose zu stellen, was da vor sich geht, tief drinnen in der Psyche der Briten. Welch sonderbares Genie oder was für ein kollektiver Wahn treibt sie an?

Eine Identitätskrise

Großbritannien leidet schon von erster Stunde an an einer langanhaltenden, brodelnden, ständig im Wandel begriffenen Identitätskrise.

Erstens wäre da das Problem, mit dem jeder Brite sich früher oder später konfrontiert sieht: *Was bin ich?* Ich zum Beispiel bin Engländer. Aber ich bin auch Brite, weil ich aus Britannien komme, und davon ist England ein Teil. Geografisch gesehen allerdings lebe ich in *Groß*britannien, und das umfasst neben England und Wales auch Schottland. Rechtlich betrachtet aber bin ich ein Bürger des Vereinigten Königreichs, das sich auch noch hinüber nach Nordirland erstreckt. Und wenn Sie denken, das sei noch nicht verwirrend genug, um die Identität eines Landes ausreichend durcheinanderzubringen, dann verbringen Sie erst mal so viel Zeit wie ich damit, in den alphabetischen Drop-down-Menüs von Internetseiten nach der eigenen Nationalität zu forschen. B für Britannien? U für United Kingdom? G für Großbritannien? E für England? I für Identitätskrise? Armes britisches Volk: Die Leute hier können noch nicht mal einen Flug buchen, ohne das globale Telefonbuch komplett durchzugehen. Das alles ist ein Albtraum, verborgen unter dem Deckmantel des Commonwealth.

Und dann wäre da noch das – ähem – *Europaproblem.*

Wir Briten waren zwar rein theoretisch dabei bei diesem großen, von Brüssel ausgehenden Roadtrip ins Enger-und-enger-zusammenrückende-Unions-Land, doch nahmen wir in erster Linie teil in der Rolle des verwirrten, greisen Großvaters mit Blasenschwäche, der auf dem Beifahrersitz hockt, die Landkarte verkehrt herum hält, sich über die Temperatur beklagt und alle fünf Minuten um ein Pinkelpäuschen bittet. Zur allgemeinen Verwirrung trägt außerdem bei, dass wir zwar Teil der EU sind, aber nicht zum Schengenraum gehören. Wir sind Mitglieder der Zollunion, aber nicht der Währungsunion. Und wir sind Teil des Europäischen Wirtschaftsraums, was vermutlich zu einigen kognitiven Dissonanzen bei uns geführt hat. Schließlich weigern wir Briten uns standhaft, uns überhaupt als Teil des Kontinents zu sehen. Davon kann keine EU uns abhalten, so eng sie auch zusammenrücken mag. Und wenn man uns fragt, wo Europa *liegt*, deuten wir entschieden nach »da drüben«.

Die große Verblendung

Zu allem Überfluss steht da nun auch noch dieser Elefant im Raum – das *ehemalige* Britische Empire, ein Weltreich –, und der starb keines würdevollen Todes aus Altersschwäche, sondern wurde von einer Karawane von Bussen überrollt, als er kurz mal rausgehen und Milch holen wollte. Es gab eine Zeit, da bedeckte das Reich weite Teile der Erde. Heutzutage sieht es eher aus wie kleine Aknepickel auf der Erdoberfläche – ein paar vereinzelte rot markierte Inseln, strategische Enklaven und Steueroasen, die gelegentlich für kleinere Irritationen sorgen.

Während das Britische Empire heute endgültig der Vergangenheit angehört, erhält man, wenn man sich so mit gewissen Leuten unterhält, bisweilen den Eindruck, als hätten die Briten selbst das nicht mitbekommen.

Vielleicht blicken sie sich nach wie vor unter den lädierten Überresten der dekadenten Party um, die wir noch vor einem Jahrhundert schmissen – wie einem Sitz im UN-Sicherheitsrat und unseren kostspieligen, nutzlosen Atom-U-Booten. Jedenfalls fällt es den Briten immer noch schwer, sich an ihre »neue« Stellung in der Welt zu gewöhnen. Von der globalen Supermacht, die über mehr Boote verfügte als alle anderen, hin zu dem nasskalten, langsam immer tiefer sinkenden Felsen etwas abseits von Belgien, den ein russischer Sprecher 2013 beim G20-Gipfel als »kleine Insel, auf die ohnehin keiner hört« bezeichnete.

Manche Leute scheinen sich kein bisschen weiterentwickelt und angepasst zu haben. In Großbritannien finden sich nach wie vor Leute, die von ihrem Land sprechen, als wären die letzten hundert Jahre nicht gewesen. In meinen Augen liefern sie jedes Mal ein Bild von Großbritannien ab, das mich an einen Chihuahua oder einen Labradoodle erinnert, der einen Dobermann ankläfft. Kräfte von außen haben uns über die Jahre zunehmend verniedlicht zu einer liebenswerten und überwiegend harmlosen Gestalt, doch tief im Inneren sind wir – wie alle Hunde – nach wie vor der Überzeugung, in uns stecke ein Wolf. Wirklich putzig.

Minderwertigkeitskomplexe

Natürlich findet sich ein derartiger Patriotismus in so gut wie allen Ländern, und das sollte einem zu denken geben. Wie viel kann er dann wert sein? Wenn sämtliche Nationen der Erde an einem Speed-Dating-Abend teilnehmen würden, kann man davon ausgehen, dass es zu allerhand wichtigtuerischem Geprahle, Selbstbeweihräucherung und Selbstverklärung käme. Nur dass der Patriotismus der verschiedenen Länder eine leicht unterschiedliche Ausprägung annimmt, nichtsdestotrotz aber mit gleichem Fanatismus und gleicher Selbstherrlichkeit propagiert wird.

Mr Schweiz würde einem höflichst Käse und Sicherheit anbieten und dann zusätzlich zu seinen 200 Jahren Neutralität einwandfreie Referenzen einfließen lassen, der ideale Mann zum Heiraten also. Mr Vereinigte Staaten würde zweifelsohne seine Muskeln spielen lassen, den Namen seines Gegenübers vergessen und anbieten, einem das Neuste vom Neuen zu kaufen, was es unter den Glitzersachen so gibt. Mr China stellt die funkelnden Sachen her, die man präsentiert bekommt, während er auf Mr Vereinigte Staaten deutet und einem zuraunt, das sei nur ein tatteriger alter Opa, der noch nicht mal mit der Fernbedienung umgehen kann. Mr Spanien würde das Thema wechseln, wann immer die Sprache auf den Arbeitsmarkt käme, würde einem aber dennoch eine sorglose Zukunft voll Sonnenschein und Fiesta vorgaukeln – ein Lebenstraum, der zum Greifen nahe scheint (solange man kein Problem damit hat, eine Weile mit seiner Oma unter einem Dach zu wohnen).

Schließlich landet man dann bei Mr Britain, dem wandelnden Minderwertigkeitskomplex, der kleinste Kerl mit der lautesten Stimme. Er würde sich von Tisch zu Tisch bewegen, sich auf die Zehenspitzen stellen, die Brust stolz aufgebläht, von Verabredung zu Verabredung hetzend, zwischendurch ein kleiner, unbeabsichtigter Pups, woraufhin er so tut, als wäre nichts gewesen.

PROFI-TIPP:

Am besten begegnet man einem übermäßig patriotisch eingestellten Briten ganz ruhig und freundlich. Wie einem Kind auf einer Party, das herumrennt und allen Mädchen mit einem gelben Schaumstoffhammer auf den Kopf haut und laut schreit: »Ich bin ein Tyrannosaurus Rex! Grrrrrr!«

Mr Britain würde sich die ersten paar Stunden absolut höflich verhalten, daran zweifle ich nicht im Geringsten. Er würde seinen Fall mit dem gebührenden Ernst vorbringen, vielleicht sogar den einen oder anderen Witz einstreuen (»Ich habe die am längsten anhaltende Demokratie vorzuweisen, wissen Sie? Und an Bewährtem sollte man festhalten, so lautet meine Devise. Und wenn es doch den Bach runtergeht, so sind wir wenigstens nicht Frankreich!«).

Leider vermasselt Mr Britain sich dann aber selbst die Tour, weil er zusehends rüpelhaft auftritt, je mehr Selbstbewusstsein er sich antrinkt durch hastig hinuntergestürzte Drinks, bis er schließlich in der Ecke zusammenbricht, ein bedauernswerter Kerl, für den keiner sich interessiert und der lallend vor sich hin schimpft, von wegen, man sei ja mal so großartig gewesen (»Isch wa ma 'n Weltreich, weisstu? Das vergessen die Leute immer!«), sei der Mittelpunkt der Weltkarte gewesen (»Ich will ja nicht angeben, aber haben Sie schon mal auf die Weltkarte geschaut? Ich befinde mich mitten im Zentrum, also ... ja«), er faselt was von der Greenwich Mean Time (»Die Zeit haben wir erfunden ... *WIR!*«), ehe er abschließend einige wilde Behauptungen aufstellt, von wegen, man habe Amerika entdeckt und das Sandwich erfunden, bevor er dann bewusstlos zusammensackt.

Nostalgie

Man sollte in Bezug auf den britischen Patriotismus allerdings nicht übersehen, dass er sich normalerweise in der Vergangenheitsform äußert.

Diese Verwirrung geht zum Großteil wohl darauf zurück, dass das Vereinigte Königreich eine Nation von Menschen darstellt – Menschen aller Altersstufen –, die von der jeweils vorangegangenen Generation gesagt bekommen haben, sie wären mindestens eine Generation zu spät dran für die wirklich fette Party. Und die muss richtig genial gewesen sein.

Oh, damals war alles wunderbar, wann immer dieses »Damals« gewesen sein soll. Ein Marsriegel kostete gerade mal drei Pence. Ein Haus lag bei nur drei Schilling und Zwei-ein-Viertel-Penny. Damals konnte man tatsächlich noch Immobilien *kaufen*. Man stelle sich das vor! *Häuser!* Die Leute kannten sogar ihre Nachbarn, wissen Sie? Lieder hatten noch Texte. Und Worte hatten Klang – man erzeugte sie mit dem Mund und nicht mit den Daumen und einem Smartphone. Heutzutage spielen die Kids ja nur noch irgendwelche Computerspiele. Hatten noch nie in ihrem Leben ein Buch in der Hand, oder? Nope. Fehlanzeige. Ach ja, und die Wirtschaft. *Die Wirtschaft!*

Damals boomte das alles. Man konnte gleich zwei Jobs verlieren an einem einzigen Vormittag. Und am Nachmittag hatte man schon wieder drei neue Stellenangebote! Die Kinder verhielten sich leise. Und sie konnten viel schneller rennen. Sie lebten auf Bäumen. Die Nachrichten bestanden ausschließlich aus Schaubildern und Grafiken und Fakten, vorgetragen von Leuten, die von Berufs wegen Langweiler waren und sich ihre Persönlichkeit eigens von der BBC fürs Fernsehen wegnehmen ließen, durch Lobotomie. Das Wetter war mild, allerdings auf ganz andere Weise, viel aufregender. *Ach, die gute alte Zeit.*

Nur dass das alles gar nicht so war, ist ja logisch. Ständig starben Leute, keiner hatte einen Plan, was vor sich ging, und das Essen kam aus Dosen. Jede Ehe war eine lieblose Plackerei durch sieben Jahrzehnte passiv-aggressiven Miteinanders und dosenweise Frühstücksfleisch, nichts passierte groß, und die wenigen Gelegenheiten, zu denen man Kontakt mit Menschen anderer Kulturen hatte, waren auf dem Schlachtfeld. Es war eine Welt, die beherrscht war von Polio und Corned-Beef-Sandwiches und Faschismus und traurigen Hausfrauen, deren Tränen in die Bratensoße tropften.

Gut, dass das vorbei ist, würde ich sagen! Trotzdem glaube ich, man kann mit einiger Gewissheit behaupten, dass viele Briten warme, nostalgische Gefühle hegen für eine Zeit, die es im Grunde so nie gab; mit Wehmut sehnen sie sich nach einem Glanz, den es lediglich auf Gemälden gab, hingepinselt für Geld, das irgendwelche reichen Ärsche hingeblättert haben.

Kollektive Amnesie

Ich kann mich des Gefühls nicht erwehren, dass unser Bildungssystem etwas mit alldem zu tun haben könnte. Meine Erinnerungen an den Geschichtsunterricht in der Schule betreffen ein paar Könige und Königinnen. Dann folgt eine bedenkliche Lücke, zu der ich keine Daten habe, bis die Geschichte wieder einsetzt um 1939 herum. Anders als andere Länder scheint Großbritannien glimpflich davongekommen zu sein, was das Thema Selbstreflexion betrifft. Und das ist wohl auch der Grund, weshalb ein beträchtlicher Anteil der Bevölkerung eine recht positive Sicht auf die eigene Vergangenheit hat. Wenn wir uns die Weltkarte zum Höhepunkt unserer Vorherrschaft ansehen und feststellen, dass fast alles unsere britischen Landesfarben trägt, denkt mindestens die Hälfte von uns: »Was für ein Glück dieser Planet hatte!«

Das Britische Empire verfolgte in der Erinnerung meiner Landsleute keinerlei imperialistische Ziele, auch wenn es den Begriff »Empire« im Namen trägt. Stattdessen wird es eher als so was wie ein Hilfsprogramm zur weltweiten Förderung des Cricket betrachtet, ein bedauerliches Missverständnis also. Wenn man sich an dieses Hilfsprogramm unter Berücksichtigung seiner gelegentlichen Fehltritte erinnert – die Hungerkatastrophen, die Massaker, die Ausbeutung von Menschen und Ressourcen –, dann tut man das in der Regel mit einem gleichgültigen Schulterzucken ab: »Ach, wissen Sie, ein Omelette lässt sich nun mal nicht zubereiten, ohne dass man ein paar Eier zerbricht, nicht wahr? Vergessen wir das. Was geschehen ist, ist geschehen. Nur stets voran, wie ich immer sage!«

Die Briten sind also ein Volk, das an chronischer Nostalgie leidet, und man kann es ihnen kaum verübeln. Schließlich sind wir damit aufgewachsen, dass uns die Überreste unserer Vergangenheit in Großbritannien ständig umgeben. Unsere öffentlichen Einrichtungen sehen aus wie die lebensgroßen Nachbauten von Einrichtungen, die eigentlich im historischen Museum stehen müssten. Wir wachsen auf, dahindümpelnd in einem Eintopf aus irgendwelchem uralten Unsinn.

Unsere Richter tragen Perücken, Roben und Capes, als würde unser Rechtssystem nach wie vor auf den gleichen Prinzipien basieren wie das von *Alice im Wunderland.* Ganz gleich, welchem Briten man die Frage stellt, wem denn »alle Schwäne gehören?«, er wird unweigerlich antworten: »Der Königin.« Warum? Man frage mich bitte was Leichteres. Oder nehmen wir unsere Parlamentarier – sie debattieren über Themen wie Kinderarmut, über ein goldenes Zepter hinweg. Sie stimmen über Dinge ab, indem sie »aye« rufen oder einen Korridor entlanglaufen. Die Pubs schließen, sobald die Glocke ertönt. Auf meinem Ausweis ist ein Einhorn abgebildet, und ich habe keinen blassen Dunst, was das soll.

Es gibt eine »Guy-Fawkes-Nacht«, in der die Leute das Abbild jenes Mannes verbrennen, der im Jahr 1605 versuchte, das Parlamentsgebäude in die Luft zu jagen. Ich gehe davon aus, dass diese Festivität auf der Idee der Abschreckung basiert, denn seither geht immer am fünften November des Jahres das ganze Land – Kinder mit Wunderkerzen, herzige alte Großmütter in Decken gehüllt, eifrige Eltern mit einer Handvoll Billigböller – hinaus in die eisige Winternacht, um sich ein ums andere Mal daran erinnern zu lassen, dass man sich *verdammt noch eins nicht mit der Regierung Ihrer Majestät anlegt.*

In der modernen britischen Gesellschaft zu leben fühlt sich bisweilen an, als wäre man ganz beiläufig zur Geisel genommen worden von einem Haufen Institutionen, die man direkt aus einer *Downton-Abbey*-DVD oder aus der *Dungeons-and-Dragons*-Dimension hergebeamt hat. Was aber noch schlimmer ist, die meisten von uns scheint das nach wie vor nicht zu stören. Das Meinungsforschungsinstitut YouGov beispielsweise gibt an, dass heute noch 68 Prozent der Briten die Monarchie befürworten. Da stellt man sich schon die Frage, ob die denn von Darwins neusten Erkenntnissen gehört haben. Besser noch, man suche sich auf YouTube ein Video von einer königlichen Parade, überblendet mit einem BBC-Kommentar zu einer Militärparade aus Nordkorea mit seinem Persönlichkeitskult. Das ist wirklich gruselig. Und während man die breiten proletarischen Massen betrachtet, wie sie ihrem von Gott erwählten Herrscher zujubeln und mit Geschirrtüchern wedeln, kommt man nicht umhin, sich zu fragen, ob die Briten nicht einer nationalen Version des Stockholm-Syndroms leiden.

Das käme nicht unbedingt überraschend, wo wir doch ein Land sind von Leuten, die ein Leben lang gezwungen waren, der Queen das Hinterteil zu lecken. Damit meine ich natürlich, dass die Queen die Vorderseite jeder einzelnen Briefmarke ziert.

Stockholm-Syndrom

Die Queen ist das Staatsoberhaupt von Großbritannien. Ja, genau – das muss man erst einmal sacken lassen. Wir schreiben das Jahr 2017 – im Zeitalter des sich von allein fortbewegenden Staubsaugers –, und dennoch ist das Vereinigte Königreich nach wie vor auf einem Niveau strukturiert wie eine Ameisenkolonie.

Ihr Name und ihr gekröntes Haupt zieren unser Geld, man sieht sie auf Briefkästen, auf Pubschildern, in den Briefköpfen von Regierungsbehörden, auf Steuerdokumenten und auf Pässen. Auf dem Papier ist sie das Oberhaupt des Commonwealth, »Defender of the Faith« (Verteidigerin des Glaubens, also eine Art Minipapst der Church of England) sowie »Commander in Chief« (Oberkommandant) des britischen Militärs. Das wird alles zusehends zeremonieller – sie ist beispielsweise eher vergleichbar mit Bernd das Brot als mit Mussolini –, und dennoch sind britische Eltern in der unangenehmen Position, ihren Kindern Fragen beantworten zu müssen wie zum Beispiel: »Daddy, warum dürfen diese Leute in Schlössern leben und glitzernde Hüte tragen, während Mami und du total langweilig ausseht und nur ein Zweieinhalb-Zimmer-Haus in Brantington besitzt?«

»Tja, weißt du, mein Schatz, es gibt eben Leute, die sind besser als andere, okay? Die haben das im Blut. Vor vielen hundert Jahren, lange bevor wir irgendwas über irgendwas wussten, betrachteten einfache Leute wie deine Mom und ich deren Blut als geheiligt. Verstehst du? Und obwohl wir heute wissen, dass wir alle bloß freche kleine Äffchen sind wie du, spielt da jeder mit, vielleicht wegen der Touristen oder so.«

Ich meine, nicht dass Sie mich falsch verstehen: Wenn man schon eine Queen haben muss, dann könnte man es nicht besser treffen als mit *der* Queen. Dazu braucht man sie sich nur anzusehen. Sie ist wirklich ein Juwel. Schmeißt den Laden schon, seit das Schwarzweißfernsehen eingeführt wurde, ohne einen einzigen Ausrutscher. Tausende von Reden und kein einziger Versprecher.

Ich tippte bei YouTube »Queen Fauxpas« ein – nichts. »Queen Ausrutscher«, Fehlanzeige. »Queen fällt hin«, nichts. »Queen stolpert«, »Queen rutscht aus«, »Queen stößt sich den Kopf«, »... Fehler«, »... nuschelt«, »... stammelt«, »... nörgelt«. Es findet sich NICHTS.

Wissen Sie, wie so was sein kann? Man muss von Geburt an so programmiert sein, dass man seinen einzigen Sinn und Zweck als Queen zur Genüge erfüllt. Was ich damit sagen will: Sie ist nichts anderes als ein Roboter.

Das Einzige, was ich finden konnte, das einem Skandal auch nur annähernd gleichkam, war eine Mikrofonpanne, bei der die Queen über ein paar chinesische Abgesandte sagte, sie seien – und nun halten Sie sich fest – »sehr unhöflich« gewesen. Und das wäre auch nur dann ein *echter* Skandal gewesen, wenn die Chinesen in Wirklichkeit »sehr höflich« gewesen wären und die Queen geflunkert hätte. Machen wir uns nichts vor – wenn es auf dieser Welt einen Höflichkeitsradar gibt, auf den man sich voll und ganz verlassen kann, dann ist es der im Inneren der Krone Ihrer Majestroid Queenomatic Elizabot 2.0, der mit zehntausend Umdrehungen pro Minute rotiert.

Ehrlich, ich kann gar nicht genug betonen, wie beeindruckend ich dieses Fehlen von Fehltritten finde. Ihr Leben lang stand sie im Rampenlicht, laufend waren Kameras auf sie gerichtet, und dennoch trat sie vor ihrer Kolonie stets mit einer Geschmeidigkeit auf und ohne ein einziges Mal nicht hundertprozentig zu funktionieren und ohne eine Panne, die aufgefallen wäre. Ich bin allein heute schon zwei Mal auf die Schnauze gefallen. Jedes zweite Wort, das ich sage, ist gestammelter und genuschelter Mist. Wie kriegt sie das nur hin?

Nun, ich habe da so eine Theorie.

Man gebe einfach »Prinz Philip Fettnäpfchen« ein, und man wird feststellen, dass es kein sexuell übertragbarer Charakterzug ist, durch die Welt zu wandeln, ohne für Aufsehen zu sorgen. Ich möchte Sie dennoch warnen: Wenn Sie nun tatsächlich beabsichtigen, »Prinz Philip Fettnäpfchen« einzugeben, nehmen Sie sich bitte für den restlichen Tag nichts mehr vor. Denn Sie werden seitenweise Treffer erhalten. Es gibt ganze Sammlungen, Top-10-Patzer, eine Seite mit »Fehltritte von Prinz Philip aus fünf Jahrzehnten«, es gibt »Best ofs«, »Worst ofs«, alte, neue. Da wird einem fast schwindelig. Jedes Mal, wenn er den Mund aufmacht, ist es so, als würde sich ein Wurmloch öffnen, aus dem ein Automechaniker aus den Fünfzigerjahren zu uns spricht.

Er ist der Opa aller Bürger dieses Landes, mit leicht rassistischen Tendenzen.

Ich glaube daher, dass Ihre Majestroid ihre Fehltritte outsourct und auf ein externes Ehemanngerät überträgt, Prinz Philiptron. Er ist so was wie eine Massenfertigungsfabrik für Fehltritte. Es kursiert sogar die recht plausible Theorie, er würde sich proaktiv benehmen wie ein Fauxpasmagnet; wenn das Königspaar sich anlässlich eines offiziellen Treffens zusammen in einem Raum befindet, macht er jede Person, die Schwierigkeiten bereiten könnte, vorab ausfindig (Comedians, Republikaner, Idioten, Anarchisten) und wirft sich vor sie, als könnten sie Meinungspatronen auf die Queen abfeuern. Einen höchst verdächtigen Kandidaten – einen Romanautor – fragte er einmal: »Sagen Sie, ein Romanautor ... der schreibt also Bücher?«

Das *kann* nur als Ablenkung gedacht gewesen sein.

Was mich betrifft, so bin ich nur ein einziges Mal einem Mitglied der königlichen Familie begegnet, Prinzbot Edward, der mich und meine Freunde mit seiner Anwesenheit beehrte, nachdem wir an einem vierundzwanzigstündigen Wanderwettstreit zu einem wohltätigen Zweck teilgenommen hatten, die drei höchsten Berge Englands, Schottlands und Wales' rauf und wieder runter. Nachdem er von seinem Schloss mit dem Helikopter angeflogen kam – was vermutlich mehr gekostet hatte, als alle Personen zusammen bei dieser Wohltätigkeitsveranstaltung sammeln konnten –, kam Prinz-E-Droid an unseren Tisch und sagte: »Na, ihr Jungs seht ja schon entsprechend erledigt aus.«

»Ja«, entgegnete ich entsprechend erledigt. »Schließlich sind wir nicht mit dem Hubschrauber hergeflogen.«

Ich konnte hautnah miterleben, wie in seinem Blick diese uralte Angst aufblitzte – diese in die DNA eingeschriebene Alarmanlage, die in dem Moment losheulte und ihn warnte: »Prolet! Prolet! Prolet!« Und schon ging bei ihm die Panikschranke runter. »Har, har, har«, lachte er und zog dann schleunigst weiter. Später drängelte er sich in der Schlange am Büfett vor – und wie Sie sich vielleicht erinnern, finde ich so etwas nicht unbedingt toll, erst recht nicht, wenn ich entsprechend müde und hungrig bin. Diesen Regelverstoß hielten wir übrigens auf Kamera fest, dazu der Kommentar: »Dieser [Kraftausdruck] denkt, er ist der König. Warum darf der als Erster ans Büfett? Ich habe Hunger, und dieser [Kraftausdruck] hat sich überhaupt nicht anstrengen müssen.«

Vorerst jedenfalls müssen wir uns hier in Großbritannien abfinden mit dieser uralten Dynastie von Roboterlehnsherren, die von Steuergeldern bezahlt werden, fette Klunker tragen und sich selbst reproduzieren. Zumindest so lange, bis wir gelernt haben, damit so umzugehen, wie die Deutschen es tun. Als die Queen im Jahr 2015 Berlin besuchte, war ich zugegebenermaßen ziemlich geschockt von der ständigen und beängstigend beiläufigen antimonarchistischen Rhetorik hier in Deutschland. Sogar *Der Spiegel*, den ich bis dahin als eine eher nüchterne Stimme am Zeitungsstand betrachtet hatte, zeigte ein riesiges Bild ihres Gesichts zugepflastert mit den Worten: »*DIE* QUEEN«.

Igitt. Sie müssen zugeben, das ist nun wirklich sehr direkt, sogar für deutsche Verhältnisse.

Apathie

Der eigentliche Grund, aus dem das britische Volk sich für den Austritt aus der EU ausgesprochen hat, ist angeblich die Tatsache, dass man die Kontrolle wieder übernehmen wollte – um sich Aspekte der souveränen Demokratie von Brüssel zurückzuholen, so hört und liest man es häufig. Ich verstehe die Bedenken. Was ich nur recht amüsant finde, ist die Tatsache, dass Großbritanniens »souveräne Demokratie« gleichzeitig Synonym ist für ein buntes Durcheinander an undemokratischem Schwachsinn, der auf Erbfolge basiert.

Die Kontinentaleuropäer – die nur einigermaßen bekehrten Tyrannen, Kommunisten, Anarchisten und Faschisten – wissen zum Beispiel sehr wahrscheinlich gar nicht, dass Großbritannien über ein Wahlsystem verfügt, das sich »First-Past-the-Post« nennt (FPTP, zu Deutsch: Mehrheitswahl). Ich werde Sie nicht lange mit Details behelligen, in erster Linie brauchen Sie nur zu wissen, dass dieses System ungefähr so modern, fair und integrativ ist, wie es klingt. Es ist der Golfsport unter den Regierungsformen.

Sehen wir es doch so: Wenn »Demokratie« das Ideal ist, das man für gut befunden hat, zieht man doch nicht los und ersinnt ein Alternativsystem, bei dem die Wählerstimmen unterschiedlich viel wert sind, je nachdem, wo man wohnt; ein System, bei dem alle nicht siegreichen Stimmen einfach an die Wand gestellt und abgeknallt werden. Unter dem Strich haben die für eine politische Partei abgegebenen Stimmen wenig zu tun mit der Menge an MPs, die das Land für die nächsten fünf Jahre regieren werden. Die letzte Wahl im Jahr 2015 war der Electoral Reform Society zufolge die am wenigsten repräsentative Wahl in der gesamten britischen Geschichte. Die Wahlsieger (und die Gruppe von Leuten, die derzeit die Verantwortung tragen) gewannen 50,8 Prozent der Sitze mit 36,9 Prozent der abgegebenen Stimmen, man formte eine *Mehrheitsregierung* aus 24 Prozent der Wählerstimmen. (Selbstverständlich gibt es auch Bürger, die überhaupt nicht wählen gehen, vielleicht weil es ihnen zu peinlich ist, sich an diesem Unfug zu beteiligen.) Doch den festgeschriebenen Regeln des großen Golfreiches nach sind das nun einmal die Typen, die ihre Siegerrechte zu hundert Prozent ausüben dürfen.

Was das Oberhaus betrifft, dessen Rolle es ist, für die »gewählte« Regierung ein Gegengewicht zu bilden, so nennt es sich auch das »House of Lords«, und allein der Name ist ja schon ein dezenter Hinweis darauf, wo all das hinführt. Aus demokratischer Sicht ist das House of Lords also eine Einrichtung, in der der Normalbürger nie Mitglied sein wird.

Auf den Plätzen des Oberhauses findet man, wenn man sich näher mit der souveränen Demokratie Großbritanniens beschäftigt, die recht bequem sitzenden Hintern von 26 Bischöfen (!), vier Herzögen (!) und 92 Peers mit erblichem Titel (man beachte: alles *Männer).* Die verbleibenden Mitglieder – Lords, Barone, Earls, Marquis und Viscounts – sind ein Haufen von Leuten mit wundervoll klangvollen Titeln, bei denen man meinen könnte, sie stammten aus der Welt von *Game of Thrones.* Die bizarre Schicht vermutlich magischer Geziertheit ist also fest verwurzelt im politischen System. Ein paar meiner persönlichen Namenshighlights umfassen die Baroness Bottomley of Nettlestone, den Lord Palumbo of Southwark und die Baroness Nicholson of Winterbourne (»Hodor!«).

(Wenn Sie etwas über die faszinierende Geschichte hinter den Rängen, Wappen und Landtiteln erfahren möchten, hier eine kurze Zusammenfassung: Vor vielen Jahrhunderten haben ein paar wenige Leute sich hübsch was zusammengeklaut, und – jetzt kommt der eigentliche Clou – nie was davon zurückgegeben.)

Diese Bastionen der »souveränen britischen Demokratie« werden natürlich in ihre lebenslangen Positionen berufen von etwas, das sich Queen nennt. »Ach, was ist noch mal eine Queen«, fragen Sie sich nun? Also, das ist eine ältere Dame mit einem glitzernden Hut auf dem Kopf, und die wird gewählt mittels einer weiteren faszinierenden Praxis der »souveränen britischen Demokratie«, die auf dem Grundsatz basiert: »Man nehme die Person, die aus der Vagina der letzten Dame mit funkelnder Kopfbedeckung gekrochen ist.«

Ich will mich ja noch nicht mal beklagen – es mag sich um eine ungerechte, unkluge oder gar überholte Art handeln, ein Land zu regieren, vielleicht haben wir es aber auch mit einem System zu tun, das so gut wie jedes andere ist und ebenso seine Berechtigung hat. Was weiß ich denn? Ich kann es nicht sagen. Ich weise nur darauf hin, dass es eine gewisse Ironie birgt – zusätzlich zu den Hunderten von anderen ironischen Aspekten –, dass unzählige Briten behaupten, sie wollten sich nicht länger von nicht gewählten Anführern regieren lassen, die mit der alltäglichen Realität ihres Lebens so gar nichts am Hut haben.

Schließlich kannten wir es doch nie anders.

Dissoziative Identitätsstörung

Nach dieser kleinen Analyse unserer Vergangenheit kehren wir nun zurück in die Gegenwart. Hier wird sich die zweifelhafte Zukunft der Briten vor unseren Augen entfalten, und schuld ist das, was 52 Prozent von uns an jenem Donnerstag im Juni 2016 der Regierung als nächsten Handlungsschritt *nahegelegt* haben – an dem Tag, als ein ziemlich genau mittelgroßer Aufschrei durch die Bevölkerung ging, sich in den Himmel erhob wie eine Seemöwe mit nur einem Flügel und verkündete: *WIR* wollen nicht länger von *EUREN* Irren regiert werden, die wir nicht gewählt haben ... *WIR* wollen von *UNSEREN* Irren regiert werden!

Ich bin der Ansicht, der Brexit war ein zentraler Punkt in der Geschichte des Volkes, das als die Briten bekannt ist. Denn es war der Moment, da meiner Meinung nach genau jene Leute, die sich ständig über das »kaputte Großbritannien« beklagt hatten, das Land tatsächlich ruinierten, und das vielleicht unwiderruflich.

Ich spreche übrigens noch gar nicht einmal vom Zerbrechen des Vereinigten Königreichs – also England, Schottland, Wales und Nordirland –, auch wenn das zum gegenwärtigen Zeitpunkt als durchaus denkbare Möglichkeit im Raum steht. Die Rede ist vom Zerfall der »Briten« in zwei Lager, die bislang friedlich nebeneinander existieren konnten (den »Pubrunden« sei Dank).

PROFI-TIPP:

Schon witzig, diese Ironie, dass ausgerechnet die Leute, die sich über »Rip-off Britain« (also Abzocke in Großbritannien) und »Broken Britain« (das kaputte Großbritannien) beklagen, oft dieselben sind, die sich über die vielen Einwanderer beschweren. Als hätten die Immigranten nicht mitbekommen, was für eine kaputte Abzocke dieses Land ist, und müssten nun davor bewahrt werden. Die beiden beliebtesten Klagen kombiniert, ergeben eine ganz neue Botschaft: »Kommt nicht hierher … es ist nur zu eurem Besten!«

Schon die Voraussetzungen des Referendums waren problematisch, und damit auch die Vorstellung, der »Wille des Volkes« könnte so zutage gefördert werden.

Eine Demokratie funktioniert nur dann, wenn man eine Linie ziehen kann um eine Gruppe von Leuten, die »das Volk« bildet. Diese Menschen müssen sich ähnlich genug sein, um eine Identität zu teilen, aber doch verschieden genug, um ein Mehrheitswahlsystem zu rechtfertigen; so kann man mit den Unterschieden umgehen. Wo und wie und um wen man diese Linie zieht, ist bekanntermaßen nicht ganz einfach, und deshalb kann die eigene Heimatstadt nicht einfach so ein Unabhängigkeitsreferendum abhalten, Schottland aber schon, aber nur, wenn das Vereinigte Königreich es erlaubt.

In der politischen Philosophie bezeichnet man dies als »Demos«-Problem. Und dieses Problem ist noch lange nicht gelöst, was man

sehr schnell feststellt, wenn man sich im Pub die Nachrichten ansieht, kurz bevor man das Gerät ausschaltet. Die Welt steht in Flammen wegen dieses Problems. Und der Großteil der Briten – die grob
geschätzt seit 1707 innerhalb einer festgelegten Linie leben – hatte
dieses Problem bislang nicht bemerkt, bis zum Juni 2016, als es auf
den Plan trat mit dem Charme eines Riesenmagneten, der durch ein
Löffelmuseum schwingt.

»Unser Volk« waren für Brexit-Befürworter die Briten.

»Unser Volk« für die Brexit-Gegner hingegen bilden die Europäer – wie es auf der ersten Zeile des britischen Passes steht – oder
beides, Briten *und* Europäer. Jeder, der nach 1973 geboren wurde,
repräsentiert entweder ein anderes Volk oder steht für zwei Völker,
und deshalb fühlt sich das ganze Brexit-«Mandat« von 1,89 Prozent
Mehrheit seltsam illegitim an als demokratisches Konzept. Es war
höchstens der »Wille« des Volks von einigen Leuten, aber nicht das
von allen – weil wir in unseren Köpfen die Linie um unterschiedliche Gruppen von Menschen gezogen haben. Auf einige mag das
absolut demokratisch gewirkt haben, auf andere dagegen absolut
undemokratisch.

52 Prozent der Briten haben also etwas aufgegeben, das die anderen 48 Prozent als etwas betrachteten, das man nicht einfach so aufgeben kann: nämlich das Geburtsrecht als Bürger Europas.

Ich und alle meine Landsleute, die eine Cafetière besitzen und innerhalb der weiter gefassten Linie leben, sehen es so: Die Brexit-Befürworter ziehen ihre Linie ganz neu durch unsere hindurch – zwischen mir und meinen Freunden, zwischen mir und meiner Freundin,

zwischen mir und meinem Leben, zwischen mir und meinen Unterhosen. *Dies sei der Wille ihres Volkes,* sagen sie, *aber nicht der von meinem,* sage ich, und ich denke, in dieser Zwickmühle werden wir eine Weile feststecken, ohne dass ein Ausweg in Sicht wäre. Es ist eine unüberbrückbare Differenz.

Leider musste es erst so weit kommen, bevor die Briten die Augen für die Realität geöffnet haben, in der sie leben: Es waren einmal zwei Völker auf ein paar Inseln, die dachten, sie wären ein Volk, bis sie merkten, dass das gar nicht stimmte.

Großbritannien ist entzweit, ein tiefer Riss geht mitten durch das Land.

DIE BRITISCHEN EUROPÄER
UND DIE EUROPÄISCHEN BRITEN

Und nun, meine lieben Miteuropäer, sind wir am Ende unserer Zeit mit den Briten angekommen.

Ich hoffe, es war für Sie nicht zu sehr mit Stress verbunden. Immerhin mussten sie die trüben Gewässer passiv-aggressiven Verhaltens hinter sich bringen, dem nervigen Understatement, dem unmöglichen Doppeldenk und der lächerlichen Höflichkeit entkommen, ohne etwas von Ihrer geistigen Gesundheit einzubüßen. Meine Hoffnung ist es, dass die in diesem Buch dargelegten Informationen zum Dienste der Allgemeinheit Ihnen eine Hilfe sind bei Ihrem irrigen Versuch, das unverwechselbare, verquere britische Denken nachzuvollziehen. Was aber noch wichtiger ist: Ich hoffe, dass sie Ihnen auch in Zukunft nützlich sind – damit Sie uns in Restaurants erkennen, uns im Urlaub aus dem Weg gehen, sich mit uns abgeben (ohne sich angegriffen zu fühlen), mit uns trinken (ohne dabei draufzugehen) und mühelos vorhersagen können, wer die Wahl zur nächsten Glitzerkopfbedeckung gewinnt. Und zwar mit einem Selbstbewusstsein, wie es nur den Briten eigen ist. (Achtung, Spoiler: Es ist Charles)

Ich hoffe außerdem, dass das Buch Ihnen hilft, zukünftige Ärgernisse und den Verdruss zu durchschauen, den Sie uns gegenüber womöglich verspüren, und stattdessen Mitleid zu haben: mit uns, einem reservierten Volk, einem verwirrten Volk, einem grundsätzlich wohlwollenden Volk, das lediglich unter der Last des alltäglichen Traumas leidet, das zu sein, was es ist. Ich hoffe, dass Sie uns in Zukunft, wenn Sie auf uns schauen, nicht als die nervigen Gegner auf der anderen Seite des Verhandlungstisches sehen, sondern als Opfer – Opfer unserer eigenen Identität und unserer Kultur, Opfer unserer irrwitzigen Institutionen und unseres eigenen Selbsthasses. Ich weiß, dass der Umgang mit uns nicht immer einfach war und es auch nie sein wird, aber ich gebe die Hoffnung nicht auf, dass Sie im Grunde Ihres europäischen Herzens – das so weit ist wie der riesige, furchteinflößende Kontinent, der es hervorgebracht hat – ein wenig Sympathie, Mitgefühl und vielleicht sogar Vergebung für Ihre doch wirklich sehr höflichen Inselnachbarn finden.

Ich verstehe zwar gut, dass es gerade an diesem Wendepunkt der Geschichte für die Europäer etwas schwerer ist als sonst, den Briten gegenüber Nachsicht zu üben, doch muss ich Ihnen dennoch folgende Frage stellen: Wäre es denn irgendwie möglich – wenn es nicht allzu viele Umstände bereitet, dass Sie, keine Ahnung, *uns allen gegenüber Gnade walten lassen? Bitte?*

Ich weiß, das ist viel verlangt, aber ich glaube, es wäre der richtige Weg. Klar werden jetzt einige behaupten, ich sei ja nicht ganz unvoreingenommen, weil ich meine Wohnung nicht aufgeben will oder weil ich keine Lust habe, endlos Formulare auszufüllen, oder damit ich nicht gezwungen bin, ganz überstürzt meine Freundin zu heiraten, nach einem spektakulär unromantischen, durch den Brexit beflügelten Heiratsantrag. Aber hören Sie sich bitte noch an, was ich zu sagen habe.

Großbritannien ist im Moment zur Hälfte (nun gut, zu 48 Prozent) von Menschen bevölkert, die Teil Europas bleiben wollen, nicht wahr? Dies umfasst den Großteil der jungen Leute (73 Prozent der 18- bis 24-Jährigen stimmten für den Verbleib in der EU), der Gebildeten (unter den Studierenden lagen die Stimmen bei sechs zu eins für den Verbleib) und eine überwältigende Mehrzahl der Wissenschaftler, Akademiker, Ökonomen, Historiker, Ärzte, Wirtschaftsführer und Künstler. Darüber hinaus sind sie gegenwärtig an eine Wirtschaft gebunden, die vermutlich einige ernsthafte Schwierigkeiten durchmachen wird, nur 22 Meilen entfernt von der weltgrößten Wirtschaftsmacht, der EU.

Daneben leben in Großbritannien zur Hälfte (nun gut, zu 52 Prozent) Menschen, die *nicht* mehr zu Europa gehören wollen. Sie interessieren sich nicht dafür, wie sie im Juni 2016 eindrucksvoll bewiesen haben. Diese Fraktion schließt die Mehrheit jener ein, die über keine formelle Bildung verfügen, die zunehmend wachsende Gruppe der Alten (60 Prozent der über 65-Jährigen waren gegen den Verbleib), eine überwältigende Mehrzahl der Rentner, unzählige Leute, die längst gestorben sind, seit das Referendum abgehalten wurde, und ganz gewiss all jene Menschen, die fordern, Großbritannien solle wieder den Briten gehören, was auch immer das heißen soll.

Die Bevölkerung Deutschlands dagegen wird immer älter und hat eine tickende Zeitbombe zu entschärfen, getarnt als Rentensystem. Genau wie Italien, Frankreich, Spanien und Polen. Deutschland braucht ganz offensichtlich 500 000 Immigranten jährlich, um einigermaßen auf ein Gleichgewicht zu kommen. Dies bedeutet folglich, dass es hier ohnehin mehr Immigranten geben wird müssen, was auch immer man davon halten mag ... warum also nicht auch ein paar Briten aufnehmen?

Man muss noch nicht mal groß aussortieren – das hat das Referendum ja bereits erledigt!

Was unsere Integrationsfähigkeit betrifft, so bin ich der Erste, der zugibt, dass wir nicht ganz easy zu handeln sind (wahrscheinlich muss man die ersten paar Jahrzehnte noch Englisch mit uns reden). Doch insgesamt betrachtet werden Sie feststellen, dass wir ein recht umgänglicher Haufen sind. Zumindest wissen Sie nun in etwa, was Sie erwartet. Monty Python, Saufgelage, die alte Dame, die große Uhr, diese vier Typen aus Liverpool, Elfmeterschießen, Sonnenbrand. Das macht uns aus, oder? Harmloser Haufen, ernsthaft.

Sicher, es kann sein, dass wir uns eine gewisse Zeit so aufführen, als würde der Laden uns gehören, und ja, unsere umständliche, unentschlossene, anstrengende Art der Höflichkeit wird Sie an den Rande des Wahnsinns treiben. Aber davon abgesehen werden Sie gar nicht mitkriegen, dass wir hier sind, versprochen. Wir werden uns brav hinten anstellen, werden keine Umstände bereiten, haben keine Vorlieben, über die Sie sich nicht nach Belieben hinwegsetzen könnten, und wir sind leicht zu beeindrucken, wenn Sie uns alle Ihre ausgefallenen europäischen Sachen zeigen, so was wie das Konzept *Mieten* oder *Kochkunst* und die Tatsache, dass *keiner sein Hemd auszieht, bloß weil das Thermometer auf über zwanzig Grad hochklettert.*

Die »Brimmigration«, wie ich das nenne, könnte quer durch das politische Spektrum zu einem strategischen Hit werden. Selbst

PEGIDA hätte so ihre Schwierigkeiten, uns aus der Ferne zu erkennen (abgesehen vom Sonnenbrand vielleicht).

Darüber hinaus gilt innerhalb der EU das Prinzip der *Freizügigkeit der Bürger*. Bloß blöderweise wird Großbritannien nicht mehr Teil der EU sein, nicht wahr? Nope. Also kann nach dem Brexit ganz gezielt ausgesiebt werden, wenn Ihnen das die Sache erleichtert. Wenn Sie sich Sorgen machen, es könnten zu viele von uns auf einmal kommen und die ansonsten so reibungslos funktionierende Bürokratie ins Stocken bringen, weil wir einfach unfähig sind, auf die Schnelle läppische Entscheidungen zu fällen, könnten Sie doch auch nach einem punktebasierten Einwanderungssystem verlangen? Ein Punkt, wenn man gegen den Brexit gestimmt hat. Ein Punkt, wenn man sich Mühe gibt, die örtliche Sprache zu lernen. Ein Punkt, wenn man weiß, dass Großbritannien zu Europa gehört.

Überlegen Sie sich doch bitte, welche Möglichkeiten sich da auftun! Welche von den Brexit-Gegnern würden Sie gerne zu sich einladen, um die Löcher in Ihrer Wirtschaft und Ihrer Gesellschaft zu stopfen? Ein paar Ingenieure vielleicht? Wissenschaftler? Mehr Frauen? Weniger Leute, die schnarchen? Familien? Freiberufler? Wie wäre es mit ein paar Musikern?

Auf dem Gebiet sind wir gut! Das Abwandern qualifizierter Fachkräfte möge beginnen!

Wenn junge Briten nach dem Brexit in ihrer Verzweiflung aus Großbritannien fliehen, indem sie den Ärmelkanal auf behelfsmäßigen Boogiebrettern durchschwimmen, weil sie hoffen, so ihren 28-Länder-zum-Preis-von-einem-Pass zurückzubekommen, könnte die PR-Abteilung der EU bereits auf sie warten und sie mit Alu-decken und Thermoskannen voll heißem Tee in Empfang nehmen, bevor man sie dann ruhig weiterschiebt, damit sie schnellstmöglich ihre Steuern zahlen. Das wäre nicht nur eine Win-win-Situation für die EU – weil der Kontinent auf Kosten des Vereinigten Königreichs all die dankbaren und nützlichen Leute aufnimmt; nein, wenn man völlig ausgekühlte Liberale an die Küsten von Frankreich, Belgi-en und den Niederlanden rettet, wäre das zugleich ein großer Pro-pagandasieg für die EU in dem bevorstehenden *Mittelmäßig kalten Krieg* gegen Großbritannien.

EU 1 – UK 0.

Ich für meinen Teil bin bereit, schnellstmöglich abtrünnig zu wer-den. Seien Sie also gnädig mit mir. *Bitte!*

REGISTER

Unsere Leseempfehlung

272 Seiten
Auch als E-Book
erhältlich

Katharina Stueber ist losgezogen, um ein eigenwilliges Volk zu verstehen: die Amerikaner. Auf ihrer Reise quer durch die USA begegnet sie motorradfahrenden Outlaws, illegalen Einwanderern und republikanischen Fanatikern. Im Gepäck immer die Frage: Wie konnten sich freiheitsliebende Menschen in Trumpeltiere verwandeln? Und kann das in Deutschland auch passieren? Ein hintergründiger Bericht voll bissigem Humor. So gnadenlos ehrlich, dass einem das Lachen im Halse stecken bleibt.